W0012120

Was dieses Buch erzählt, kann man in einem Satz sagen: Ein Mann fährt mit seinen Eltern zum in Finnland lebenden Bruder, und dort trifft Deutschland auf Finnland, treffen Finnen auf Ostwestfalen. So skurril wie alltäglich, so aberwitzig wie melancholisch schön: die Geschichte eines Findens und sich Wiederfindens, wunderbar humorig und witzig erzählt von einem Routinier des Komischen, der durch alles durchmuss: Karaoke und Sauna, Eltern und Elch, Wodka und Wald.

Bernd Gieseking ist gerne auf Reisen, und zwar am liebsten da, wo es kalt ist: Arktis, Grönland, Spitzbergen – und natürlich Finnland. Da trifft es sich sehr gut, dass sein jüngerer Bruder sich ausgerechnet in eine Finnin verliebt und nach Lahti zieht. So kommt der »Ü-50« nach vielen Jahren noch einmal in den Genuss eines Familienausflugs mit seinen alten Eltern. Und erlebt genug Typisches und Einmaliges für ein ganzes Buch.

Wenn Gieseking nicht reist, dann moderiert er unter anderem für den Hörfunk, bei Kunst- und Karikaturausstellungen und schreibt: Kolumnen für die »Wahrheit«-Seite der »taz«, Kinderhörspiele für den WDR-Hörfunk sowie satirisch-literarische Kabarett-Solo-Programme wie seinen Jahresrückblick »Ab dafür!« – und mit dem reist er dann wieder, quer durch die Republik.

Weitere Informationen, auch zu E-Book-Ausgaben, finden Sie bei www.fischerverlage.de

Bernd Gieseking

Finne dich selbst!

Mit den Eltern auf dem Rücksitz
ins Land der Rentiere

FISCHER Taschenbuch

5. Auflage: März 2014

Originalausgabe
Erschienen bei FISCHER Taschenbuch,
Frankfurt am Main, August 2012

© S. Fischer Verlag GmbH, Frankfurt am Main 2012
Satz: Dörlemann Satz, Lemförde
Druck und Bindung: CPI books GmbH, Leck
Printed in Germany
ISBN 978-3-596-18814-7

Rentier, Elche, Sauna, See
Dunkle Winter voller Schnee
Wenig Menschen und kein Wein
Da wirst du wohl in Finnland sein

Für Ilse und Hermann

Inhalt

Finnland oder Bali

Es war ein Sonntag im März. Nicht wichtig eigentlich, aber trotzdem im Nachhinein entscheidend. Meine Eltern standen vor mir und sagten: »Wi führt düssen Sommer noh Finnland.« Wir fahren diesen Sommer nach Finnland. Die beiden reden meistens plattdeutsch, »Platt«, wie wir in Ostwestfalen sagen. Nach Finnland also. »Wi wellt Axel beseuken.« Wir wollen Axel besuchen. Axel. Mein kleiner Bruder, aber längst erwachsen. Ausgewandert nach Finnland. Natürlich wegen einer Frau. Nun lebt er in Lahti. Mit ihr. Mit Viivi. Das kann man machen.

Ich sehe meine Eltern nicht oft. Sie leben in Minden, ich inzwischen in Dortmund. Näher dran als vorher, aber doch weit genug weg. Ich mag meine Eltern – solange die Distanz stimmt. Seit vielen Jahren besuche ich sie immer nur für ein paar Stunden, und diese Zeit schaffen wir in der Regel problemlos miteinander. Ich übernachte auch nicht mehr bei ihnen, sondern nehme mir lieber ein Hotelzimmer, damit die Distanz stimmt, um genügend, aber nicht zu viel Nähe haben zu können. Sonst erstreiten wir uns schnell den nötigen Abstand. Inzwischen haben wir viel Spaß miteinander, aber wir können uns ohne Probleme, von einer seit Kindheit und Pubertät antrainierten, spontanen Konfliktfähigkeit getragen, innerhalb von Sekunden »in die Wolle kriegen«. Nach den frühen »Kriegsjahren« bin ich heute mit beiden eng befreundet. Sie sind witzig-herzliche Ostwestfalen, die aus meinem Bruder und mir die Menschen machten, die wir heute sind. Alles ist gut. Es sei denn, wir treffen zu lang aufeinander, Eltern und Söhne, Mutter, Vater, Bruder und ich. Jetzt wollten meine Eltern also nach Finnland fahren. Hermann und Ilse. Ich war überrascht von dieser Reise-Ankündigung. Wie wollten sie das denn bewerkstelligen? Meine Eltern sind körperlich durchaus gehandicapt. Hermann war dem Teufel, »dän Düvel«, wie man bei uns in Ostwestfalen sagt, in seinem Leben bereits mehrfach von der Schippe gesprungen, nun hatte man ihm geraten, nur noch im deutschsprachigen Ausland Urlaub zu machen. Mit »unser« Mutter, mit Ilse, ist es auch nicht viel besser. Regelmäßig unregelmäßig überkommen sie Schwindel, Übelkeiten und Hörstürze. Die führen zu Fahrradstürzen oder von Treppen herunter, aber all das hindert sie nicht, mit alter Heftigkeit, Hektik und Unnachgiebigkeit die Chefin der Kompanie zu geben. Meine Mutter erzieht gerne und bis heute. Ihr größter Fall ist übrigens mein Vater.

Meine Eltern standen also vor mir, im Garten in Minden-Kutenhausen, meinem Heimatdorf, vom kahlen Apfelbaum überschattet. Raureif lag auf dem Feld. Wir beobachteten ein Fasanenpaar, das sich über den Acker langsam zu uns herüber pickte.
Die Fasane pickten, meine Eltern stritten. Das waren sonst normale, schöne, gleichförmige Tage im Jahresrund. Aber nun diese Ankündigung: »Wir fahren diesen Sommer nach Finnland.«
Ich fragte: »Wie wollt ihr das denn machen? Ihr könnt doch nicht fliegen mit euren Malessen.«
Malessen sind Krankheiten, die von kleinen Blessuren bis hin zu

schweren Infarkten reichen können. Der Ostwestfale erträgt das stoisch und redet nicht lang darüber. Er redet ohnehin nicht sehr viel.

Beide im Chor: »Wir fahren mit dem Auto.«

Ich starrte sie an. »Aber ihr könnt doch, so kaputt wie ihr seid, nicht mit dem Auto alleine bis nach Finnland fahren!«

Beide: »Worümme? Hier führ wi doch ok!« Wieso? Hier fahren wir doch auch!

Ich hatte einen Sommerurlaub geplant und mich noch nicht endgültig zwischen Bali und Neuseeland entschieden. Ich wollte in die Fremde. Am liebsten zu den exotischen Reisfeldern, den unerklärlichen, aber poetischen Opferritualen an die Götter, wenn wunderschön gekleidete Balinesinnen Reis, Blüten und Räucherstäbchen verteilen, mit Wasser besprenkeln und heilige Verse hauchen. Ich wollte in diese Fülle von Vegetation, wollte zu Palmen, die sich unter dem Gewicht der Kokosnüsse bogen, zu Kaffeepflanzen und Kakaobäumen.

Das letzte Mal mit meinen Eltern gemeinsam verreist war ich mit 15 Jahren. An die Nordsee. Neuharlingersiel. In meinem Kopf liefen seltsam zusammengestellte Diaprojektionen über- und ineinander. Windumtoste Nordseedeiche. Klack. Balinesischer Strand. Klack. Grüne Reisfelder. Klack. Die Nordsee bei Ebbe. Klack. Grauer Schlick. Klack. Finnland. Klack. Endlose Kiefernwälder. Klack. Farbenfrohe Hindu-Tempel. Klack. Ich sah von oben auf mich selber herab beim Schnorcheln. Klack. Finnland, grell überstrahlt von einer nicht untergehenden Sonne. Klack. Schemenhafte Waldstücke. Klack. Birken im Wind. Klack. Menschen in Sarongs. Klack. Ich meinte die Klänge eines Gamelanorchesters zu hören. Klack. Farbenprächtige Sonnenuntergänge am Strand von Kuta. Klack. Meeresrauschen. Klack. Ich, unter einem Schirm, fröstelnd, in Finnland an einem trüben Regentag.

Klack. Klack. Klack. Ein leerer Diarahmen. Blendendes, gleißendes Licht.

Ich sah meine Eltern an, schaute zu den Fasanen, dann wieder zu meinen Eltern, und ohne dass ich während meiner inneren Diaschau einen oder mehrere Gedanken bewusst gedacht hätte (jedenfalls kann ich mich an keinen erinnern), sagte ich mit Blick über die Kutenhauser Felder: »Dann fahre ich euch eben.«

Moment. Was waren das für Worte? Hatte ich die gesprochen?

»So?«, stutzte Hermann, durchaus beeindruckt und letztlich genauso überrascht wie ich selber.

Die Fasane pickten und verschwanden. Stunden schienen zu vergehen. Dann sagte meine Mutter Ilse: »Das klappt doch nie. Du hast doch nie Zeit.«

Schweigen.

»Ich hab drei Wochen Zeit. Im Juli.«

»Wolltest du nicht nach Bali?«, fragte meine Mutter.

»Was ist Bali gegen Finnland?«, sagte ich.

»Im Leben klappt das nicht!«, murmelte mein Vater.

Ich bin Junggeselle, erfolgreich unverheiratet, nicht ohne Partnerschaften, aber auch nicht fest gebunden. In diesem Sommer war ich lose versprochen. Und lose mit ihr auf eine gemeinsame Reise verabredet. Mit Isabel. Vielleicht sogar nach Bali.

»Was? Mit deinen Eltern? Zu deinem Bruder?«, rief sie entzückt aus, als ich ihr von meiner neuen Urlaubsplanung erzählte. »Das ist doch supersüß, dass du mit deinen Eltern fährst.«

Ich bin zu alt, um »süß« zu sein. Niemand in unserer Familie ist süß.

»Mit meinen Eltern kann es auch ganz schön anstrengend sein. Auf einmal sehe ich die täglich. Tagelang.«

»Aber es sind doch deine Eltern.«

14

»Eben!«

»Also, meine Eltern und ich …«

»Ja, ihr! Aber wir sind nun mal Ostwestfalen! Da kann man sich nur nah kommen, wenn alles distanziert genug ist.«

»Ach, Quatsch! Ihr nehmt euch in die Arme und dann …«

»Was? Wir nehmen uns nicht in die Arme.«

»Wie begrüßt ihr euch denn?«

»Na, ordentlich, mit Handschlag.«

»Deine Eltern?«

»Gehört sich ja wohl so.«

»Bernd, wenn du und ich Kinder hätten, die würdest du mit Handschlag begrüßen?«

Wenn sie und ich Kinder hätten? Hatte ich was überhört? Ich kannte diese Frau doch kaum! Erst ganz kurz. Noch keine zwei Jahre.

»Weißt du was? Ich könnte doch mit euch …«

»Oh. Äh. Nein, das, also, tolle Idee. Natürlich. Aber, ich, äh, ich glaube, eher nicht. Meine Eltern, die würden das nicht …«

Ich würde nicht drei Wochen gemeinsam mit drei Fremden verbringen. Zwei Fremde reichten entschieden aus. Hoffentlich hörte sie nicht, was ich dachte.

»Schreibst du mir von unterwegs?«, fragte Isabel.

»'ne Karte? Na klar schreib ich dir 'ne Karte.«

»Nee, Bernd. Schon etwas ausführlicher. Mails. Eine Art Reisebericht. Ich hätte dann wenigstens das Gefühl, mit dir unterwegs zu sein.«

Ich starrte sie an. Ihre Augen schimmerten feucht.

»Ich soll nicht mit. Und du willst mir nicht einmal schreiben. Dein Bruder ist wegen dieser Frau sogar nach Finnland gezogen, und du schreibst nicht mal 'ne Mail. Du bist ja echt ein ganz toller Mann. Nicht mal eine SMS!«

»Ich bin doch überhaupt noch nicht weg.«
»Von mir aus bleib doch ganz in Finnland!«
»Isabel!«

Es ist an einem Samstag im Juli. Ich frühstücke im Hotel Holiday Inn in Minden. Last supper. Das letzte Abendmahl zum Frühstück. Drei Wochen mit meinen Eltern nach Finnland. Ich bin mehr als besorgt. Wie habe ich nur zusagen können? Mir geht das alles noch einmal durch den Kopf. Klar. Finnland. Ich freue mich auf Finnland. Auf das Land. Die Leute. Meinen Bruder. Viivi. Ihre Familie. Aber Urlaub mit meinen Eltern? Drei Reisetage im Auto liegen vor uns. Auf der Fähre Kopenhagen–Turku werden wir sogar die Kabine teilen. Ich rechne nach und komme auf über 30 Jahre, die ich quasi »elternfrei« verbracht habe, drei Jahrzehnte, in denen ich meine Eltern nicht länger als ein paar Stunden am Stück erlebt habe.
Ich frühstücke und blättere gedankenverloren im »Mindener Tageblatt«. Ich lese von Schützenvereinen und Sportergebnissen, vom Handballverein Grün-Weiß Dankersen / Minden, vom A-Jugend-Turnier des SVKT 07, ich lese von spektakulären Spielerwechseln in der Kreisliga A und den Erfolgen der Kleintierzuchtvereine. Ich bin ein ganzes Frühstück lang wieder zu Hause, ein Kind der Stadt und der Region. Minden. Kreis Minden-Lübbecke, wo die Melitta-Filtertüte der größte Exportschlager ist und Barre Bräu und Herforder Pils zu den kulturellen Säulen der Region gehören. Ich hänge an all dem, was der »Mühlenkreis« zu bieten hat: an Fachwerk und Feldhamster und früher noch der Feldschlösschenbrauerei, an Meyer-Korn und Stippgrütze, Kohlrabi-Eintopf und Hausschlachtungen. »Am Barre Bräu dein Herz erfreu«, so dichteten die Werbestrategen. Der Volksmund reimte: »Willst du Schwangerschaft verhüten,

16

nimm Melitta-Filtertüten.« Ich hatte zwei Jahre zuvor die kanadische Zentralarktis besucht. Das Erste, was ich in einem kleinen Ort namens Pangnirtung, der nur mit Flugzeug oder im wenige Wochen eisfreien Sommer per Schiff zu erreichen ist, im Supermarkt fand, waren Melitta-Filtertüten. Meine Heimat. Eine Weltstadt. Auf der Packung prangte der Druck: Made in Minden/Westfalen, Germany.

Ich bezahle mein Zimmer und steige in meinen Volvo. Ich fahre ihn erst seit drei Tagen, habe mich aber erkundigt: Mit anderen Fahrzeugen darf man gar nicht nach Skandinavien einreisen. Außerdem muss man Nokia-Handys benutzen und für die Zeitmessung ausschließlich Uhren von Polar. Ich habe Bücher im Gepäck von Arto Paasilinna, Bücher mit Titeln wie »Der wunderbare Massenselbstmord«, »Der liebe Gott macht blau« und »Der Sommer der lachenden Kühe«. Ich bin vorbereitet, an der Grenze das große Aki-Kaurismäki-Quiz zu bestehen. Für den finnischen Tango sind meine Eltern zuständig. Wie die beiden auf ihrer goldenen Hochzeit zu »Mein schwarzer Zigeuner« über die Tanzfläche schoben, hätte in jedem Senioren-Tanzwettbewerb den Sieg gebracht.

Ich parke auf dem Rasen, der von allerlei Maulwurfshügeln durchsetzt ist, klingele, und mir wird aufgetan.
»Moin.«
»Tach, Großer«, grinst mein Vater. Wir geben uns die Hand. Wir sind beide locker unter einssiebzig. Und er wird jährlich kleiner.
»Moin, Ilse. Und?«
»Ach, gaht so. Mött.«
Und? Ach, geht so. Muss. Typisch ostwestfälische Dialoge, in denen wir aber jetzt bereits mehrere versteckte Liebeserklärungen

ausgetauscht hatten, die für den mit Region und Mentalität nicht Vertrauten natürlich überhaupt nicht herauszulesen sind.

Sie haben Koffer, Kartons und Tüten im Hausflur gestapelt. Nun muss das alles im Auto verstaut werden. Jahrzehntelang die absolute Domäne meines Vaters.

»Ick packe over!« Ich packe aber, sage ich energisch von meinen 1,66 zu ihm herab.

»So? Könnst du datt denn?«, grinst er mich an.

»Ick sitte vorne«, sagt Ilse. Das ist von beiden die nicht so schnell erwartete, unausgesprochene Zustimmung.

Ich besehe mir den Stapel im Flur: eine kleine Gebirgslandschaft aus Reisegepäck, mütterlichem Versorgungstrieb und ostwestfälischen Devotionalien. Koffer, gefüllt mit der Reisekleidung, Taschen mit Schuhen, Tüten mit Geschenken. Kartons mit selbstgekochter Marmelade: Erdbeere, Stachelbeer-Kiwi, Erdbeere-Stachelbeere, Brombeeren. Schwarze und rote Johannisbeere gemischt als Gelee. Sensationell lecker übrigens. Apfelmus natürlich auch. Alles frisch gekocht in den letzten Tagen vor der Abreise. Auf unserer Marmelade ist übrigens nie Schimmel. Hermann und Ilse kochen gemeinsam. Sie füllen die Marmelade bis zum Rand am liebsten in kleine Gläser. Das eigentliche Geheimnis aber liegt im Deckel, und zwar fast wortwörtlich. Die Deckel werden direkt vor dem Zudrehen mit Cognac oder Korn kurz ausgespült, quasi desinfiziert, und dann auf das heiße Glas geschraubt. »Wenn dann davon noch was ins Glas tropft, ist das nur gut für die Marmelade«, sagt Ilse.

Seit wir im Garten nicht mehr selber pflanzen, fahren meine Eltern jährlich zu diversen Erntezeiten auf die Großfelder der ostwestfälischen und niedersächsischen Bauern, ernten und füllen alles in Gefrierbeutel. Es steht mittlerweile sogar extra eine zweite Kühltruhe im Keller. Uns würde nichts, weder ein neuer

Krieg noch eine dräuende Naturkatastrophe, weder Vulkanausbrüche im Weserbergland noch Weser-Überflutungen oder Mittellandkanal-Sprengungen, an den Rand einer Hungersnot bringen können. Beide Kühltruhen sind gefüllt. Immer und jederzeit. Die Marmelade wird dann jeweils frisch gekocht, wenn die Kinder kommen. Mit diesen Gedanken packe ich eingemachte Gurken und Rote Bete ins Auto.

In den Tüten finden sich außerdem alle Skandinavienkarten des ADAC, Europa-Karten, Notizzettel, Spielkarten, Kreuzworträtsel, Knobelbecher, Würfel und Sudoku-Hefte. Meine Eltern sind auf alles vorbereitet. Wir könnten mit dieser Wagenladung auch auswandern.

Eine Tasche steht offen. Ich sehe Bettwäsche. Wieso Bettwäsche?

»Ilse, was soll das denn?«

»Das ist Bettwäsche.«

»Wofür? Was willst du mit Bettwäsche in Finnland?«, frage ich.

»Wir sind doch bei Viivis Eltern zu Gast.«

Wir werden die Stadtwohnung von Viivis Eltern, also den Schwiegereltern meines Bruders, in Lahti bewohnen. Wir sind eingeladen. Von Juni bis September ist die Wohnung fast ungenutzt, denn die Eltern selber wohnen den gesamten Sommer über in ihrem Ferienhaus 50 Kilometer nördlich der Stadt. Wir sollen sie auch dort besuchen kommen. Meine Mutter hatte für beide Wohnungen für jeweils drei Leute die Bettwäsche eingepackt: Laken, Bettbezug, Kopfkissenbezug, in Summe sechs Laken, sechs Bettbezüge und acht Kopfkissenbezüge. Zwei Bezüge extra für zwei eigene Kissen, die auch noch ins Auto müssen, weil meine Mutter immer »hoch« schläft, eigentlich fast im Sitzen.

»Ilse. Die haben doch Bettwäsche für uns.«

Sie sieht mich an. Dann platzt es aus ihr heraus, laut, vorwurfsvoll und pragmatisch zugleich. »Wir können doch nicht deren
Bettwäsche benutzen!«

Meine Eltern sind wunderbare Gastgeber, aber miserable
Gäste.

»Ilse, du kannst doch nicht deine Bezüge auf deren Betten ziehen. Wie sieht das denn aus?«

»Worümme datt woll nich?« Warum denn nicht?

»Mama! Wenn zu dir Besuch kommt, bringt der auch nicht seine
eigenen Laken mit und zieht die auf deine Betten. Was würdest
du denn dazu sagen?«

Treffer! Versenkt? Nein! Sie schaut mies gelaunt zur Seite. »Das
kann man doch nicht einfach annehmen von denen! Die haben
doch so schon genug Arbeit mit uns.«

»Mutter, du machst doch hier auch alles für deine Gäste. Außerdem freuen die sich. Und das kann man ruhig annehmen.«

Kurze Pause. Dann: »Das ist was anderes.«

»Die glauben doch, du denkst, die kriegen ihre Wäsche nicht
sauber.«

»So? Das denken die dann?«

»Ja, das denken die.«

Sie schweigt.

»In mein Auto kommt das nicht!«

»Ich kann auch mit meinem fahren«, sagt sie.

»Ilse, bitte!« Sie lässt mich zappeln.

»Na gut. Dann eben nicht.« Resigniert stellt sie die Bettwäsche
zur Seite.

Ich bringe die ersten Taschen zum Wagen. Zu den aufgezählten
Expeditionswaren kommen von mir noch eine Sporttasche (sehr
optimistisch), die Büchertasche mit Laptop (unbedingt nötig),
ein kleiner Rollkoffer mit Klamotten, die Lederjacke obendrauf,

und eine Tüte mit Schuhen, also Clogs, Motorradstiefel und Wanderschuhe.

Das ist aber noch nicht alles. Axel selber war vor zwei Jahren mit nur zwei Koffern abgereist in das Land der tausend Seen. Nun gibt es außer unserem Gepäck noch einiges für ihn zu transportieren. Der ehemalige Musiker und Inhaber eines Mini-Alternativ-Independent-Plattenlabels sehnt sich nach seinen LPs und Singles, Technik wie PC, Plattenspieler und seinen beiden Lieblingsgitarren. Mein Kombi wird zum Lieferwagen.

Irgendwann ist alles verladen, Hermann sitzt hinten, mit »dän Korff«, dem Korb, vorne Ilse mit dem Eimer, »dän Emmer«. Das muss ich erklären: Meine Mutter leidet chronisch an Tinnitus und Morbus-Menière, Hörstürzen mit akuten Übelkeitsattacken und Drehschwindel. Auf die bereitet sie sich vor, indem immer ein kleiner 5-Liter-Eimer mitfährt. Neben Hermann auf der Rückbank steht »de Korff« mit dem Wichtigsten für die gesamte Reise: Speisen und Getränke. Ilse hat geschmiert, gekocht und gebrutzelt. Und das Allerwichtigste ist auch verpackt: Die Gastgeschenke.

»Watt nierme wi denn miehe?« Was nehmen wir denn mit? Das war bei allen Reisevorbereitungen die wichtigste Frage für meine Eltern. Über Monate. Die Gastgeschenke für Finnland wurden zum Problem. Was schenken wir unseren Finnen? Was nehmen wir für Axel und Viivi, was für ihre Eltern Kati und Matti mit? Wir hatten uns mit Axel telefonisch beratschlagt.

»Die mögen Weizenbier. Und das gibt es nicht hier in Finnland.«

Darauf Ilse: »Aber wir können doch nicht eine Kiste Bier mitbringen. Wie sieht das denn aus? Also nee, wirklich nicht. Und nachher werden wir noch verhaftet, weil wir schmuggeln.«

Ich schwieg diplomatisch. Wir entschieden uns am Ende für einen Bildband über Minden und einen über die »Straße der Weserrenaissance«. Dazu hatte ich eine Kiste Schöfferhofer Weizen eingepackt, für Axels Schwiegereltern. Und eine Kiste Barre Bräu für Axel. Das ist inzwischen erlaubt, EU-Recht. Für den Eigenbedarf darf man Alkohol mitnehmen, und die Menge ist ja bekanntlich Auslegungssache.

»Watt is datt denn?«, fragt Ilse beim Einpacken, als sie das Weizenbier sieht.

»Gastgeschenk«, sage ich.

»Ich hatte doch gesagt: kein Bier!« Meine Mutter schüttelt den Kopf, starrt auf die Kiste und wird dann sofort wieder die praktische, ostwestfälische Hausfrau, von der ich jederzeit lernen kann: »De bruket dovo no de Gläser. Hässt du keine?« Die brauchen dafür noch die richtigen Gläser. Hast du keine?

»Weizenbiergläser? Nee, bin ich nicht drauf gekommen.«

»Ick bin gliecks wier dor.« Und schon steigt sie aufs Fahrrad, radelt zum dorfeigenen Getränkemarkt, kauft bei »Getränke-Weber« die letzten vier Weizengläser und packt sie zu Hause sorgfältig ein, gibt sie mir und reicht noch eine Flasche an, original »Kutenhauser Sekt«.

Ich schlage die Heckklappe zu und sage: »So, denn!« Und das heißt: Wir sind fertig und können los. 9 Uhr 30. Und ab geht die Luzie. Ab jetzt drei Wochen Urlaub mit Eltern!

Anderthalb Stunden später bekomme ich einen Anruf. Isabel.

»Ich wär so gern dabei.«

»Ich muss mich aufs Fahren konzentrieren.«

»Ich vermisse dich, als wären es drei Wochen.«

»Wir sind erst anderthalb Stunden unterwegs.«

»Grüß deine Eltern. Und schreib mir.«

»Ich kann jetzt nicht reden. Tschüs, Isabel.«

Drei Minuten Schweigen. Dann fragt mein Vater: »Isabel?«

Ich zucke mit den Schultern.

»Kaum unterwegs, musst du schon wieder telefonieren!«, sagt meine Mutter.

Verflucht seien Handys, Funkmasten und Netzanbieter. Wie schön, dass wir bald nach Finnland kommen. Denn Finnen sind bekannt als große Schweiger. Die Dialoge in finnischen Filmen haben in etwa den Textumfang eines Pixi-Buchs. Ich bin sicher, ich werde mich wohl fühlen, Finnland scheint ein Land ganz nach meinem Geschmack zu sein.

Irgendwie habe ich mich seit den frühen Achtzigern unbewusst auf diese Reise vorbereitet. Ich hatte in Kassel im »Filmladen« jeden neuen Kaurismäki-Film gesehen. Filme von Mika, besonders aber von Aki Kaurismäki. Wunderbare, lakonische Road-movies, Sozialdramen und Komödien. Der Stummfilm »Juha«, »Das Mädchen aus der Streichholzfabrik«, »Der Mann ohne Vergangenheit« und natürlich »Leningrad Cowboys go America«. Ich war Fan von »Marko Haavisto & Poutahaukat«, der mit seiner Band in »Der Mann ohne Vergangenheit« mitspielt.

Einer der großartigsten Dialoge im »Mann ohne Vergangenheit« lautet: »Wenn Sie nicht zahlen, beißt der Hund Ihnen die Nase ab!« »Die verstellt mir ohnehin nur die Aussicht aufs Meer!« »Ja. Aber dann können Sie unter der Dusche nicht mehr rauchen.«

Ich bin Fan der Schauspieler Kati Outinen und Matti Pellonpää. Ich war dreimal in der grandiosen Berlin-Komödie »Helsinki – Napoli all night long« von Mika Kaurismäki, der Geschichte um den finnischen Taxifahrer Alex in Berlin, gespielt von Kari Vää-nänen, der mit einer temperamentvollen Italienerin Kinder hat, die von einem amerikanischen Gangsterboss, gespielt von Sam

Fuller, entführt werden. Natürlich hilft Alex' bester Freund, ein Russe, der einen Abschleppwagen fährt und in eine Berliner Prostituierte verliebt ist, helfen Katharina Thalbach in der Taxizentrale und Wim Wenders als Tankwart.

Ich habe das Gefühl, in mein »gelobtes Land« zu fahren. Finnland, Land der Verheißung, wo man schweigt, »schwer mütet« und trinkt. Wunderbar! Und dort lebt jetzt mein Bruder. Alles ist Bestimmung!

»Wollten wir nicht was essen?« Mein Vater reißt mich aus meinen Gedanken. Ich halte auf einem Rastplatz, wir steigen aus, und ich öffne die Heckklappe. Hermann greift den »Korff«. Meine Eltern sind wahre Verpackungskünstler. Hermann und Ilse sind der Christo und die Jeanne-Claude des Haushalts. In alten Margarine-Dosen liegen Schnitten – nicht Schnittchen! – sauber gestapelt. Es gibt hartgekochte Eier in leeren Heringssalat-Dosen und Frikadellen in Eis-Dosen (Familienpackung, 1000 Gramm). Dazu Senf. Von Thomy. Für die Reise aus der Tube. Sonst kaufen meine Eltern diesen Senf seit Jahrzehnten aus Gläsern, und wenn die, leer und gespült, als Wassergläser auf den Abendbrottisch gestellt werden, sagt meine Mutter in nie endendem Ritual: »Und hier ist das Thomas-Kristall!«

In leeren Lätta-Dosen stecken kleine Tomaten, Bananen und Äpfel. Es gibt Thermoskannen mit koffeinfreiem Kaffee (Eltern) und normalem (Sohn), Wasser und Apfelsaft. Und – Nudelsalat. Wenn es irgendwas gibt, was in seiner Wirkung für Axel und mich alle anderen Drogen überstrahlt, sogar Haribo Goldbären, dann ist das Ilses Nudelsalat. Den wollen Hermann und ich uns aufheben.

»Den gibt es frühestens in Dänemark«, sage ich mit vollen Backen.

Ich stehe an der geöffneten Heckklappe und futtere. Meine Mutter trinkt Kaffee. Sie schaut missbilligend auf meinen Bauch und sagt kopfschüttelnd: »Kerl, dien Lief.« Kerl, dein Leib. Der Ostwestfale braucht nur wenige Worte, mit denen er aber oft sehr viel meint. Wirklich sauber übersetzt heißen diese drei Worte: »Sohn, du bist viel zu dick! Viel, viel zu dick! Kerl, was hast du für einen Bauch!« Dann nimmt sie einen Schluck Kaffee, sieht auf die Unmenge an Schnitten und ostwestfälischen »Tapas« und sagt fast schon etwas streng zu mir: »Ett no watt!!« Iss noch was!

Um Viertel vor drei erreichen wir den Fährhafen in Puttgarden auf Fehmarn. Die Fahrzeuge warten in mehreren Reihen. Wir werden als letztes Auto an Bord gewunken. Wir fahren durch Dänemark, an Kopenhagen vorbei. Wir erreichen die Fähre in Helsingör und setzen über nach Helsingborg, Schweden. Nun also weiter Richtung Stockholm, wo wir morgen Abend die Nachtfähre nach Finnland gebucht haben. Mittlerweile ist es etwa 20 Uhr. Ich muss ein Wigwam bauen für meine alten Herrschaften, ihnen ein Lagerfeuer entzünden und sie sicher durch die Nacht bringen.

Konfusion, der große ostwestfälische Weise, sagt: »Jede Reise beginnt damit, dass du dein Haus verlässt.« Nun muss ich eines für uns drei finden. Ich überlasse mich dem Prinzip Zufall und der Intuition. Ich fahre von der Europastraße 4 ab und überquere einen Fluss mit Namen Lagan und komme an das *Vandrarhem Kylhultsgarden* in Strömsnäsbruk. Romantisch gelegen auf einer leicht ansteigenden Wiese, mit altem Baumbestand, umringt von schnuckeligen Holzhäusern. Unter mächtigen Eichen stehen Holzbänke und ein Tisch. Ein regelrechter kleiner Park inmitten von Herbergsgebäuden.

»Ist ja ganz schön hier«, sagt meine Mutter.

Eine Jugend- und Wandererherberge, mit Zimmern mit Doppel-
stockbetten und Gemeinschaftsräumen, funktional und nüchtern, aber von der Veranda mit einer wirklich pittoresken Aussicht auf den unten liegenden Fluss. Kann ich meinen Eltern das
zumuten?

»Ich könnte ein Viererzimmer nehmen«, sage ich, »dann schlaft
ihr beide unten. Ist ja nur für eine Nacht.«

»Wenn du wüsstest, wo ich schon alles übernachtet habe«, murmelt mein Vater, der als Zimmermann auf Wanderschaft gewesen war. »Kein Problem für mich. Absolut nicht.«

Ich sage vorsichtig: »Wir müssen Bettwäsche leihen!«

Ilses Kopf ruckt herum. Meine Mutter sieht mich nur an. Sie
sagt kein Wort, aber ihre Blicke sprechen Bände.

Ich sage: »Ja, is klar!«

Mein Vater eilt mir zur Hilfe: »Was machen wir denn mit Abend-
brot?«

»Ich dachte, ich hol Pizza. Dann setzen wir uns unter den Baum.
Und machen einen Wein auf. Ist doch total schön hier. Oder?«

»Okay. Bis gleich.«

Dann fahre ich los. In diesem Moment brummt mein Handy.
Mein Bruder. Er schickt eine SMS aus dem noch fernen Finnland: »Gib mal Zwischenbericht. Was machen deine Nerven?«

Ich antworte: »Sind in Schweden. Alles besser als erwartet. Hole
grade Pizza.«

Prompt kommt seine Antwort: »Hermann isst Pizza???«

Ich kehre zurück an unseren heimischen Herd, pardon, Tisch,
stellte die Kartons ab, hole eine Flasche Wein aus dem Wagen
(natürlich reise ich immer mit Korkenzieher), Ilse bringt die
Plastikbecher, nicht ganz stilecht für den Syrah, aber das tut dem
Geschmack und der romantischen Stimmung keinen Abbruch.

Eher schon die Mücken, die sich augenblicklich auf uns stürzen. Ich hatte Mückenspray besorgt. Es wirkt nur begrenzt. Wir stoßen an. Mein Vater kaut. Vorsichtig.

»Ganz gut«, sagt er dann.

»Axel hat geschrieben und hat sich gewundert, dass du Pizza isst, Hermann.«

»Hab ich auch noch nie.«

»Was?« Mir fällt fast das Essen aus dem Mund.

»Ich auch nicht«, ergänzt Ilse.

»Und trotzdem überlebt bis heute«, sagt Hermann und nimmt noch ein Stück.

Langsam setzt die Dämmerung ein.

»Dass das immer noch hell ist«, wundert sich Ilse.

»Ich geh noch mal runter zum Fluss, kommt ihr mit?«

»Nee, ich lege mich hin«, sagt Hermann.

»Ich möchte mir wohl noch die Beine vertreten«, meint Ilse.

Wir schlüren – ostwestfälisch für schlendern – runter Richtung Wasser. Es ist jetzt ziemlich dämmerig, fast dunkel, manches nur noch schemenhaft zu erkennen, aber ich bin ein alter Trapper, durch Karl May geschult, bin bei Edgar Rice Burroughs in die Lehre gegangen, habe bei Jack London studiert und bei Henry Rider Haggard meine Meisterprüfung gemacht.

»Sühst du datt? Den Schatten da hinten, Mama?«

»Ich sehe nur dunkel«, sagt sie.

Ich verfalle langsam immer mehr in diesen Wechsel zwischen Platt- und Hochdeutsch, den auch meine Eltern oft praktizieren.

»Ilse, kiek doch eis genau.« Ich zeige ihr die Stelle am anderen, mit dichtem Wald bestandenen Ufer: »Da steht was im Wasser. Und bewegt sich ab und zu. Ziemlich riesig. Na?«

»Ich seh nichts!«, sagt sie energisch

»Ich aber.«

»Du häst di oll gümmer watt inne bilget.« Du hast dir schon immer was eingebildet. »Rege Phantasie«, setzt sie noch nach.

»Van wähne du datt woll hässt. Van mi jedenfalls nich!«

»Ein Elch, Ilse. Da drüben steht ein Elch.«

»Im Leben nicht!«

Wir wandern Richtung Herberge zurück. »Geht ja ganz gut mit Hermann«, sagt Ilse und macht damit ihren Sorgen etwas Luft.

Ich nicke.

»Geht hoffentlich auch weiter alles gut mit ihm unterwegs«, sagt sie weiter, »manchmal hab ich ja Bedenken, ob wir ihn nur noch waagerecht wieder mit nach Hause kriegen.«

Hermann hatte in den letzten 30 Jahren drei Infarkte gehabt, zwei Herzoperationen überstanden und fünf Bypässe bekommen. Da ist das Sterben jederzeit möglich. Ich versuche, sie zu trösten. Das muss man bei Ostwestfalen allerdings sehr rustikal machen: »Ich hab ja 'n Kombi. Wenn es ihn wirklich umhaut, klappen wir einfach hinten die Bank um, legen ihn rein und fahren ihn nach Hause.«

Zurück in unserem Zimmer mit den Etagenbetten, geht Ilse in den Waschraum, die Zähne putzen. Plötzlich steht Hermann neben mir. Wir schweigen. Irgendwas scheint ihn zu bedrücken.

»Und?«, frage ich. »So nachdenklich?«

Er räuspert sich. »Och.«

Lange Pause.

»Sag ruhig.«

Lange Pause.

»Nicht so wichtig.«

Noch längere Pause.

»Wenn es nicht so wichtig ist, kannst du es ja ruhig sagen.«

Irgendwann dann: »Diese Reise. Ich weiß ja auch nicht, ob ich womöglich nur in einer Kiste wieder nach Hause zurückkomme.«

»Wird schon schiefgehen«, sage ich. Ein größerer Trost ist unter Männern bei uns nicht denkbar.

Lange Pause.

»Jau«, sagt er noch mal.

Ich schweige. Beide Eltern machen sich die gleichen Sorgen, würden aber nie miteinander darüber reden. Dass sie mir das sagen mochten, erstaunt mich. Ich fühle mich plötzlich beinah aufgenommen in den Ältestenrat der Familie. »Geht doch ganz gut bis jetzt«, sage ich dann.

Pause.

»Jau!« Und dann leise und grinsend: »Aber du hast ja 'n Kombi. Wenn's wirklich schiefgeht, klappt ihr für mich einfach hinten die Bank um.«

Wodka hilft nicht nur Katzen!

Das Wichtigste für den Ostwestfalen ist und bleibt die Verpflegung. Nach ihrer ersten Nacht in einer »Jugendherberge« ist die Generation 70 plus am nächsten Morgen hungrig. »Und was ist jetzt mit Frühstück?« Das ist der erste Satz, den ich an diesem sonnigen Sonntag von Hermann höre.

»Wir kaufen ein und suchen uns einen schönen Platz am Fluss.«

Wir finden neben einer kleinen Brücke eine Bank unter jungen Birken. Eine Entenfamilie schwimmt vorbei. Schwedische Vollidylle. Kauend sagt Ilse: »Im Leben war das kein Elch!«

Diese Familie ist nicht nachtragend, aber sie vergisst nichts. Mein Handy blinkt. Eine SMS von Isabel: »Hast du schon was erlebt?«

»Ja. Elch gesichtet!«, schreibe ich zurück.

Keine 10 Sekunden später kommt die Antwort: »Nie im Leben! Das erfindest du!«

Vielleicht sollten Ilse und Isabel sich einfach mal kennenlernen. Ich habe das Gefühl, sie würden sich verstehen.

Wir fahren durch Schweden, am Vätternsee entlang, und plaudern. Die schwedische Landschaft zieht vorüber, Birken, Tannen, Fichten. Lichtungen, Wiesen, Felder. Das Korn halmt sich

der Sonne entgegen. An einem See nahe bei der Autobahn machen wir eine lange Mittagspause, und Ilse und ich lassen von
einem kleinen Steg die Beine ins Wasser baumeln. Ilse beklagt,
dass ihr Mann kaum je zu bewegen ist, ins Wasser zu steigen. In
den Nordseeurlauben sei er höchstens mal bis zum Bauch rein-
gegangen. »Ein Wunder, dass der sich wäscht!« Hermann macht
Reisenotizen und hört grinsend zu. Dann schlafe ich ein, im
Gras, im Schatten eines Baumes. Herrlich! Urlaub.

Wir fahren weiter, und Ilse rückt vorsichtshalber »dän Emmer
torechte«. Hermann lehnt am Korb. Finnland kommt näher.
Und scheinbar werden damit auch ein paar Sorgen größer. Jedenfalls bei Hermann.

»Ob das alles gutgeht?«

»Was soll denn schiefgehen?«

»Na, wie soll das denn klappen mit dem Reden? Die sprechen
kein Deutsch, wir sprechen kein Finnisch.«

»Hättest du eben Finnisch lernen müssen«, meint Ilse pragmatisch.

Axel und Viivi würden schon übersetzen, sage ich.

Wir fassen auf den nächsten 200 Kilometern alles zusammen,
was wir von Finnland und unseren Finnen wissen. Viivi, Mitte 20,
hat Modedesign studiert. Ihre Familie lebt in Lahti, einer kleinen Stadt etwa 100 Kilometer nördlich von Helsinki. Ihre Eltern
heißen Kati und Matti. Sie hatten in Lahti zwei Läden gehabt,
einen kleineren Jeans-Laden und einen mit Mode überwiegend
für junge Frauen und Mädchen. Kati und Matti waren vor einigen Jahren in den vorzeitigen Ruhestand gegangen. Der älteste
Sohn, Toni, hatte erst beide Läden übernommen, und seit
Viivi im Frühjahr ihr Studium abgeschlossen hat, führt sie den
Jeans-Laden. Matti und Kati leben mittlerweile überwiegend
im *mökki*. Das ist das vielzitierte »Haus am See«, von dem in

Deutschland Peter Fox nur singt, das aber in Finnland eigentlich jeder Finne besitzt. Meist mit Seezugang und Steg. In ihrer Stadtwohnung in Lahti sind die beiden mittlerweile eher selten anzutreffen.

Die Winter verbringen Kati und Matti inzwischen in einer kleinen Mietwohnung an der Costa Brava in Spanien. Dort, hatte Axel erzählt, steht auch ihre Harley-Davidson. Mit anderen finnischen Freunden kurven sie die Küste entlang und nennen sich »Costal Riders«. Als Motorradfahrer finde ich das beeindruckend. Aber noch schöner als das Motorrad, das absolute Sahnehäubchen, musste dieses *mökki* sein, wie Axel erzählte.

Geplant ist, dass wir zuerst Axel und Viivi in Lahti besuchen und während dieser Zeit bei »Schwiegerelterns« in deren Stadtwohnung leben. Und am nächsten Wochenende werden wir dann alle zu denen ins *mökki* fahren.

»Wo sollen wir da denn schlafen?«, fragt Herman nervös.

»Ich denke, du hast als Zimmermann schon sonst wo übernachtet? Wenn da kein Platz wäre, hätten sie es uns nicht angeboten«, sage ich. »Die wollen eben mal sehen, welcher Familie sie ihre Tochter anvertrauen.«

»Kann man auch verstehen«, sagt Hermann. »Aber ich esse da nichts, was mir nicht schmeckt!«

»Ist noch nicht da und denkt schon wieder ans Essen«, grinst Ilse.

Wir warten in Stockholm auf die Fähre. Ich denke mir im Stillen, dass Gefahren vielleicht geringer werden, wenn man über sie spricht. Hermann scheint meine Gedanken gehört zu haben.

»Hoffentlich regnet es nicht dauernd«, sagt er.

»Weitere Sorgen?«, frage ich.

»Die Mücken.«

»Ich hab doch Spray dabei.«

»Ja«, meint Hermann grinsend, »aber ob die Mücken in Finnland auf dein deutsches Spray überhaupt reagieren? In Schweden jedenfalls hat es so gut wie nichts genutzt.« Er kratzt sich wieder. Die Mücken hatten ihm quasi das Sternbild des »Großen Wagens« auf den Oberarm gestochen.

Auf der Fähre beziehen wir unsere gemeinsame Kabine, vier Schlafplätze, ich oben, die beiden mal wieder in den Etagenbetten unten. Ich klettere die Leiter hoch.
»Fällst du auch nicht runter?«, fragt Hermann nur scheinbar besorgt.
Wir sehen aus einem riesigen Bullauge die schwedische Schärenlandschaft vorbeigleiten. Felsgruppen, kleine Inseln, manche karg, andere bewachsen mit Büschen und Bäumen. Und an fast allen führt ein kleiner Steg vom Land ins Wasser. Wenn in den schwedischen oder finnischen Schären oder Seen ein Fels die Größe eines Autostellplatzes nur leicht überschreitet, dann bauen der Schwede oder der Finne sofort ein Haus drauf und eine Toilette daneben. Fast alle dieser kleinsten, kleinen und großen Schäreninseln sind bewohnt. Wenn man vorüberfährt, ist das ein ungewohnt romantischer Anblick. Hier könnten Romane geschrieben werden. Aber was ist mit Schulpflicht? Nachbarschaftlichen Treffen? Wie weit liegt der nächste Supermarkt entfernt? Ein Wunder, dass es zwischen diesen sommersprossig ins Wasser gesprenkelten Felsen eine Fahrrinne für eine ausgewachsene Autofähre gibt.
Ich liege gedankenversunken in meiner Koje. Meine Eltern richten sich ein. Unter mir quasi. Eine weitere gemeinsame Übernachtung mit meinen Eltern. Ganz dicht beieinander. Nicht wie bei einem kurzen Besuch, wenn man auf dem Sofa ein Nickerchen hält. Wir werden uns atmen hören, uns im

gleichen Raum aus- und umziehen. Ich höre sie ihre Tabletten aus den Packungen drücken. Das ist schon ein kleines Hörspiel. Es knistert wie drei trockene Holzscheite im offenen Kaminfeuer. Mir ist das alles viel zu nah. Ich habe ganz andere Rhythmen. Ich bin ein Nachtvogel, die beiden sind mehr Tagaktive. Das mag was geben! In diesem Moment überraschen sie mich mit dem Satz: »Und? Gehen wir noch mal hoch? Bisschen aufs Wasser schauen? Wir würden dir auch ein Bier spendieren.«

»Alkohol? Für mich? Von meinen Eltern? Donnerwetter! Dann los!«

Wir stehen in der Schlange vor der Restaurantkasse. Hier kann man die Währung wählen, in der man bezahlen möchte: schwedische Kronen oder »finnischen« Euro. Wir zahlen mit der »Reiseerleichterung« Euro. Der Finne an der Kasse spricht uns an: »Sie sind aus Deutschland?« Wir strahlen. Der kann Deutsch! Wo wir hinwollen? Lahti. Nun strahlt er. Lahti – seine Geburtsstadt. Warum gerade nach Lahti? Der Sohn und Bruder wohne nun dort. Als Deutscher? In Lahti? In Finnland? Er strahlt noch mehr.

In seiner nächsten Pause setzt sich Arto zu uns. Er fährt seit 2002 bei Tallink Silja Line. Auf der Fähre arbeiten ausschließlich Finnen, erzählt er. Seine Schicht dauert sieben Tage, mit 70 Arbeitsstunden, dann hat er jeweils eine Woche frei, die er bei seiner Familie verbringt. Ursprünglich hatten seine Frau und er beide auf dem Fährschiff gearbeitet, bis dann die Kinder kamen. Nun arbeitet seine Frau als Krankenschwester, er weiter im Schichtdienst.

»Meine Frau ist eine typische Finnin.«

»Was heißt das?«, frage ich.

»Sie ist schön, mit hellen Haaren, und lustig.«

Eine großartige Liebeserklärung an den weiblichen Teil seines Volkes, finde ich.

Dann schwärmt er von seinem *mökki*, wo es ganz anders sei als im Stadtleben. Dort könne man zum Beispiel einfach ein Feuer anmachen. Ilse fragt, wohin er denn im Urlaub fahren würde. Er schüttelt den Kopf. Die Sommer im *mökki* seien so schön. Er würde höchstens alle vier oder fünf Jahre mal im Ausland Ferien machen. Bei einer Tante in »Switzerland«.

Ob es schön sei in Lahti, fragt Hermann. Natürlich sei es schön in Lahti, vielleicht nicht ganz so schön wie in Vääksy, wo Arto auch zehn Jahre lang gewohnt habe. Aber beide Städte lägen am wunderschönen Vesijärvi-See.

»Seid ihr schon mal Eisangeln gewesen?«

»Noch nie! Keiner aus unserer gesamten Familie hat je eine Angelrute in der Hand gehabt, zu keiner Jahreszeit.«

Ungläubig schüttelt Arto den Kopf und schwärmt vom Eislochangeln in Jääkaira. Später suche ich diesen Ort auf der Landkarte und stelle fest, dass er versucht hatte, uns die Technik des Eislochangelns zu erklären. Er hatte nicht *in* Jääkaira geangelt, sondern *mit* dem *jääkaira*, dem Eislochbohrer, die Löcher zum Angeln in das Eis geschnitten. Lost in translation.

Meine Eltern erzählen von einer Busreise, die sie vor 15 Jahren unternommen hatten, zum Nordkap, und von der Rückfahrt über Rovaniemi.

»Rovaniemi?« Jetzt kommt Arto noch einmal so richtig ins Schwärmen über Lappland, die Sommer, wenn es dort 24 Stunden hell ist, den Inari-See, den Ivalojoki, den Fluss, an dem er immer wieder angeln geht, den viel zu vielen Moskitos dort oben, der dunklen Zeit im Winter, wenn es zwei Monate lang keine Sonne gibt. »Nur vier helle Stunden am Tag!« Die Tage seien sehr dunkel, aber auch sehr schön. »Melancholik«, sagt er. Melancholisch.

»Und der Alkohol im dunklen Winter?«, fragt Ilse. »Ich denke, dann trinkt ihr so viel.«

Die Kollegen rufen, Arto lacht, steht auf und sagt: »Wodka hilft nicht nur Katzen!«

Ich muss auch lachen und merke dann, dass ich diesen Satz trotz seiner offensichtlichen Komik nicht richtig verstanden habe. Was meint er? Ist das ein finnisches Sprichwort? Was bedeutet es genau? So etwas wie: »Milch ist nicht nur für in den Kaffee?«

»Das verstehe ich jetzt nicht«, sage ich.

»Katzen«, sagt Arto. »Katzen im Hals.« Und fasst sich an die Gurgel.

Ilse schaltet als Erste: »Gegen das Kratzen im Hals. Er meint kratzen.«

Arto nickt und wiederholt: »Ja. Wodka hilft nicht nur Katzen im Hals!«

Er hat auf den finnischen Wodka »Koskenkorva« angespielt, für manche Finnen zumindest im Winter eine Art Grundnahrungsmittel, und dieser Wodka hilft, so Volkes Meinung und der Durstigen Trost, gegen Grippeviren genauso wie gegen Schnupfen, Husten, Heiserkeit. Nun sind wir endgültig vorbereitet. Wir haben unser Einführungsseminar für Finnland bei Arto bekommen.

Die Nacht zu dritt in der Fährschiffkabine schlafen wir ohne Komplikationen durch. Der nächste Morgen. Eine frühe Sonne weckt uns. Ich schaue auf meinem Handy nach der Uhrzeit. Eine SMS ist eingegangen. Von Isabel! »Ich wäre jetzt so gerne bei dir. Kuss!«

Ich tippe: »Bin sehr froh, dass du nicht da gewesen bist, denn ich wohne in einer Kabine mit meinen Eltern.« Ich speichere die SMS unter »Entwürfe«.

Dann gehen wir hoch an die Reling. Wir fahren durch die finnischen Schären. Und natürlich steht auf jedem Felsen ein *mökki*.

Kurz vor Ankunft gehe ich in den »Supermarkt« an Bord. Ich will noch ein Extra-Geschenk für meinen Bruder kaufen. Der Supermarkt auf der Fähre ist hauptsächlich ein Alkoholverkaufsstand, eine Art Riesenkiosk mit sechs Kassen. Neben den Regalen mit Wein, Schnäpsen und Likör, mit Brandy und Baileys und Whisky und Wodka stehen hier vor allem Paletten mit Dosenbier. Etliche Quadratmeter sind ausschließlich dem in Finnland und Schweden immer noch sehr teuren Gerstensaft reserviert. Mannshohe Türme erwarten die Durstigen, je 24 Dosen im Pappkarton, für Fachleute: im Tray! Auf jeder Palette 9 Lagen mit je 11 Trays. Demnach 99 Trays auf jeder Palette. 2376 Dosen. Ich zähle 8 Paletten. Dosen im Umfang der griechischen Staatsverschuldung!

Um mich herum heftige Betriebsamkeit. Es ist, als würde man einen Ameisenhaufen in seiner unüberschaubaren Emsigkeit beobachten. Die Stapel werden von den Fährgästen mit größter Zielstrebigkeit entstapelt. Viele marschieren mit je einem Tray in jeder Hand hinaus. »Das musst du erst mal von hier über die Treppen bis zum Auto schaffen! Ich parke am anderen Schiffsende«, zischt mir ein schmalgebauter Mittdreißiger zu. Manche Finnen bedauern, dass der Mensch nur zwei Hände habe. Aber denen kann geholfen werden. Die »Krönung der Hafenrundfahrt«: Als Sonderangebot gibt es vier Trays, die bereits übereinander auf einem kleinen Einkaufstrolley gestapelt und mit einem Gummizug gesichert sind. Also Bier auf Rollen. Dosen to go, Trolley inklusive. Das ist witzig, geschäftstüchtig und erschreckend zugleich. Und Hunderte Väter, Söhne, Onkel und Großväter schieben sich mit diesen betürmten Vehikeln in die Aufzüge, kämpfen sich die Treppen hinab zum Autodeck, schrammen zwischen den geparkten Autos entlang und wuchten sie dort ihren Kleinkindern auf den Schoß oder ihren Frauen unter den Hintern, weil es in diesen kompetent gepackten Autos keinen anderen Stauraum mehr gibt. Einige wenige sogar lassen ihre Angehörigen wortlos auf dem Parkdeck zurück.

Ich will nicht sagen, dass das alles typisch finnisch ist, aber typisch skandinavisch ist es auf alle Fälle. Ich wechsle auf das wissenschaftliche Prinzip der sogenannten »teilnehmenden Beobachtung« und kaufe ebenfalls 24 Dosen im Pack und denke, während ich mit meinem lächerlichen einen Tray hinter den Biertransportern auf den Treppen zu den Autodecks laufe: »So geht es also zu in Axels neuer Heimat.«

Last Exit Lahti

Montag. Turku, Fähranleger. Wir fahren von Bord und werden von strahlendem Sonnenschein empfangen. Das ist also das Land meines Bruders. Es regnet nicht. So früh morgens ist auch keine einzige Mücke zu sehen. Der Finne meint es gut mit uns. Mein Navigationsgerät zeigt uns den Weg, Hermann blättert wie immer im Autoatlas.

Die Schlangen vor den Speisetheken im Schiff mit dem schwedisch-finnischen Essensangebot hatten wir links liegenlassen. An der ersten großen Kreuzung außerhalb Turkus lockt eine Tankstelle. In Finnland sind die Tanken fast allesamt kleine Restaurants und Treffpunkte. Aber was verbirgt hier der Bäcker im Gebäck? Meine Eltern stehen konsterniert vor der Theke, und Hermann schaut hilfesuchend nach aufgeklappten Broten, bei denen man wenigstens würde erkennen können, womit sie belegt sind.

Ich spreche mit der Kassiererin. Sie hält mich wohl für einen Finnen, denn was sie sagt, verstehe ich nicht. Wir versuchen es beide auf Englisch. Das hilft bei den Süßwaren nicht wirklich weiter, denn entweder weiß sie nicht zu sagen, was im Gebäck ist, oder ich kenne das englische Wort nicht. Wir werden also Lose ziehen mit halbwegs einer Aussicht auf Gewinn. Aber die Dame ist zauberhaft, und wir lernen vor allem das: In Finnland zahlt man nur den ersten Kaffee und darf danach oft mindestens einmal nachschenken. Refill! Mit Nachfüllen! Dazu kaufen wir drei Experimente in Teig. Hermann beißt, das Gesicht in einer Erwartungshaltung wie sonst nur C-Prominente bei der nächsten Aufgabe im Dschungelcamp, in das unbekannte Gebäck. Wir kauen. Unsere Mienen entspannen sich. Lecker. Ich hole Kaffee nach. Dann schalte ich wieder das Navigationsgerät ein. Unser erstes Zwischenziel ist Riihimäki. Wir müssen quasi einmal »quer rüber«, um nach Lahti zu gelangen.

Wir fahren durch baumbestandene Landschaft. Fremd wirkt das nicht. Erinnert alles irgendwie an Ostwestfalen. Bäume. Birken, Tannen. Kiefern. Nur weniger Orte. Landstraßen. Geschwindigkeitsbegrenzungen. Aber kaum Ortsdurchfahrten. Mehr Gegend. Und dabei sind wir hier im am stärksten bewohnten Teil, im Süden Finnlands. Immer wieder sind Baumstämme gestapelt. Ab und an eine Parkbucht. Wenig Verkehr. Ich schaue unwillkürlich zur Tankanzeige. Hätte ich etwa eben tanken sollen? Meine digitale Anzeige sagt, das Benzin reicht noch 640 Kilometer. Bis dahin sollte eine Tankstelle gekommen sein. Bis Lahti sind es etwa 250 Kilometer.

Es ist merkwürdig still im Auto. Jeder hängt seinen Gedanken nach. Ich bewundere meinen Bruder. Der hat plötzlich seinen Platz gefunden. Da kommt diese Frau, und schon stellt er sein Leben auf den Kopf, verlässt Deutschland und zieht in ein fremdes Land, mit komplett anderer Sprache, anderer Mentalität – wie ich da noch denke – und vor allem einem komplett anderen Klima. Eltern, Bruder und Freunde zurücklassend. Sogar seine Plattensammlung. Seine Gitarren. Abgeflogen mit kleinem Gepäck.

»Dass der einfach so nach Finnland gezogen ist«, sage ich mitten in die Stille unserer Fahrt.

»Versteh ich aber«, sagt Ilse.

»Wie bitte?«

»Ja, ich wollte auch immer weg.«

»Du? Wohin denn?«

»Ich wollte immer nach Kanada auswandern.«

»Ist nicht wahr!«

»Doch.«

»Hast du mir nie gesagt.«

»Du weißt so manches nicht.«

»Wann wolltest du auswandern?«

»Als junges Mädchen.«

»Und warum hast du das nicht gemacht?«

»Man war damals doch erst mit 21 großjährig.«

»Volljährig meinst du.«

»Ja, das hieß damals großjährig. Und ich hätte die Unterschrift von Opa gebraucht. Für das Visum, die Arbeitserlaubnis, die ganzen Ausreiseformalitäten.«

Sie meint ihren Vater. Ferdinand. Den Milchmann. Sie hatte, anders als ihre fünf Brüder, keinen Beruf lernen dürfen, sondern musste im väterlichen Betrieb helfen, im Milchwagen mitfahren und in dem kleinen Milchladen arbeiten, den Opa damals in Mindens Innenstadt hatte. Sie und ihr Vater waren erst mit dem Pferdefuhrwerk, später mit einem Hanomag oder dann Opel die tägliche Route abgefahren und hatten Milch und Butter aus dem Wagen heraus verkauft. Später wurde der Verkaufswagen fast ein kleiner Kiosk.

»Und?«

»Hat er mir nicht gegeben. Er meinte, er braucht mich zu Hause.«

»Und warum bist du nicht gegangen, als du volljährig warst? Mit 21?«

Sie zögert mit der Antwort. Ich schaue kurz zur Seite, aber sie blickt aus dem Seitenfenster, so dass ich ihr Gesicht nicht sehen kann.

»Na?«

»Da hatte ich ein Kind.«

Ich schlucke. Das Kind bin ich. Sie war 20, als ich geboren wurde. Ich schweige.

Nach einer Weile sagt sie: »Hermann wollte nicht.«

»Wieso wolltest du nicht?«, frage ich Richtung Rückbank.

»Ich war doch grade erst fünf Jahre gewandert. Als Zimmermann. Ich wollte nicht schon wieder weg.« Nach einer Zeit setzt er hinterher: »Und Englisch konnte ich auch nicht.«

»Mein Bruder und ich hätten kanadische Holzfäller werden können!«

»Tja.«

Nachdenklich fahre ich weiter. Mein Bruder hat also den Traum unserer Mutter umgesetzt und ist ausgewandert, ausgewandert in ein nördliches, kaltes Land. Fahren wir jetzt durch Finnland, weil dieser Hang zum Nordischen regelrecht in Axels Genen sitzt?

Um uns herum fließt die endlose finnische Landschaft – leichte Hügel, der stete Wechsel von Bäumen und Wasser, Feldern und Wiesen und ständigen Geschwindigkeitsbegrenzungen. Typisch finnisch bei der Fahrt über Land sind zwei Dinge. Erstens die vielen Blitzautomaten. Vor denen wird jedes Mal gewarnt. »Pass up!«, sagt Ilse, sobald ein Verkehrsschild am Straßenrand steht, darauf ein Piktogramm, das einen alten Fotoapparat zeigt. Dann sollte man die Geschwindigkeit drosseln. Innerhalb der nächsten zwei Kilometer kommt der Blitzer. So sicher wie das Amen in der Kirche. Im Gegensatz zu zweitens. Überall stehen die Verkehrsschilder: Elch kreuzt. Analog zum deutschen »Wildwechsel« bedeutet es sicher »Elchwechsel«.

»Vorsicht, Elch!« sehen wir auf den ersten 120 Kilometern bestimmt neunmal. Aber wir sehen keinen einen!

Hermann sagt: »Diese Schilder stehen ja dauernd an den Straßen. Es würde doch reichen, wenn die direkt hinter der finnischen Grenze ein Schild davon aufstellen mit dem Zusatz: Gilt für ganz Finnland.«

Ich lasse das Fenster runter, und wir atmen Finnland.

»Riecht auch nicht anders als zu Hause!«, sagt Hermann.

»Was hast du denn erwartet?«, fragt Ilse.

Dann schweigen wir wieder. Der Ostwestfale sagt wohl auch nicht viel mehr als der Finne, denke ich. Das ist eine große Kunst, das Schweigen. Das muss man aushalten können, auf beiden Seiten. Und ideal ist es, wenn »es einfach schweigt«, ohne dass einer denkt oder merkt, dass man innehält. Ostwestfalen wie Finnen sind sehr wahrscheinlich zum Meditieren talentiert wie keine andere Volksgruppe. Man muss die Welt auch mal in Ruhe lassen können. Robert Gernhardt, der große Dichter, schrieb einst als elftes Gebot: »Du sollst nicht lärmen!« Davon weiß der polternd-perlende Rheinländer leider nichts. Wir schweigen.

Wir durchfahren schönste Waldlandschaften. Nur dass Finnland eigentlich ein einziges Gesamtwaldstück ist. Es gibt ohnehin nur wenige Autobahnen hier. Die Reisegeschwindigkeit ist absolut begrenzt. Wir fahren lediglich einige Kilometer auf der Valtatie 4, der Staatsstraße 4 von Helsinki nach Jyväskylä, die hier tatsächlich eine veritable Autobahn ist, und dann kommt schon die Ausfahrt Lahti. Wir kommen genau um 12 Uhr 30 an. Punktlandung.

Axels Anfahrtsbeschreibung bringt uns direkt zum Haus. Davor ein offener Platz, ein Teil davon mit Rasen bewachsen und darauf eine kleine Sitzecke, links begrenzt von den Garagen. Das Haus fünfstöckig, auf jeder Etage drei bis fünf Wohnungen. Axels Schwiegereltern wohnen Halbparterre, unten links. Axel und Viivi selber wohnen seit kurzem im vierten Stock des gleichen Hauses. Axel sitzt im Garten. Mein Bruder ist mittlerweile wieder Student. Er genießt seine Mittagspause. Er kommt uns entgegen und strahlt.

Vielleicht sollte ich hier meinen Bruder ausführlicher vorstellen. Er überragt uns andere Familienmitglieder fast um Haupteslänge. Ilse, Hermann und ich sind alle locker unter 1,70. Axel ist ein schlanker Mann von 1,80. Die Haare raspelkurz, dafür mit gewaltigen Koteletten. Brillenträger. Meistens jedenfalls. Ein echter Rock 'n' Roller. Er trägt eigentlich immer Jeans und Chucks, das sind Leinenschuhe, und ständig T-Shirts seiner Lieblingsbands aus Rockabilly und Psychobilly. Ohrring. Tattoos. Cooler Bursche. Man hält uns nicht unbedingt für Brüder.

»Tag, Axel!«, sagt Ilse.

Die beiden umarmen sich. Ich staune.

»Hallo, Kleiner!«, sagt Hermann.

»*Terve!*«, sagt Axel.

»Watt heitet datt denn?«

»Das heißt so viel wie Moin. Guten Tag eben.«

»Ja, dann: *Terve!*«

Und Axel nimmt auch ihn in den Arm.

»Moin!«, sage ich. Wir geben uns die Hand.

»Wie war die Fahrt?«

»*Hyvä*«, sage ich.

Hermann sieht mich sprachlos an.

»Das ist Finnisch und heißt gut.«

44

»Seit wann kannst du Finnisch?«

»Das ist so ziemlich mein einziges Wort.«

Dann stehen Axel und ich voreinander. »Und?«, frage ich ihn.

»Muss!«, antwortet er.

Das wirkt nach außen vielleicht sehr nüchtern, ist aber in Wahrheit tief und gefühlig.

In diesem Frage-Antwort-Wechsel liegen unausgesprochen emotionalste Informationen. Wir hatten uns zwar Monate lang nicht gesehen, trotzdem ist unsere Begegnung oberflächlich betrachtet absolut unspektakulär. Ostwestfälisch nüchtern. Mehr nach dem Motto: Wer zu viel Gefühle zeigt, hat verloren. Aber das ist tief drinnen nicht weniger herzlich als bei denen, die sich minutenlang in den Armen liegen. Allein wenn wir Ostwestfalen fragen »Und?«, dann ist das Philosophie und Seelsorge zugleich. Das geht viel tiefer als das neuzeitliche »Hey, was geht?«. Das ist ein ehrliches Interesse am Gegenüber, die Frage nach dessen Sein und Wollen, regelrecht die Frage nach dem Urgrund. Und die Antwort »Muss!« ist pragmatisch, ehrlich und ironisches Spiel zugleich. In ihr schwingen im Subtext tausend Informationen mit. Man kennt danach im Grunde den Kontostand, die Pulsfrequenz und den Blutdruck des Gegenübers, man weiß um Scheidungen und Verliebtheiten. Die Frage »Und?« stellt man niemandem, der einem egal ist, sondern nur dem, von dem man Dinge wissen möchte, die er nie aussprechen würde. Diese Antwort jetzt war eindeutig: Axel geht es hier in Finnland gut. Phantastisch geradezu!

»Ich zeige euch die Wohnung. Muss gleich zum Sprachkurs.« Axel führt uns hinein. Flur, Wohnzimmer, Küche. Ich bekomme das alte Kinderzimmer von Viivi, unsere Eltern das Elternschlafzimmer. Luxus pur für Reisende mit unserer Portemonnaie-

Größe. Schon an Haus- und Wohnungstür bekommen wir die ersten Lektionen zum Anderssein der Finnen. Wichtig: Die meisten Türen schließen verkehrt herum! Das heißt, man schließt zur Türfüllung hin auf statt wie bei uns zu. Und umgekehrt. Auch öffentliche Toiletten funktionieren so. »Unser Ilse« sitzt später dadurch mehrfach fest. Mindestens zweimal rette ich meine Mutter aus Toilettenhäuschen.

Wir lernen noch mehr typisch Finnisches. Auch im Sommer grüßt der Winter, es gibt an den Wohnungstüren meist Doppeltüren. Damit nicht sofort die Wärme austritt. Und vorn im Hausflur zieht man sich die Schuhe aus. Immer. Axel hatte uns gebeten, Schlappen mitzubringen oder dicke Socken. Zumindest in meinem Freundeskreis in Deutschland, egal ob Kassel, Köln oder Dortmund, in den Häusern der Freunde, Bekannten und Verwandten in Minden, ist es immer noch die Ausnahme, dass man gebeten wird, die Schuhe auszuziehen. Hier in Finnland ist das obligatorisch, und es nicht zu tun ist eine grobe Unhöflichkeit. Vor den Häusern stehen, meist auf beiden Seiten des Eingangs, fest und ganzjährig montiert, Bürsten, um Schnee und Matsch abzustreifen. Und die werden auch beinah ganzjährig gebraucht. Die Winter beginnen oft im November und enden nicht vor Mai.

Wir entladen das Auto: die Gitarren, den Verstärker, »dän Korff«, schon sehr geplündert. Der Eimer, der sich Gott sei Dank nicht gefüllt hatte, wird beiseitegeschoben. Die Kiste mit den Gastgeschenken, Koffer, Taschen, Regenschirme (!), eine kleine Hausapotheke mit Kopfschmerztabletten, Pflaster, Sonnenmilch. Hermann hatte entgeistert gefragt: »Für Finnland?« Er sollte sich wundern. Die Kiste Hefeweizen, die Gläser, den Karton mit Wein. Das Dosenbier von der Fähre. Ich gebe Axel den Tray.

»Danke. Du bist ein guter Bruder«, sagt er.

Von hinten ruft Ilse. »Gibst du dem Kind etwa Alkohol?«

Mein Bruder schnappt sich grinsend die Biere und trägt sie nach oben. Dann umarmt er noch mal Vater und Mutter und sagt: »Ich geh zum Sprachkurs, damit ich hier ordentlich für euch übersetzen kann.«

»Ist Finnisch wirklich so schwer?«, fragt Ilse.

»Noch viel schwerer!«

Sohvakalustotarjouksia – Ein Exkurs

Finnisch ist mehr eine Strafe als eine Sprache, und wer anderes behauptet, ist über Schweden noch nicht hinausgekommen. Das Finnische versucht den Fremden zu verwirren. Rein sprachlich fühlt man sich in Finnland wie ein Nordic Walker im Himalaya, heillos überfordert. Ich meine es ernst! Vergessen Sie alles, was Sie bisher gelernt haben. Latein? Französisch? Englisch? Spanisch? Niederländisch? Arabische Dialekte? Das alles nützt hier nichts. Sie können in vielen Ländern einem Gespräch lauschen und bekommen eine Vorstellung dessen, worüber geredet wird. In Finnland nicht. Wenn Geheimdienste eine optimale Geheimsprache benutzen wollten, sie müssten nur auf Finnisch kommunizieren. Sie tun das aber nicht, weil ihnen Finnisch als Geheimsprache einfach zu schwer ist. Sogar ein James Bond würde scheitern.

Will man eine Sprache lernen, beginnt man gerne mit Zahlen. One, two, three. Eins, zwei, drei. Un, deux, trois. Auf Finnisch: *yksi, kaksi, kolme.* Und danach wird es nicht besser! Vielleicht werden Sprachen komplizierter, je weiter nördlich man kommt. Es gibt praktisch nichts, an dem man sich orientieren könnte. Nur noch die Sprache der Inuit, die Kehllaute der arktischen Ureinwohner, ist vielleicht schwerer zu lernen. Aber das ist mehr ein Artikulationsproblem.

Finnisch erschließt sich einem überhaupt nicht! Finnisch ist das Chinesisch Europas. Auch im Schriftbild. Ich stand vor Schaufensterbeschriftungen mit Namen wie *SOHVAKALUSTOTARJOUKSIA*. Das heißt »Couchgarniturangebote«, wie mir Viivi zu Hause übersetzt. Sie fragt mich: »Bernd, wo findest du so etwas?«

Einige Wörter allerdings wurden vom Finnen »eingedeutscht« beziehungsweise »eingefinnischt«, und die geben einem eine gewisse Chance für Entschlüsselungen. Der Finne hängt ihnen einfach ein »i« an, und schon gelten sie als heimisch und originär. Axel gibt uns Beispiele. Die Apotheke heißt *apteekki*, der Apotheker ist ein *apteekkari*. Die Bank als Geldinstitut heißt *pankki*, die, auf der man sitzt, heißt *penkki*. »Auf die lange Bank schieben« wiederum heißt *lykätä tuonnemmaksi*. Der Kiosk ist hier ein *kioski*. Fasane heißen tatsächlich *fasaani*. Beton heißt *betoni*. Mein Bruder heißt jetzt *Akseli*. Meine finnische Schwägerin Viivi nennt mich *Berntti*.

Aber das klappt nicht immer, warnt mein Bruder. Kirche heißt nicht *kirkki*, sondern *kirkko*. Axels Vokabelstunde wird fast zu einem Comedy-Auftritt. Ilse schüttelt lachend den Kopf. *Kipsi* ist Gips. Aspirin heißt *aspiriini*, das Finale ist das *finaali*, Theater wird zu *teatteri*, Bayern zu *baijeri*. Man darf sich von dieser Zusammenstellung aber nicht blenden lassen. Die Sprache ist nicht witzig! Gar nicht.

Es gibt zwei grundlegende Unterschiede zum Deutschen. Beim Schreiben ist es die permanente Kleinschreibung, außer am Satzanfang, beim Sprechen ist es das Duzen. Zur Aussprache: Der Finne spricht fast alles so, wie er schreibt, wobei man sich bei vielen Wörtern nicht vorstellen kann, wie man das sprechen könnte. Und er betont immer die erste Silbe. Das muss man üben, im Sprechen und im Hören. Telle, eine Finnin, die ich in

Tampere treffe und die in Deutschland ihre Heimatsprache unterrichtet, erklärte mir: »Wenn du ein finnisches Wort sprichst, musst du mit einem Paukenschlag beginnen, im weiteren Verlauf des Wortes kannst du nachlassen. Am besten, du stampfst mit dem Fuß auf, wenn du die erste Silbe sagst.« Also, aufstampfen beim »ru« und nachlassen: *ru-sina*. Rosine. Natürlich!

Axel referiert aus seinem Sprachunterricht. Es gibt keine Pronomen vor dem Wort, kein »im« Wald, kein »auf dem« Boden, sondern alles – auch die Deklination durch alle Fälle, und von denen gibt es immerhin 15 (!) –, alle Bezüge, besitzanzeigende Fürwörter, alles Grammatikalische, was bei uns vor dem Wort steht, wird hinten an das finnische Wort angehängt. Direkt. Man nennt das Suffixe, Nachsilben. Deshalb ist das Finnische eine »agglutinierende« Sprache. Das habe ich nachgeschlagen. Angehängte Silben. Dadurch verlängert sich manches Wort regelrecht unheimlich, und einige gehen schnell über mehrere Zeilen. Telle sagt: »Der Finne braucht immer einen Vokal hinten, um seine 15 Fälle anhängen zu können.«

Dabei verändern sich oft auch die Buchstaben. In der Konjugation unterliegen die Konsonanten einem Stufenwechsel, und durch die Vokalharmonie verschiebt sich ebenfalls so einiges im hinteren Teil finnischer Wörter. Ich kann das nicht näher erklären. Ich war nur drei Wochen dort. Nur ein Beispiel, an dem ich schon gescheitert bin: Lahti heißt *Lahti*. Aber der Genitiv ist *Lahden*. *Lahden kansanopisto* ist Lahtis Jugendherberge. Übrigens nur im Sommer, das Gebäude ist in den anderen Jahreszeiten ein Bildungsinstitut. Liest man erst *Lahti*, dann *Lahden*, so hat man als deutscher Reisender sofort das Gefühl, man müsse in eine andere Stadt fahren. *Lahdessa* bedeutet: in Lahti. *Lahteen*: nach Lahti. Bei dieser Sprache ist es für mich kein Wunder, dass der Finne Filme nicht synchronisiert. Er schaut alle Filme im Original, mit finnischen und schwedischen Untertiteln.

Als mein Bruder damals nach Finnland abreiste, hatte ich ihm zum Abschied ein Wörterbuch gekauft. Den klassischen Langenscheidt wollte ich ihm schenken, Finnisch – Deutsch, Deutsch – Finnisch. Aus einem beginnenden Interesse an seiner neuen Lebenswelt hatte ich gleich einmal reingeblättert. Und staunte erst. Dann stutzte ich. Dann ließ ich meinen Kaffee kalt werden und ging zurück zur Buchhandlung.

»Das ist ein Fehldruck«, sagte ich.

Uli und Sylvia, meine Buchhändler, blätterten, lasen und sagten wie aus einem Mund: »Klar, natürlich ist das ein Fehldruck!«

»Das geht zurück. Sofort«, ergänzte Sylvia.

»Tut uns leid. Ehrlich«, sagte Uli.

»Na, ihr könnt ja nichts dafür, dass die alle Wörter mit B und C ausgelassen haben.«

Drei Tage später kam das Buch zurück mit Ulis Ansage: »Es ist alles in Ordnung mit dem Wörterbuch, das ist die Sprache. Der Finne hat praktisch keine Wörter mit B, C, F und G. Es gibt kaum welche. Nicht mal eine Seite jeweils.«

So weit hatte ich in meinem ersten Schrecken gar nicht geblättert! Ich war nach C schon komplett erledigt. Ich dachte nur, man muss schon froh sein, dass sie nicht ganz auf diese Buchstaben verzichtet haben. Gerade das B – allein dass ein so wichtiges Wort wie »Bernd« im Wörterbuch fehlt …

Nun leihe ich mir Axels Finnisch-Lexikon und blättere zu jedem Frühstück darin, anstelle der täglichen Zeitungslektüre. Ich versuche die Fundstücke auszusprechen. Meine Eltern lauschen aufmerksam. Ich finde unvorstellbare Seltsamkeiten. Unglaublich, dass die Finnen schon als Kinder diese Wörter beherrschen. *Pyörävarasto* heißt Fahrradraum. Ich lese laut, und Hermann wirft ein: »Ich verstehe nur: Püree, wo bist du?« Das seltsame Wort *pörröttää*, es bedeutet kraulen oder übers Haar streichen, hat zwei ö, zwei r, zwei t, zwei ä, aber die beiden ö stehen nicht zusammen. Wahrscheinlich damit das singuläre »p« in seinem Alleinsein nicht zu depressiv wird. Seltsame Orthographie. Die Übersetzung des Wortes »Orthographie« hat mich übrigens besonders beeindruckt: *oikeinkirjoitus*.

Manches andere scheint einfach: Doktor heißt *tohtori*. Aber man darf sich im Finnischen nie zu sicher fühlen. Ganz schnell sind Fehler gemacht. *Dosentti*, als Beispiel, ist keine Dose, sondern ein Dozent, und bei den B-Wörtern weicht der Finne gern mal auf das P aus. Batterie heißt *patteri*. Manchmal beginnen wir uns regelrecht heimisch zu fühlen. Dann erfinden wir unsere eigenen Einfinnischungen als Einmischungen in die finnische Sprache. Für Bett schlägt Hermann »betti« vor. Das Paket ist ein *paketti*, ein Paketwagen ist ein *pakettiauto*. Und wir rufen diese Wörter, zur Verwunderung umstehender Finnen, laut durch Lahti, wenn wir in den nächsten Tagen eines sehen. Wir lernen: *Postikortti* ist unverkennbar die Postkarte, *postimerkki* die Briefmarke, *postimerkillä* bedeutet frankieren. Dann aber merken wir wieder: Vorsicht! *Basilika* ist rückübersetzt kein sakrales Gebäude, sondern Basilikum!

Nicht nur die Vokabeln, auch die Eigennamen sind gewöhnungsbedürftig. Jussi, Siiri, Veeti, Roope, Juuso, aber auch Valtteri. Als Axel nach Lahti kam, erzählt er, konnte er sich die vielen finnischen Namen anfangs gar nicht merken. Für den »internen Gebrauch« zwischen ihm und Viivi gab er seinen Bekannten Spitznamen, gerade denen aus der Rockabilly-Szene. »Nose-Billy«, »Ear-Billy« und »Sandal-Billy«. »Nose-Billy« hat natürlich einen mächtigen Zinken, »Ear-Billy« hat einen freien Feldversuch der

Natur als Ohrmuschel, und »Sandal-Billy« trägt immer, aber wirklich immer Sandalen. Fünfziger-Jahre-Sandalen. Auch als es kalt und Winter wurde. Einen, der immer sehr merkwürdig wirkte, nannte Axel »creepy finn«, unheimlicher Finne.

Ich muss lachen: »Klingt wie der Titel eines Thrillers!«

Axel sagt: »Was sollte ich machen? Ich hab die Namen am Anfang alle nicht behalten.«

Der Balzplatz des Birkhuhns

Wir sitzen in der finnischen Wohnung und orientieren uns. Sie unterscheidet sich gar nicht so sehr von unseren. Nur die Spüle. Darüber ist ein Geschirrkasten in die Küchenschränke integriert, in den man das Geschirr zum Abtropfen stellt.

Wir wollen einkaufen gehen. Unser erster Einkauf in Finnland. Allein durch Lahti auf der Suche nach Butter und Brot. Mutter und Sohn. Ich kann mich nicht erinnern, wann ich das letzte Mal mit meiner Mutter einkaufen war. Das liegt Jahrzehnte zurück. Es könnte kompliziert werden, denke ich. Nicht nur wegen der fremden Sprache, vor allem wegen der unterschiedlichen Aspekte, unter denen wir einkaufen. Preise, Produkte, Präferenzen. Ich nehme mir vor, zumindest sehr diplomatisch zu sein, und werde von Ilse sogar noch übertroffen. So habe ich meine Mutter noch nie erlebt.

Niemals zuvor in meinem ganzen Leben hatte ich meine Eltern bekochen dürfen! Selbst wenn sie mich besuchten, stand sie am Herd. Wenn sie kamen, war »de Korff« immer dabei, gefüllt mit Nudelsalat und Frikadellen. Sie blieben nie so lange, dass sich ihr Vorrat erschöpft hätte, und manchmal blieben sie Tage. Meine Mutter sagte immer: »Du kannst ja doch nur Mirácoli! Lass mich man!« Dabei hatte ich von ihr kochen gelernt. Mittags für meinen Bruder und mich, an den Tagen, an denen sie mit dem Milchwagen fuhr. Gut, da gab es tatsächlich meist Mirácoli. Und ich kochte sonntags, wenn meine Mutter nach den Volksfesten im Dorf oder dem ein oder anderen Geburtstag einer angeheirateten Tante schwer im Bett lag. Ilse trank selten Alkohol, aber wenn, dann gern, und ihr Körper rächte sich jedes Mal bitter. Nachts erscholl dann der Ruf »Emmer!« durch das Haus, und mein Vater lief die Treppen bis in den Keller und wieder herauf, kein bisschen weniger angetrunken als sie, aber mit dem festen Griff des Zimmermanns rettete er alles Ausgleiten am Treppengeländer. Ich warte schon seit Jahrzehnten auf den Moment, in dem ich endlich meine Kochkünste aus langjährigen Wohngemeinschaftszeiten würde ausspielen können, aus meinen Junggesellenjahren und dem, was man einer Frau heute in Beziehungen kulinarisch mindestens bieten können muss. Der Tag ist gekommen. Der Tag ist heute. Der Moment ist jetzt!

Im Supermarkt begegnet uns im Eingangsbereich gleich ein großer Obststand. Verkauft werden Erdbeeren, *mansikka*, und Erbsen, *herne*. Immer und überall trifft man im Sommer in Finnland auf Erbsen. Ich glaube, es gibt mehr Erbsen als Mücken. Unmengen von Erbsen, die hier in gewaltigen »Hülsenhaufen« auf dem Tisch liegen. Erbsen sind die Chips der Finnen. Sie stehen auf dem Tisch, wenn der Finne vor dem Fernseher sitzt. Die nascht und futtert er nur so weg. Frisch aus der Schote. Wir stehen fasziniert vor dem Verkaufsstand. Für mich, noch mehr aber für Ilse als ehemalige Milchfrau, gibt es eine dicke Überraschung: Hier wird nicht abgewogen. Hier wird verfüllt! Es gibt Ein- und Zwei-Liter-Becher, die jeweils mit Erbsenschoten bzw. mit den Erdbeeren gefüllt werden. Der Finne kauft also Kubikmeter statt Kilogramm.

»Sag mal, haut denn das hin?«, fragt sich Ilse laut.

Wir schauen auf das Preisschild. Ein Liter Erbsen drei Euro, zwei Liter für fünf.

»Datt is over dürr! De köpe wie over nich«, ist Ilses einziger Kommentar. Das ist aber teuer. Die kaufen wir aber nicht.

Daneben *suomalainen mansikka*, finnische Erdbeeren, der Liter vier Euro. Kartoffeln werden in der sogenannten »Kappa« verkauft, einer kleinen Holzkiste, mit fünf Litern Fassungsvermögen, deren Boden und Seitenwangen mit einer Krone gestempelt sind. Damit ist es ein geeichtes Gefäß, und man muss nur bis zum Rand füllen – aber natürlich locken die Händler auch hier mit einer kleinen »Kartoffelkrone« extra. Großzügig ist der Finne also auch noch.

Ilse und ich staunen bloß und haben gar nicht bemerkt, dass wir jetzt dran sind. Die Verkäuferin spricht uns an, wahrscheinlich fragt sie, was wir wollen und wie viel und wovon. Ilse und ich schrecken vor dem Finnisch etwas zurück und schütteln die Köpfe. »No, thank you«, sage ich und erkläre ihr auf Englisch unser Erstaunen über die finnische Maßeinheit. Die Verkäuferin ist ihrerseits erstaunt, dass es bei uns in Deutschland nach Gewicht geht.

Ein Supermarkt ist im Grunde ein bebildertes Vokabelheft. Wir nehmen einen Einkaufswagen, schieben durch die Abteilungen und entdecken Eingefinnischtes. Bei Obst sehen wir *banaani, nektariini* und *klementiini*. Daneben stehen *salaatti* und *maissi*. *Persikka* sind Pfirsiche. Mit großen Augen laufen wir durch die Gänge, zeigen uns gegenseitig die Warenschilder und müssen viel lachen. Ilse sagt: »Gut, dass uns hier keiner kennt!«

Sitruuna? Klar, die Zitrone. Aber dann ein echter Hammer: *vihreä viinirypäle* – Weintrauben! *Sipuli* sind Zwiebeln, *valkosipuli* ist Knoblauch. *Kirsikkatomaatti* sind natürlich Kirschtomaten. Frühkartoffeln heißen *varhaisperuna*. *Fenkoli* ist Fenchel, Blumenkohl heißt *kukkakaali*, Brokkoli *parsakaali*.

Ich kaufe grüne Bohnen, *vihreät pavut*, und *varhaisperuna*. Im Regal rechts finden wir den *kahvi*, den Kaffee. Natürlich begehe ich Fehler. Wir gehen zur Kühltheke. Was ich als roten Heringssalat mitnehme, ist *punajuurisalaatti*, Rote-Bete-Salat. *Perunasalaatti*, Kartoffelsalat, erschließt sich über die Frühkartoffeln. Beim Aufschnitt finden wir *meetvursti*.

Milch heißt *maito*, und die hellblaue ist fettarm, die dunkelblaue ist die normale. »*Laktosfri*« könnte auch schwedisch sein. Genau. Auf Finnisch *laktoositon*. Schwedisch ist hier neben Finnisch die zweite Amtssprache. Das Schwedische *fettfri mjölk* ist auf Finnisch *rasvaton maito*. *Jogurtti* ist – natürlich – Yoghurt.

»Ich weiß gar nicht, warum der Axel immer so über die Sprache stöhnt«, sagt meine Mutter und packt noch ein Päckchen *kvarkki* in unseren Einkaufswagen.

Am Ende gelingt es mir, unseren Einkauf zu bezahlen, was meine Eltern sonst nie hätten zulassen können. »Datt gierve ick di to huuse wier trügge.« Das gebe ich dir zu Hause wieder zurück.

Und dann: Wunder gibt es immer wieder. Ich werde Küchenchef und koche auch in den nächsten Tagen. Sämtliche Mahlzeiten. Ilse steht nicht einmal am Herd. Etwas Unheimliches passiert, sehr schleichend allerdings: Meine Eltern lassen sich versorgen und verwöhnen!

Der Einstieg meinen Kochkünsten gegenüber verläuft zumindest von Hermanns Seite aus mehr als skeptisch. Er scheint um Sättigung und Wohlgeschmack zu fürchten, da nun nicht die geliebte Ehefrau, wie seit über 50 Jahren, seine Geschmacksknospen wie gewohnt befriedigt, sondern ich sie ungewohnt herausfordere.

»Watt giftet denn?«, fragt Hermann am Abend.

»Bohnen, Kartoffeln und Nudeln, mit Parmesan.«

»Was? Für mich aber nicht!«

»Worümme datt denn nich, Hermann?«

»Dor is no nich mol Fleisk inne.« Da ist nicht mal Fleisch drin.

Ich erinnere an unsere beiden Gäste. »Wir haben Axel und Viivi mit am Tisch, und Viivi ist Vegetarierin.«

»Aber ich nicht.«

»Du meinst, du fällst vom Stuhl, wenn es mal kein Fleisch gibt?«

»Das soll schmecken? Nudeln und Kartoffeln zusammen? Du machst Sachen.«

»Das ist aus Sizilien.«

»Wi sind over in Finnland!«

»Nu loat ürne doch moal moacken«, springt mir Ilse überraschend bei. Lass ihn doch mal machen.

»Wenn ick nich so'n Hunger har.« Hermann ergibt sich in sein Schicksal.

Wir sitzen vor dem Haus, ein Tisch, eine Bank, vier Stühle. Axel ist zurück. Wir warten auf Viivi, die jeden Augenblick von der Arbeit kommen muss.

»Und wie gefällt es dir hier in Finnland?«, frage ich.

»Super. Die Menschen sind klasse. Die Natur.«

»Du und Natur? Du hattest doch immer nur deine Musik im Kopf.« Ilse ist erstaunt.

»Du weißt so einiges nicht von mir«, sagt Axel.

»Datt glöwe ick ok bole«, kommt es von Hermann.

Ilse ist aber noch nicht fertig. »Dein ganzes Geld hast du für Platten ausgegeben.«

»Hätte ich es lieber versaufen sollen?«

»Sparen!«

Manche Kommentare unserer Eltern sind zwangsläufig, Rituale wie ein Gebet in der Kirche. Und genauso ergeben muss man die über sich ergehen lassen, wenn man unnützen Ärger vermeiden will. Nicht jede Auseinandersetzung lohnt. Das habe ich lernen müssen und Axel genauso.

Der Finne hat Mitleid mit uns und reißt uns aus unseren ostwestfälischen Liturgien. Ein Auto fährt vor und hält. Heraus springt ein kleiner, untersetzter Mann, nickt uns zu, öffnet wieselflink eine der Garagen, fährt den Wagen hinein und kommt zu uns. Er hat einen Eimer in der Hand. »Blaubeeren«, sagt Ilse sofort.

Aapo nennt seinen Namen und zeigt auf sich. Er gibt jedem von uns die Hand, wir sagen unsere Namen, er nickt. Axel schlägt er freundlich auf die Schulter. Er will, dass wir seine frisch gepflückten Blaubeeren probieren. Ilse greift herzhaft zu. Aapo spricht genauso flink, wie er sich bewegt. Er wohnt unten links, ist quasi unser direkter Nachbar und lässt Axel kaum Zeit zum Übersetzen. Er erzählt vom Beerensuchen und gibt – nehme ich an – dazu gleich einen Abriss über die Stadtgeschichte Lahtis. Genauso schnell, wie er gekommen ist, rauscht er weiter in seine Wohnung. Wir bleiben, bis auf Ilse, die eifrig beflirtet worden ist, etwas sprachlos zurück.

Hermann durchbricht nach ein paar Minuten die neuerliche Stille: »Ich dachte, der Finne sagt nicht viel.«

»Nee«, sagt Axel. »Die Finnen reden sogar sehr viel untereinander. Und sie lachen jede Menge. Und wenn sie was sagen, dann meinen sie das auch. Aapo ist aber schon sehr extrem.«

In diesem Moment kommt Viivi von der Arbeit, strahlt, umarmt Ilse, sagt mit fast russisch rollendem »R« liebevoll: »Ilsssä!

Härrrmann!«, umarmt auch ihn, dann beugt sie sich zu meinen 1,66 hinab, auch sie ist etwa 1,80, und setzt sich zu uns in die Sonne. Wir plaudern. Axel übersetzt für Viivi ins Englische und für Hermann und Ilse zurück ins Deutsche.

Viivi ist eine schlanke, große Frau. Schwarzhaarig, jederzeit perfekt geschminkt, pechschwarze Haare, was den Teint noch etwas blasser macht. Viivi ist – natürlich – tätowiert. Eine echte Rock-'n'-Roll-Braut. Sie sieht phantastisch aus, und sie und Axel haben sich gesucht und gefunden. In Spanien. Ist ja klar. Wo soll man als deutscher Rockabilly- und Psychobilly-Fan denn sonst eine Finnin treffen? Beim Pineda Psychobilly Meeting in Pineda de Mar, 55 Kilometer nördlich von Barcelona, an der spanischen Küste.

Es ist eine unglaublich berührende, eigentlich fast verrückte Liebesgeschichte zwischen den beiden. Die Finnin und der Ostwestfale fanden sich also in Spanien. Axel erzählt: »Grad spielten die ›Kings of Nuthin'‹ aus Boston. Eine meiner Lieblingsbands. Ein Freund von mir, Franzose, spielt Bass. Und ich gehe an die Theke und hole mir was zu trinken, und da spricht mich diese unglaublich scharf aussehende Schwarzhaarige an. Total eloquent. Ich hab natürlich ziemlich cool getan. In den nächsten Tagen haben wir uns immer wieder mal gesehen. Am Strand. Wir hatten viele gemeinsame Bekannte.« Die Psychobilly-Szene ist innerhalb der Subkulturen eine relativ kleine Szene und daher sofort sehr international.

»Und wie ging das weiter?«

»Wir waren zusammen essen, Viivi und eine Freundin von ihr aus Helsinki. Wir sahen uns einfach dauernd wieder. Durch puren Zufall.«

»That's what he believes. Das glaubt er!«, schmunzelt Viivi vielsagend. Wir lachen, und Viivi legt Axel beruhigend die Hand auf den Arm und versichert: »No, no. I'm joking. War nur Spaß!«

Hermann und Ilse verstehen das auch ohne Übersetzung.

Als das Festival vorbei war, haben sie über Internet Kontakt gehalten, im Psychobilly-Forum, und sich E-Mails geschrieben. Axel lud sie ein nach Deutschland. Er lebte zu der Zeit in Duisburg. Viivi ist Fan der »Monsters«. Als die in Köln im Tsunami Club auftraten, kam sie, und Axel fragte sich vorsichtig: »Kommt sie wegen der Musik oder wegen mir?« Die ostwestfälischen Männer sind in Frauendingen etwa so reserviert wie die Finnen. Also einerseits durchaus sehr zurückhaltend, aber andererseits trotzdem sehr zielorientiert. »Mehr als eine Abfuhr geht nicht«, dachte Axel während des Konzerts.

»Ich habe dann meinen Arm um sie gelegt, und sie hat ihn nicht weggestoßen.«

Das war im März. Zufällig hatte Axel um diese Zeit auch Geburtstag. Ein schönes Geschenk. Im April kam Viivi noch einmal, natürlich wieder in Kombination mit Musik, zum Psychobilly-Festival »Satanic Stomp« in Speyer. Axel fuhr im Mai zum Festival nach Tampere. Sein erster Finnlandbesuch. Im Juli zog er nach Lahti.

»Ich hatte Viivi im April schon gefragt, was wäre, wenn ich nach Finnland käme.«

Ich sehe Viivi an. »Was hast du geantwortet?«

»Ja, das wäre schön.«

Die romantischste Liebesgeschichte, die ich kenne!

Ich selber habe Viivi bei der goldenen Hochzeit unserer Eltern kennengelernt. Ich war begeistert. Eine witzige, aufgeschlossene, charmante und charismatische, ganz wunderbare Frau. Aber eben mit Auffälligkeiten, den Tattoos. Ich glaube, kaum jemand in der Verwandtschaft weiß, dass Axel tätowiert ist, von Viivis Tattoos konnten sie nichts wissen. Von denen erfuhr die Verwandtschaft allerdings ganz schnell, als Viivi, weil ihr warm war, im Verlauf der Feier die Jacke auszog. Eine junge Frau mit bunten Comic-Motiven auf Armen und Körper, das gibt es zwischen Kutenhausen, wo wir wohnen, und Meßlingen, wo wir feierten, nicht oft zu sehen. In Finnland ist das fast normal. Da gibt es zwischen 20 und 40 kaum jemanden, der nicht tätowiert ist. Als Viivi ihre Haut zeigte, ruckten mehrere Dutzend Köpfe herum. Fast hätte man einen Arzt gebraucht, um die neugierigen Hälse wieder einzurenken. Auch Ilse kannte die Bilder noch nicht. Darum war ich nicht sicher, wie ihr Kommentar aussehen würde, als sie am nächsten Tag darauf zu sprechen kam.

»Viivis Tattoos waren ja *das* Gesprächsthema gestern Abend«, sagte sie.

»Und?«, fragte ich.

»Da haben sich ein paar ziemlich das Maul zerrissen.« Erstaunlicherweise sprach Ilse Hochdeutsch. Nun war ich wirklich gespannt. Axel auch. Wir hatten Viivi noch nichts übersetzt, aber auch sie verstand, in welchem Themenbereich wir unterwegs waren. Dann platzte es aus Ilse heraus: »Das geht die doch gar nichts an! Bei der nächsten Feier kriegen die das alle zurück. Ich mache mir die ganzen Arme voll mit Klebetattoos. Dann haben die aber erst mal was zu erzählen!«

Die Löwenmutter verteidigte ihr Junges. Wir hatten eine neue Frau in der Familie, Viivi. Axel grinste. »Ilse mag dich«, sagte er.

»Und mich geht das alles nichts an, oder?«, fragte Hermann. »Ich finde die Bilder nämlich auch ganz gut.«

»Vielleicht lasse ich mir auch eins in echt stechen.«

Hermann schaute seine Frau verblüfft an. »Du?«

»Worümme denn wohl nich?«

»Aber dann doch bestimmt ein brennendes Herz mit meinem Namen drin?« Hermann sah Ilse erwartungsvoll an.

Sie schaute kurz zu ihm, dann zu uns, dann grinste sie und sagte: »Dich hab ich doch schon am Hals, was soll ich dich da noch auf den Arm nehmen.«

Nun, im finnischen Garten, staunte ich erneut über Axel und Viivi. »Das war aber eine schnelle Entscheidung füreinander.« Viivi lächelt. »Ich dachte, wenn er so verrückt ist, gleich kommen zu wollen, dann ist er gut für mich. Wir Finnen ziehen überhaupt schnell zusammen. Wenn du weißt, er ist es, kannst du auch gemeinsam wohnen.«
»Wie lange braucht der Finne denn, bis er es weiß?«
»Zwei Wochen sollten reichen.«
Ups! Und das mir, der ich noch nie verheiratet war und erst einmal mit einer meiner Lebensgefährtinnen zusammengelebt, aber Jahrzehnte in Wohngemeinschaften verbracht habe. »Zwei Wochen?«, frage ich ungläubig.
»Nimm einen mit auf eine kleine Reise, zur Probe, und wenn es nicht passt, such dir einen anderen.«
»Man geht hier auch einfacher auseinander«, erklärt mir Axel, »weil die Wohnungen besser ausgestattet sind, funktioneller. Du musst dir nicht jedes Mal eine neue Küche kaufen. Die Küchen sind drin im Mietpreis. Du mietest für mindestens ein Jahr, hast dann aber nur einen Monat Kündigungsfrist. Und es gibt insgesamt eher kleinere Appartements als große Wohnungen.«
Viivi nickt. »Darum gibt es nicht viele Wohngemeinschaften. Außer in Helsinki, in älteren Häusern. Aber sonst sind die Wohnungen gar nicht groß genug.«

Ich erzähle, dass Ilse die Weihnachtskarte gerahmt hat, die Viivi ihr gezeichnet hatte.
»Wirklich?«, fragt Viivi.

Ilse sammelt Engel, seit vielen Jahren. Diese Zeichnung ist ein Engel im Retro-Stil, mit Sixties-Locken.

»Ja, der gefällt mir wirklich. Der ist cool, wie ihr immer so sagt.«

Der passende Weihnachtsmann dazu hätte sicher eine gegelte Tolle, Koteletten statt Vollbart, enge Hosen und spitze schwarze Schuhe.

Viivi zeichnet viel und bewegt sich mit ihren Motiven überwiegend in der Ikonographie der Rock-'n'-Roll- und Psychobilly-Szene, früher auch der Skater. Sie war selber ein »Skater-Girl«, im Sommer auf Rollen, im Winter auf dem Snowboard. Als studierte Modedesignerin näht sie ihre eigenen Kleider und Röcke, druckt T-Shirts und macht grafische Arbeiten. Außerdem steigt sie grade selbst als Tätowiererin ein. Ich hatte einen kurzen SMS-Wechsel mit meinem Bruder vor ein paar Wochen.

»Und was macht ihr am Wochenende?«

»Viivi tätowiert mir heute ein Geisterschiff. Über dem Hai auf dem rechten Oberschenkel.«

Ich war schwer beeindruckt.

»Wieso hast du eigentlich Mode studiert?«, fragt Ilse.

Viivi sagt, sie sei, da die Eltern den Jeans-Laden hatten, schon mit vier auf Modenschauen gewesen. Sie sei damit aufgewachsen. Ilse schweigt. Dann sieht sie Viivi an und beginnt aus ihrer Jugend zu erzählen, und dass sie gerne Schneiderin gelernt hätte.

»Und warum hast du das nicht gemacht?«, fragt Viivi.

»Ich durfte nicht.«

Viivi staunt. »Wieso?«

»So waren die Zeiten damals, nach dem Krieg. Ich als einziges Mädchen musste meinem Vater helfen.« Sie erzählt Viivi vom Milchwagen und dem Laden in der Stadt, und Ilse spricht mit einer melancholischen Mischung aus Trauer und gebremster

Wut über ihren unerfüllten Lebenstraum. Dann aber lacht sie. Es habe manchmal auch Spaß gemacht im Laden, weil es eine gewisse Unabhängigkeit bedeutete, den als junges Mädchen alleine zu führen. »Ich musste immer mit dem Fahrrad in die Stadt. Manchmal habe ich da auch übernachtet.«

Hermann erzählt, dass einer von Ilses Verehrern, der auf dem Jahrmarkt arbeitete und weitergezogen war, ihr einmal eine Postkarte geschickt hatte. Als Adresse stand dort nur: »An das schöne Milchmädchen von Minden.«

»Das ist angekommen!«, sagt er.

»Ach, hör auf«, sagt Ilse. »Die alten Geschichten!«

Sie schaut nachdenklich auf Viivi. Nähen und entwerfen, das hätte sie auch gerne gemacht. Wobei, selber gestalten, an so was habe man damals gar nicht gedacht. Viivi nickt, und die beiden Frauen verstehen sich auch ohne gemeinsame Sprache.

Wir sitzen in der finnischen Juli-Sonne. Dann tische ich auf. Es gibt Nudeln mit Kartoffeln, Bohnen, Pesto und Parmesan. Hermann ist der Erste, der fragt: »Is no watt doar?« Ist noch was da? Puh! Prüfung bestanden!

Dann entdecken wir wieder Finnisch-Kulturgeschichtliches. Ilse sagt plötzlich: »Hier ist ja noch 'ne richtige Teppichstange!« Mir war die gar nicht aufgefallen. Viivi erzählt, dass Teppichstangen vor fast allen Häusern stehen, bis heute, oft auch noch bei Neubauten. Hier werden im Winter die Teppiche meist direkt auf den Schnee gelegt und ausgeklopft. Danach lässt man sie noch ein paar Stunden in der Winterkälte hängen, und dann sind sämtliches Teppichgetier und alle Milben tot. Der Finne ist also auch ein Saubermann und großer Hygieniker, nicht nur in der Sauna.

Wir wollen einen ersten Eindruck von Lahti bekommen und spazieren Richtung Hafen. Ich bin begeistert, und Hermann und Ilse sind es nicht weniger. Erst gehen wir durch die Sportanlage Kisapuisto. Hier ist die Hölle los. Tennis, Fußball, Baseball. Dazu uns unbekannte finnische Sportarten. Es ist richtig Betrieb. Lahti pulsiert, und das bleibt auf dem gesamten Weg so. Wir gehen vorbei am Pikku Vesijärvi, dem kleinen Vesijärvi-See. Hier trifft sich jeden Abend die Jugend. Überall liegen die jungen Leute im Gras, rauchen, trinken, hören Musik. Dann stehen wir am Seeufer, vor der spiegelglatten Oberfläche.

»Ihr wohnt hier wie andere nur im Urlaub«, sage ich.

Hermann ist ganz aus dem Häuschen. Links schauen wir zu den Salpausselkä-Schanzen, den drei unterschiedlich hohen Skisprungtürmen, die als Ensemble das architektonische Wahrzeichen der Stadt sind. Von überall kann man sie sehen.

Wir schlendern weiter zum Hafen, denn wir haben Durst. Es wird Zeit für ein erstes finnisches Bier, und Axel will uns bei dieser Gelegenheit den schönsten Platz in Lahti zeigen: den Hafen mit den Restaurantbooten, den Cafés im ehemaligen Bahnhof und in der Lagerhalle. Hier gibt es auch immer wieder Tanzveranstaltungen. Zentral vor uns liegt das Teerenpeli, ein Restaurant-Boot, übersetzt »der Balzplatz des Birkhuhns«. Teerenpeli ist eine kleine, private Brauerei und Whisky-Destillerie. Sie haben zwei Niederlassungen in Lahti, diese im Hafen und eine zentral in der Innenstadt, Bierkneipe und Restaurant in einem. Direkt dahinter rechts steht die gewaltige Sibelius-Talo, die Sibelius-Halle, die um ein ehemaliges Fabrikgebäude neu konstruierte Konzerthalle.

Wir setzen uns. »Ich geb mal einen aus, auf die glückliche Fahrt und die pflegeleichten Beifahrer«, sage ich.

»Ich durfte ja nicht fahren«, sagt Ilse.

»Du solltest nicht! Ich bin drei Wochen lang euer Chauffeur. Du weißt doch, Eltern bekommen von Kindern so viel zurück.«

»Dann müssten wir aber mal einen ausgeben«, sagt Hermann.

»Später«, sage ich, »außerdem geht das alles vom Erbe runter. Also, was darf es sein?«

Ilse wünscht sich Alster. Bier mit süßem Sprudel. Darauf aber ist der Finne nicht gefasst. Für ihn gibt es absolut keinen Grund, Alkohol zu verdünnen. Wenn der Finne trinkt, will er Wirkung. An der Theke starrt man mich verständnislos an. Ich fühle mich wie Jamie Oliver, der auch vergeblich versucht hat, englisches Schulessen auf »gesund« umzustellen. Für die Thekenkräfte bin ich ein Marsmensch. Sprudel in Bier? Nein. Gibt es nicht.

So schnell gebe ich nicht auf. Könne man aber doch ganz einfach mixen.

»So?« Die Bedienung schaut mich mehr als skeptisch an.

»Ja, es ist ganz einfach. Das Glas mit Bier nur halb voll, der Rest Sprudel.«

»Aber dann würde ich das Bier doch verwässern.«

»Ja, das ist die Absicht.«

Entsetzen im Blick der jungen Frau hinter dem Tresen: »Warum?!«

Ich hole mein letztes Argument heraus. »Meine Mutter mag das so.«

Ihre Augen weiten sich noch mal. Ich stecke sofort in einer Schublade, aus der mir auch mein Kinnbart nicht mehr heraushelfen wird. Älterer Herr mit Mutter! Und verlangt nach perversen Getränken, in denen der Alkohol verdünnt wird! Ich erkläre ihr weiter, das sei in Deutschland durchaus normal. »Typical in Germany.« Sie schüttelt den Kopf und löst sich nur langsam aus ihrer Starre. Inzwischen stauen sich die Durstigen hinter mir. Aber sie mixt mir ein Alster. Das erste finnische Alster wahrscheinlich, das je in diesem Land ausgeschenkt wurde. Sie stellt mir das Bier auf den Tresen, Abscheu und Verachtung im Blick. Ich zahle Höchstpreise auf dieser Reise, nicht nur finanziell. Ich habe das Gefühl, nun quitt zu sein mit der Mutter, die mich geboren hat. Die Anstrengungen sind sicher vergleichbar.

»Wirklich? So was trinkt man in Deutschland?«, fragt die Frau hinter mir und zeigt leicht angeekelt auf das Glas. »Ich dachte, ihr wärt die wahren Biertrinker?«

Ich zucke mit den Schultern. Ich bin raus. Das wird deutlich.

Ilse aber empfängt mich wie immer mit »Datt hätt over durrt!«. Das hat aber gedauert! Sie greift das Glas und trinkt. Sie ahnt nicht die Kämpfe, die ich für sie ausgetragen habe.

Am Nebentisch lacht jemand laut. Irritiert drehen wir uns um. Er prostet uns zu. »Willkommen in Lahti!«, sagt er. »Ich heiße Mathias.«

Kurzer Bart, Pferdeschwanz, vergnügtes Gesicht. Er stößt mit uns an. Ein Deutscher?

»Nur halb! Meine Mutter ist Finnin. Mein Vater ist Deutscher. Schmeckt euch das Bier?«

»Lecker«, sage ich.

»Dann danke! Ich bin Braumeister bei Teerenpeli.«

Aha, ein Fachmann also. *Der* Fachmann hier.

Er nickt. »Gelernt habe ich in Frankfurt. Bei Binding.«

Meine Mutter trinkt. Ich zeige auf ihr Glas.

Mathias grinst: »Hier gibt es kein Alster. Ich hab hier schon einige Sorten neu einführen können, aber Alster? Das krieg ich beim Finnen nicht durch!«

»Es war für mich auch nicht einfach, eines an der Theke gemischt zu kriegen«, sage ich.

»Das hat vor dir keiner geschafft. Du bist der Erste. Kompliment!«

Die Sonne sinkt langsam. Wir sehen den ersten von vielen unglaublich schönen Sonnenuntergängen.

»Wo lohte is ett denn?«, fragt Hermann. Wie spät ist es?

»Kurz vor elf.«

»Und immer noch so hell?«

Wir schauen über den Vesijärvi-See. Spiegelglatt liegt das Wasser. Die Sonne sinkt langsam dem Horizont entgegen. Links überragen die Skisprungschanzen die Stadt.

»So kann man es aushalten«, sagt Hermann.

»Vielleicht will die Jugend noch was trinken«, schlägt Ilse überraschend vor. Die Jugend nickt. Axel geht Bier holen.

Viivi zeigt auf die Gebäude, die den Hafen umstehen. Vor dem Hügel zur Stadt, dem Luna-Park, finden sich die ehemaligen Bahnhofsgebäude. Sie gehören zu den letzten historischen Bauten der Stadt. Sie sind zu Cafés umgebaut, auf dem ehemaligen Bahnsteig stehen nun Tische und Bänke. Davor verlaufen noch die Schienen. Es sieht fast aus wie in einer Puppenstube. Im Wasser liegen die Restaurantschiffe dicht an dicht. Die Finnen und Lahti wirken hier regelrecht mediterran, sehr italienisch bis spanisch. Menschen kommen und gehen. Motorradfahrer cruisen. Der Hafen pulsiert wie ein Bienenkorb.

Historische Fabrikgebäude recken noch stolz ihre Schornsteine empor. Daneben die Sibelius-Halle. Viivi erzählt uns, dass dort eine Tischlereifabrik war, nun umgebaut zu Rockclub und Sitzungssälen. Der neu angebaute Teil, die eigentliche Konzerthalle, ist imposante finnische Holzarchitektur. Das Haus ist berühmt für seine Akustik, berühmt für sein Orchester und Gastspiele. Wir sind baff.

»Hätte ich nicht gedacht, dass das hier so schön ist«, sagt Ilse.

»Und das hast du jeden Tag?«, frage ich neidisch.

»Nur im Sommer«, grinst Axel. »Wenn du hier lebst, dann nutzt du das gar nicht so sehr.« Dann ergänzt er: »Aber die Winter sind eben hart und kalt und beginnen früh, dauern dafür lange und sind dunkel.«

Ich schaue meine Eltern an. Sie scheinen etwas erschöpft von der langen Fahrt. Manchmal vergesse ich, dass die beiden im fortgeschrittenen Rentneralter sind. Ich sehe meinen Vater immer noch als den flinken Zimmermann, der elegant durch das Gebälk und über Gerüste klettert. Nun muss er beim Spazierengehen schon kleine Pausen einlegen. Jetzt, im Hafen von Lahti, in der untergehenden Sonne, scheinen beide regelrecht zu strahlen. Sie wirken irgendwie beruhigt. Es fällt einiges an Sorgen von ihnen ab. Ihr jüngster Sohn zog holterdiepolter nach Finnland. Das hat beide überrascht. Und besorgt gemacht. Und auch wenn Axel von seiner neuen Heimat erzählte, wenn er Bilder gezeigt hat, wenn sie telefonierten, sie wollten, sie mussten mit eigenen Augen sehen, wie »das Kind« jetzt lebt. Und Finnland zeigt sich von seiner besten Seite! Ein Wetter wie im Urlaubskatalog, ein See wie gemalt, ein Hafen wie von der Fototapete. Wir schlendern nach Hause.

»Dass du schon mitkommst«, wundert sich meine Mutter.

»Ich bin eben solide«, sage ich.

»Kommt ihr morgen Abend zum Essen zu uns?«, fragt Axel.

Natürlich sind unsere Eltern neugierig auf Axels und Viivis Wohnung. So einfach die zwei Stockwerke zu ihnen hochgehen wollten sie heute noch nicht. Man drängt sich schließlich nicht auf.

»Ist das 'ne Einladung?«, fragt Hermann.

»Viivi kocht!«, sagt Axel.

»Du nicht?«

»Einkauf und Abwasch kann ich besser.«

Die Eiffeltürme von Lahti

Dienstag. Heute beginnt unser touristisches Programm. Wir spazieren durch Lahtis Innenstadt. Axel und Viivi begleiten uns. Axel hatte gefragt: »Was interessiert euch denn?« Für Hermann gibt es nur einen Sehnsuchtsort, die Skisprungschanzen. Mit den Worten »Okay, dann fahren wir da hin« übernimmt Axel die Führung und ich wieder den Chauffeursposten.

Natürlich verbindet jeder mit Finnland die Erfolge der Skispringer, und Matti Nykänen und Janne Ahonen sind hier Volkshelden. Und Janne ist aus Lahti. Wir fahren zum Sportgelände. Hier steht auch die Messehalle, die Eissporthalle der Lahti Pelicans und das »Lahden Stadion«, das Stadion, in dem der FC Lahti spielt. Gegenüber davon ist die gewaltige Skisprunganlage. Im Stadion finden Leichtathletikwettbewerbe und Skilanglauf statt. Große Banner hängen im Rund und verweisen auf ehemalige und künftige Wettbewerbe. Die »Veteranen-Europameisterschaften« der Leichtathletik 2009. 2015, jetzt schon angekündigt, die Nordischen Skiweltmeisterschaften.

Direkt vor dem Stadion steht ein Bronzedenkmal, ein Soldat auf Langlaufskiern. In diesem Moment kommt uns eine Gruppe junger finnischer Soldaten in Uniform entgegen, auf Fahrrädern, brav in Linie, einer hinter dem anderen, Frauen und Männer. Sie waren im Schwimmbad, wie wir später erfahren. Keiner von uns hat je eine Kompanie auf Fahrrädern gesehen. Besitzt die Bundeswehr überhaupt Fahrräder?

An der Außenwand des Stadions hängt das Wappen des FC Lahti, ein Schild, in der Mitte ein Fußball, mit Gründungsjahr darunter, 1996, gehalten von einer Meerjungfrau und dem finnischen Löwen. Darunter das Spruchband »In unum omnes«. Sehr frei übersetzt: In einer Mannschaft verbunden.

»FC Lahti? Kenne ich«, sagt Hermann. »Die spielten erste Division oder wie das hier heißt.«

Für den Fußballfan und um das einzuordnen: Der FC Lahti ist quasi der 1. FC Köln von Finnland, früher sehr erfolgreich, heute mehrfach hoch und runter. Der Verein entstand 1996 aus der Fusion von Reipas Lahti und Kuusysi Lahti. In den Achtzigern wechselten sich HSK Helsinki und Kuusysi fast jährlich als Meister ab, und Kuusysi wurde zweimal Pokalsieger. Reipas Lahti hatte seine große Zeit in den Sechzigern und Siebzigern und wurde damals allein siebenmal Pokalsieger. Lange spielte der FC Lahti in der Veikkausliiga, der höchsten finnischen Spielklasse, in die er soeben wieder aufgestiegen ist, sogar mit einem Profi aus Deutschland in der Mannschaft. 14 Mannschaften kämpfen dort um die finnische Meisterschaft. Es ist faktisch eine Sommerliga, die Spiele beginnen erst im März oder April und enden schon im Oktober.

Das gesamte Gelände aber wird überragt von den Salpausselkä-Schanzen, drei unterschiedlich hohen Skisprungschanzen nebeneinander. Die Anlage ist legendär. Ähnlich der Vier-Schanzen-Tournee gibt es in Skandinavien die »Nordische Tournee« der Skispringer mit Wettbewerben in Lillehammer, Oslo, Kuopio und Lahti. »Hill Size«, die Sprungturmhöhen, sind, von rechts nach links, 70, 97 und 130 Meter. Links am höchsten Turm vorbei führt eine Seilbahn mit Doppelsitzen zu den Sprungtürmen empor, Service für fußmüde Wanderer und unentbehr- lich für die Skispringer in Training und Wettbewerben. Rechts am Hang sind die Steh- und Sitzplätze bis runter zum Auslauf zu sehen. Das Ski-Stadion fasst 80 000 Menschen, zu anderen Zei- ten waren hier sogar mehr als 100 000 Zuschauer bei den Wett- bewerben.

Die drei Bauwerke bieten ein erhabenes Bild. Die Eiffeltürme von Lahti. Wahrzeichen der Stadt. Man findet sie auf Prospek- ten genauso wie in der Eiscreme-Reklame. Der Zauber winter- lich verschneiter Schanzen fehlt jetzt im finnischen Hochsom- mer, trotzdem sind sie absolut beeindruckend.

Wir blicken hoch zu den drei Türmen. Und wir schauen runter zur Landezone. »Watt is datt denn?«, sagt Hermann verdutzt. In der Landezone der größten Schanze ist ein Schwimmbad! See- lenruhig ziehen dort einige Schwimmer ihre Bahnen.

»Im Sommer ist das ein Bad«, erklärt Axel. »Da wird nur auf den beiden kleineren Schanzen trainiert, und die Springer lan- den unten auf dem Kunstrasen.«

Hermann sieht ein Rätsel vor sich, größer als das Geheimnis ägyp- tischer Pyramiden. »Und wie bauen die im Winter das Schwimm- bad zu?«

»Keine Ahnung.«

»Kommt«, sage ich. »Wir fragen mal.«

»Du kannst doch nicht einfach wildfremde Leute ansprechen«, sagt Ilse.

»Warum?« Ich bin erstaunt. »Machst du doch auch immer.«

Ich bin schon auf dem Weg hinab zum Schwimmbad. Hermann kommt mit. Wo ein Schwimmbad ist, ist auch ein Bademeister. Das ist eines der ältesten Gesetze der Welt. Am fünften Tage schuf Gott das Schwimmbecken, am sechsten Tag den Bade- meister, am siebten Tag musste Gott dann ruhen. Dazu setzte er sich an den Beckenrand, und als er später baden gehen wollte, wurde er von seinem eigenen Bademeister gemaßregelt: »Nicht vom Rand springen!«

Dieser Bademeister ist total freundlich, spricht ausschließlich finnisch, aber wir unterhalten uns mit Händen und Füßen. Das Schwimmbecken ist in den tiefsten Punkt des Auslaufs hineingebaut, dahin, wo die Athleten nach dem Sprung sonst landen. Es ist quasi eine Kuhle, aber sauber gekachelt. Am Kopf- und Fußende steigt der Beckenboden sanft an und führt wie ein »Natur-Strand« hoch aufs Gelände. »Im Sommer füllen wir diese Kuhle mit Wasser«, sagt der Bademeister. »In der Übergangszeit legen wir sie mit Kunstrasen aus, und im Winter liegt Schnee drauf!« Das ist jedenfalls das, was ich als Gebärdendolmetscher heraushöre. Er winkt uns in sein Bademeisterhäuschen und zeigt uns Fotos.

»Unglaublich«, kommentiert Hermann.

Der Bademeister nickt: »Es muss nichts umgebaut werden. Im Winter wird nur das Wasser abgelassen.«

Wir bedanken uns vielmals und winken Axel und Ilse heran, um nun zu den Türmen hochzusteigen. Auf der größten Schanze gibt es eine Aussichtsplattform, die man mit einem Fahrstuhl erreicht. Ich schaue zu den Sprunganlagen hoch und schüttele den Kopf. Wer ist so bekloppt und springt da runter? Freiwillig? Manchmal mehrmals am Tag? Wir fahren hoch.

Im Lift frage ich Hermann: »Wie kommt das eigentlich, dass dich Skispringen so interessiert?«

»Weiß nicht. Vielleicht weil ich früher mal Stabhochspringer war.«

»Du?«

»Klar. Kreismeister sogar!«

Ilse schaut ihn von der Seite an: »Früher Stabhochsprung, und heute kommt er nicht mal vom Sofa hoch!«

Hermann grinst. Wir steigen aus. Unter uns liegt die gesamte Region Lahti, mit dem riesigen Vesijärvi-See. Wir haben bei bestem Wetter einen phantastischen Rundblick. Die Stadt selber ist eindrucksvoll umstanden von mehreren senkrechten Bauten, vom alten Schornstein am Hafen, vom Wasserturm, von zwei Radiomasten – denn hier war mal ein Medienzentrum zu Hochzeiten des Hörfunks, und es gibt immer noch ein Radio- und Fernsehmuseum – und der Sprunganlage.

Die drei Schanzen sind ein echter Touristenmagnet, und wir betrachten die kleine Fotodokumentation des Baus. Wir stehen auf der Aussichtsplattform, gleich unter uns befindet sich die Ausstiegsluke für die Springer, wir sehen den Sitzbalken und schauen direkt von oben auf die Anlaufspur, den Sprungtisch und dann die Landezone. Weit unter uns das Schwimmbecken, das Salpausselkä-Stadion mit seinen Zuschauerrängen. Das ist also die Perspektive der Springer. Wir sehen, wie steil sich die Schanze senkt, wie weit die Sportler herunterfahren müssen, wie eng die Spur verläuft. Wir schnallen uns »mental« Skier unter, spielen den Anlauf im Geiste durch. Keinem von uns ist das geheuer. Hermann und ich sagen wie aus einem Mund: »Das wär nichts für mich!« Gucken ja, aber springen? Uns schaudert. Niemals wird ein Ostwestfale Skispringer werden. Dazu müsste er schon in Oberhof geboren sein, dem Ostwestfalen der ehemaligen DDR.

Wir nehmen wieder den Aufzug, fahren runter und gehen im Bogen an der kleinsten Schanze vorbei zum Parkplatz. Dabei kommen wir an einer weiteren Schanzen-Anlage vorbei, der Janne-Ahonen-Skisprung-Schule, für Anfänger, für Kinder und Jugendliche, eine Schanze mit 1 bis 7 Metern Sprungweite, die nächste mit 5 bis 15 Metern, in der Mitte die größte mit 20 bis 40 Metern und außen rechts die mit 10 bis 25 Metern. Die Schanzen bestehen aus verwitterten Holzgerüsten, dazwischen Stufen für den Weg nach oben, unten ein kleiner Zuschauerrang. Wir setzen uns, schauen auf die vier kleinen, verwitterten, leeren Holzschanzen, und ich denke: »Nicht mal von der kleinsten!«

Hunger und Durst

Nach den Schanzen geht es zurück in die City. Wir machen einen Stadtspaziergang. Dabei kommt Hunger auf, und wir lernen eine finnische Besonderheit kennen, den Mittagstisch. *Lounas.* Das bietet fast jedes Restaurant an. Es heißt immer, die Lebenshaltungskosten in Skandinavien seien exorbitant. Das stimmt an vielen Stellen, aber zumindest für Finnland gilt: Das Mittagessen bekommt man in ganz Europa kaum billiger. Es gibt hier ein traditionelles Mittagsbuffet, in fast jedem Restaurant. Dort gilt das berühmte Prinzip: All you can eat. Es meint aber auch all you can drink. Zumindest in Deutschland wird mit den Getränken der eigentliche Umsatz erzielt, mit Mineralwasser, Cola und dem Kaffee danach. Hier in Finnland ist Wasser zu den Mahlzeiten obligatorisch und umsonst. Normales Quellwasser aus der Leitung steht in den Restaurants auf dem Tisch oder am Buffet. Dazu gibt es normalerweise Säfte und hinterher auch Kaffee. Das Buffet selber ist reichhaltig, umfasst oft Salate, Vorspeisen, Hauptspeisen und Nachtisch. Zu Preisen von 6 bis 8 Euro, inklusive der Getränke.

Aber, und daran muss sich gewöhnen, der Finne will nicht unbedingt verkaufen. Der Servicegedanke ist nicht sein erster. Man wird, wenn man in Gaststätten sitzt, in Kneipen und Restaurants, häufig nicht sofort bedient. Der Finne, gerade als Kellner, drängt sich nicht auf. Er klärt auch nicht unbedingt auf, denn der Finne redet ja nicht viel. Manchmal sitzt man Stunden in einem Lokal, bis einem klarwird, dass hier Selbstbedienung ist.

Einerseits ist das finnische Essen »normal«: Fisch, Fleisch, Käse, Gemüse, Salat. Aber es gibt auch Besonderheiten. Vor allem *mämmi* und *lakritsi*.

»So, wir haben euch eine Überraschung mitgebracht.« Axel stellt grinsend eine Pappschachtel auf den Tisch und holt Teller und Löffel für alle. Daneben stellt er eine Milchtüte. »Setzt euch.«

»Watt is datt denn?«, entfährt es Hermann. »Sieht ja aus wie Straßenbelag.«

»Das ist *mämmi*.«

»Mammi?«

»Nein, *mämmi*. Ein finnisches Nationalgericht. Das ist hier die absolute Osterdelikatesse.«

»Und datt hes du nu van Ostern fo us uppeheget?«, fragte Ilse. Das hast du jetzt seit Ostern für uns aufgehoben?

»Nee, das hab ich noch im Supermarkt in der Kühltruhe bekommen. Isst man mit Milch.«

»Süht ut wie Teerpappen.« Sieht aus wie Teerpappe, sagte Ilse mit analytischem Blick.

»Und was ist das jetzt?«

»Probier doch mal, Papa.«

Sofort hakt Ilse nach. Hermann hatte die Deckung leicht geöffnet. »Watt de Bur nich kennt, datt frett hei nich!« Was der Bauer nicht kennt, das isst er nicht!

»Da müssen wir wohl durch«, springe ich Axel zur Seite.

»Schmeckt nicht so schlecht!«

»Aber wie?«, misstraut Hermann weiter.

»Kann man schwer beschreiben. Bisschen nach Malz. Entfernt nach Roggenbrot. Hat ein bisschen was von Honigkuchen.«

»Wie Zapp und Malzbier gemischt«, erklärt Axel. Zapp ist Ostwestfälisch für Zuckerrübensirup.

Mämmi gebe es am Karfreitag immer mit Sahne, sagt Viivi. Und egal, ob man es mögen würde oder nicht, alle würden es essen, wenn auch heute oft nur noch aus Tradition heraus, mit viel Zucker oder mit Vanillesoße. Aber original sei es nur mit Milch, ohne Zucker.

Axel zeigt auf die Schachtel. »Früher gab es das in Birkenrinde verpackt. Jetzt haben die die Rinde als Muster auf die Packung gedruckt.«

»Und?«, frage ich Hermann.

»Och, kann man äten«, sagt er.

»Wenigstens blamiere ich mich nicht mit euch«, sagt Axel.

Eine weitere Besonderheit des finnischen Gaumens ist die Vorliebe für Lakritz, *lakritsi* oder auch *salmiakki*. Letzteres ist Lakritz mit Steinsalz. Beides isst der Finne für sein Leben gern, und zwar in jeder denkbaren Form. Als Röhren, Stangen, gerollt, gedreht, hohl oder massiv. Das wird hier gefuttert wie andernorts Gummibärchen oder Vollmilchschokolade. Auch als »Rentierköttel« erhältlich, *Poron Pipanoita* und *Salmiakkirusina* steht auf der Packung, auf Englisch Reindeer droppings. Es gibt sogar Lakritzschnaps. Er gilt als Likör und wird von der legendären Wodka-Fabrik Koskenkorva produziert, »Salmiakki The Original 013«, mit 32 Prozent Alkohol und Koskenkorva »Lakritsi« mit 30 Prozent. Das Ganze in Halbliterflaschen aus schwarzem Plastik, leicht gebogen, sehr handlich, sozusagen der Flachmann XXL.

Lakritz ist eine regelrechte Manie. Es gibt Lakritz-Schokolade und selbst Eiscreme mit Lakritzgeschmack. Axel lädt die ganze

Familie zum Lakritzeisessen ein. Hermann und Ilse lehnen dankend ab. Ich bin letztendlich der Einzige in unserer Reisegruppe, der es probiert. Das Eis hat die Form des legendären Magnum. Pechschwarz außen. Innen sieht es aber aus wie Staubsaugerbeutelinhalt. Und schmeckt auch so. Eine graue Masse, die auch als Eis sehr flusig daherkommt. Ich kann nicht weiteressen. Der Anblick nimmt mir jede Möglichkeit auf Genuss. Ich esse nun mal keine Innereien. »So was findet der Finne lecker?«

Axel zuckt mit den Schultern.

Typisch finnisch ist auch die Bratwurst. *Makkara*. Allerdings nicht als Curry-Pommes-Rot-Weiß, sondern als *pyttipannu*, eines der legendären Gerichte. Das gibt es als »finnisches Fastfood« meist serviert in der Pappschale mit Plastikgabel. *Pyttipannu* ist kleingeschnittene Wurst mit gebratenen kleinen Kartoffelstücken, darüber Ketchup und Senf und dazu der genauso legendäre finnische Gurkensalat. Hat man das fast verputzt, sammelt sich in der Schale dieses unfassbar leckere Gemisch aus Senf, Ketchup und Gurkendressing, das die letzten Kartoffeln regelrecht durchtränkt.

Esstechnisch ist der Finne oft »Selbstversorger«. Vieles pflückt und fängt und jagt er in der Natur. Dazu gehören vor allem die Moltebeeren, für die die Finnen fast so viele Namen haben wie die Inuit für Schnee. *Hilla, lakka, suomuurain*, auf Englisch, nach ihrer Form, Cloudberries, also Wolkenbeeren, da sie aussehen wie kleine Cumuluswolken. Außerdem gibt es *puolukka*, die Preiselbeere, und die Moosbeere, *karpalot* oder Cranberry, die sehr spät, normalerweise im Oktober, in den Mooren gepflückt wird.

Manchmal werden die Beeren nicht einfach gepflückt, sondern »gekämmt«, mit einem kleinen Handkasten mit Griff, mit überdimensionierten Zinken unten dran, mit denen man wie mit einem Kamm durch die Büsche geht. Dieser Sammelkasten heißt auf Finnisch *poimuri*, in Lappland nennt man ihn *koussikka*.

Ein kompliziertes Feld in der Welt finnischer Genüsse ist der Alkohol. Die Gesetzgebung in Finnland fordert, dass ein Alkoholausschank nicht direkt zugänglich ist. Also, man kann schon rein, aber er ist klar abgegrenzt. Auf dem Hafenkai in Lahti zum Beispiel stehen zwei kleine Bretterbuden, aus denen ausgeschenkt wird. Es sind getrennte Gastronomien, jeweils von einigen Tischen umstanden. Um diese Tische herum ist ein Zaun aufgestellt gemäß der Auflage, dass Orte mit Alkoholausschank nicht ohne weiteres betretbar sein dürfen. So lächerlich uns das auch erscheint, der Zaun ist absolut wichtig. Und der Barmann bzw. die Thekenfrau haben die Aufgabe, die Einhaltung der Alkoholgesetze, der Ausschankauflagen, zu kontrollieren. Das ist manchmal mehr witzig als dramatisch. Es muss immer mindestens ein Mitarbeiter dort sein, der die entsprechende Schulung nachweisen kann. Bei Zuwiderhandlungen riskiert man die Lizenz. Man darf vor allem nicht mit seinem Bier den Raum innerhalb des Zauns verlassen und sich etwa damit an das Wasser setzen. Man muss »drinnen« konsumieren.

Das vielleicht Wichtigste über Alkohol, das man als Fremder wissen muss, ist die Einteilung der Biere in 4 Klassen. Klasse I ist ganz ohne Alkohol. Klasse II existiert fast nicht, Klasse III hat unter 4,7 Prozent Alkohol und Klasse IV über 4,7 Prozent. Alle Getränke über 4,7 Prozent Alkohol können nur in den sogenannten Alko-Shops gekauft werden. Die Alko-Shops sind ein Staatsunternehmen, eine Aktiengesellschaft. Laut Internet gibt es 341 Alko-Läden in Finnland und dazu 127 Bestellpunkte. An den Bestellpunkten, in kleinen Läden auf dem Land, ordert man das Gewünschte und holt es dort am nächsten Tag ab. In Lappland liefert die Post. Das Problem ist nur, dass man quasi vorher wissen muss, was und wie viel man am Wochenende trinken will. Nachholen geht nicht. Das ist eigenartig für uns als Deutsche mit der allgegenwärtigen Kiosk- und Tankstellenkultur.

Es wird viel über die Trinkgewohnheiten der Finnen kolportiert. Einen geradezu russischen Wodkaverbrauch und exzessives Schütten sagt man ihnen nach. Der Durst von Wüstenkamelen wird ihnen angedichtet. Ich selber habe dort nicht mehr an Saufereien und nichts anderes erlebt als in deutschen Innenstädten oder auf westfälischen Schützenfesten, vom Oktoberfest oder Rosenmontag ganz zu schweigen. Aber die strengen Regeln in Finnland sprechen für sich. Wer in Gaststätten, Cafés oder Restaurants einschläft, wird sofort und bei jedem Wetter gnadenlos hinausgeworfen. Vor fast allen Kneipen und Bars arbeiten Türsteher.

Finnland ist, was den Alkoholkonsum betrifft, rein gesetzgebungsmäßig ein kleines Amerika. Wo Minderjährige Zutritt haben, ist kein Alkohol zugänglich. Es gibt für Konzerte und Diskotheken eine gestaffelte Altersfreigabe, ab 16, ab 18, ab 22 Jahren oder »all ages«. Wenn Konzerte ab 16 Jahren freigegeben sind, gibt es dort entweder keinen Alkoholausschank, oder der ist in eine Extra-Bar, quasi den »Raucher-Raum« für Trinker, ausgelagert. Das gilt auch für Festivals: Alkohol darf nur in speziellen, abgetrennten Bereichen des Geländes ausgeschenkt werden. Diese Bereiche sind von Ordnern in Westen in Signalfarben streng bewacht. Niemand darf mit seinem Bier hinaus, und Minderjährige dürfen nicht hinein. In Gebäuden gibt es einen Nebenraum, der meist durch eine Glasscheibe vom Saal getrennt ist. Die Scheibe reicht nicht ganz bis oben, also kann man die Bands hören und sehen. Auch hier wacht ein Ordner. Dass aber einer der Ordner wirklich mal hätte eingreifen müssen, habe ich nie erlebt. Der Finne hält sich grundsätzlich an Gesetze. Regeln werden fast immer eingehalten.

Am Altar von Alvar Aalto

Gestärkt durch unseren ersten *lounas*, setzen wir den Stadt-rundgang fort. Die Innenstadt von Lahti ist »funktional«. Eine »Altstadt« sucht man vergebens, hier sind stattdessen einige Bausünden der sechziger bis achtziger Jahre zu besichtigen. Die alten Holzhäuser wurden nach und nach abgerissen und durch Stein- und Betonbauten ersetzt. Wo Tampere, Porvoo und andere finnische Städte noch mit Resten einer schnucke-ligen Vergangenheit glänzen, den pastellfarbenen Holzhäusern, wurden hier das Zweckdesign moderner Mehrfamilienhaus-architektur und die Siebziger-Jahre-Kaufhaus-Fassaden die stilprägenden Elemente. Alte oder gar historische Gebäude fehlen komplett. Nur noch ein Holzhaus von 1900 findet sich in der Hämeenkatu. Der Modernisierungswahn finnischer Stadt-planer hat trotzdem viel Schönes belassen. Man muss eben zweimal schauen.

Wir stehen an der Schnittstelle zwischen der Aleksanterinkatu, *katu* heißt Straße, und der Mariankatu, direkt am Marktplatz. Axel will einkaufen gehen und überlässt uns der Stadt, erklärt aber noch, die Aleksanterinkatu sei die zentrale Haupteinkaufs-straße und die große Ost-West-Achse. Wir stehen quasi in einer Senke. Schaut man nach Süden den Hügel empor, sieht man oben das Rathaus. Blickt man nach Norden hoch, über den

Marktplatz, schaut man auf eine Kirche, aufgesattelt auf einen kleinen Bergrücken.

»Da möchte ich wohl rein«, sage ich.

Hermann staunt: »Großer, seit wann interessierst du dich für Kirchen?«

»Na, als Zimmermann!«

»Jau, is' klar! Hatte ich kurz vergessen, dass du ja mal einen ordentlichen Beruf gelernt hast.«

Ich hatte nach dem Abitur erst mal nicht studieren wollen und eine Lehre gemacht und, zum Entsetzen meiner Eltern damals, den gleichen Beruf wie mein Vater gelernt, Zimmermann.

»Denn los«, gibt Ilse vor.

»Kreuzkirche«, lese ich aus dem Reiseführer vor.

Hermann schaut nach oben zum Turm. »Na ja, die vielen kleinen Fenster da vorne sehen ja auch aus wie ein Kreuz.«

»Scheint sich der Architekt wohl was bei gedacht zu haben«, murmelt Ilse.

»Hör mir auf mit Architekten«, brummelt Hermann, der ehemalige Handwerker.

Ich zähle: 52 Fenster. Für – natürlich – 52 Wochen. Das Jahr als Kreuz aus Fenstern. An der Fassade wandern in vier senkrechten Reihen je elf quadratische Fenster empor. Von der zweithöchsten Reihe gehen je vier Fenster nach rechts und links ab, die Seitenarme des Kreuzes.

»Die Kirche ist berühmt«, trage ich vor, »vor allem weil sie das letzte Gebäude ist vom finnischen Meisterarchitekten Alvar Aalto.«

»Alvar oder Altar?«, ulkt Hermann. Meine Eltern gehen nicht ins Kino und spielen keine Computerspiele, sonst hätte er sicher auch noch »Avatar« aufgezählt.

Mittlerweile sind wir oben auf dem Hügel angekommen. Das

Kirchengebäude hat die Form eines saftigen Tortenstücks, wie eine Schwarzwälderkirsch. Darüber, das hatten wir von unten schon gesehen, steht leichtfüßig der »Kirchturm«, gebildet aus Stelen, 40 Meter hoch, mit den beiden Glocken aus der alten Holzkirche, wie der Reiseführer noch verraten hat.

»Die ist bestimmt zu«, befürchtet Ilse.

»Versuch macht kluch«, halte ich dagegen und ziehe die Tür auf. Im großzügigen Vorraum des Kirchensaales steht ein Paar im Gespräch mit einer Dame in Jeans. Holzpantoletten an den Füßen, Cordjacke, drunter aber ein schwarzes Pfarrerinnengewand – eine Art Talar, aber kürzer geschnitten als Hemd, mit einem weißen Band am Kragen, in der Hose getragen. Freundlich schaut die Dame zu uns herüber und spricht uns auf Finnisch an.

»Sprechen Sie auch Deutsch?«

Sie schüttelt den Kopf. »English please.«

Ich erzähle ihr, dass wir Touristen sind und uns für die Kirche interessieren.

»Habt ihr einen Moment Zeit?«, fragt sie.

»Ja klar.«

Sie beendet das Gespräch mit diesem, wie sie später erklärt, künftigen Brautpaar. Dann stellt sie sich vor: »Kaija.« Eine von elf Pfarrerinnen und Pfarrern der Kreuzkirchen-Gemeinde. Das ist alles andere als förmlich oder distanziert, das ist typisch finnisch, Vorname und »du«.

Ich stelle mich vor. Hermann sagt: »Angenehm, Gieseking.«

Ich sage: »Die duzen sich hier in Finnland und reden sich mit dem Vornamen an.«

»Ja, gut, denn: Hermann!«

»Ich bin die Ilse.«

Nun gebe ich den Dolmetscher für beide Seiten. Ilse flüstert mir zu: »Die sieht aber flott aus!« Kaija sieht mich fragend an, und ich übersetze, Ilse habe gesagt, dass ihr das Gebäude schon von außen sehr gefallen habe.

Ob sie uns ein bisschen was zur Kirche sagen dürfe? Wir nehmen gerne an, und Kaija nimmt sich die Zeit für eine erstklassige Führung durch Aaltos Kreuzkirche. Ob deutsche Geistliche ihre Häuser wohl auch so freudig und spontan vorzeigen, wenn Finnen zu Besuch kommen?

Wir gehen durch den Vorraum in die eigentliche Kirche. Von links springt helles Licht in den Raum, eine große Glasfront öffnet das Gotteshaus quasi nach außen und für ein lichtdurchflutetes Innen. »Simple and light«, als einfach und hell beschreibt Kaija die architektonische Grundkomponente des Gebäudes.

»Unsere Kirche zu Hause ist ja ziemlich düster dagegen«, sagt Ilse.

Wir gehen zur Glasfront. Neben uns ein Tisch. Denke ich. Kaija deutet darauf: »Ein zweiter Altar. Wenn viele Menschen beim Gottesdienst sind, wird an zwei Stellen das Abendmahl ausgegeben.«

Ich staune. Ein Altar also, in skandinavisch-puristischem Design. Wir gehen durch diesen beeindruckend hellen und hohen Raum. Plötzlich setzt Orgelmusik ein. Organist Olavi Anttila probt. Und wir können die sensationelle Akustik genießen. Gut, dass wir ohne unseren Rockabilly Akseli unterwegs sind. Der wäre angesichts der Präludien geflohen. »Hier finden oft Konzerte statt, auch internationale«, erzählt Kaija.

Olavi unterbricht sein Spiel und kommt zu uns. Er schwärmt in höchsten Tönen von seinem Instrument mit den 52 Registern, vom gesamten Gebäude. »Much light! Viel Licht!« Und er schwärmt vom Architekten Aalto. »The best church he built. Ever.« Die beste Kirche, die Aalto je gebaut habe. Er sei leider noch vor der endgültigen Fertigstellung gestorben.

»Nirgends ein rechter Winkel«, stellt Hermann fachkundig fest.

»Einen Garten könntest du so jedenfalls nicht anlegen«, sagt Ilse.

Wir gehen hinter den Sitzreihen entlang. Ich bleibe überrascht stehen. Hinter einem Pfeiler stehen kleine Tische und Stühle, Papier, Stifte, Spiele, Spielzeug, Bücher. Ein Kinderspielplatz. In einer Kirche! Ich komme mir vor, als wäre ich auf eine neue Zivilisation gestoßen, bin überrascht und begeistert zugleich. Der Finne ist aber so was von kinderfreundlich, stelle ich fest. Ein Platz für die »Lütten«, eine Kinderecke, zum Malen, zum Spielen oder Lesen für die Zeit des Gottesdienstes.

»Hebt wie ock to Huuse in use Kerken«, flüstert mir Ilse zu.

Kaija zeigt uns eine kleine Nische mit einer Vitrine. Hier liegt, aufgeschlagen, ein Exemplar der ersten finnischen Bibel. Sie wurde 1642 in Stockholm gedruckt, in einer Auflage von 1200 Stück. Nur noch 100 Exemplare davon sind erhalten, sagt Kaija. Eine davon ist hier zu sehen, eine Schenkung an die Kreuzkirche in Lahti. Fast 370 Jahre alt. Ich staune. Jedes Fax ist nach drei Jahren verblichen.

Wir schauen zur Spitze des Tortenstücks. Der ganze Raum verjüngt sich zum Altar hin, zentriert den Blick und die Konzentration. Über dem Altar hängt ein schlichtes Holzkreuz. Nur das Kreuz. Es ist »leer«. Jesus sei schon aufgestiegen gen Himmel, interpretiert Kaija. Ein Pfeiler hält die Empore.

Diese Kirche wirkt nicht so distanziert, so kühl, so einschüchternd und steif wie unsere. Ein Gotteshaus »zum Anfassen«. Die Finnen scheinen viel mehr in und mit ihren Kirchen zu leben. Das ganze Gebäude scheint alltagsorientierter als die unseren. Wo der Evangele eigens ein »Gemeindehaus« errichtet, finden sich hier jede Menge funktionaler Nebenräume, wie Büros für Pastoren und den Organisten und ein begehbarer Kleiderschrank mit liturgischen Gewändern. Die Robe, die »Alba«, ist hier weiß, und man trägt darüber einen weiten wollenen Über-wurf, wie einen Poncho, die *kassukka*, in Grün, Weiß, Rot oder Violett für die verschiedenen heiligen Tage. Das wirkt edel, aber auch farbenfroh, anders als das stete und triste Schwarz deut-scher Geistlicher. Schon wieder ein Punkt für die Finnen.

Kaija führt uns weiter. Es gibt ein Kellergeschoss mit Krypta, mit Lese- und Diskussionssaal und einem regelrecht »weltlichen« Café mit Küche, dem *kahvio*. Mittwochs ist geöffnet, und die Werktätigen und Angestellten können in ihrer Mittagspause hier essen und dann an einem dreißigminütigen – das sind jetzt meine Worte – »Speed-Gottesdienst« teilnehmen, eine Predigt hören und das Abendmahl empfangen.

»Gottesdienst mit Abendmahl mitten in der Woche? Das ist aber übertrieben. Das reicht doch, wenn es das sonntags gibt!«, flüs-tert Hermann grinsend.

»Abendmahl. Wird in der Mittagspause auch keiner von satt«, kommt es von Ilse.

Kaija sieht mich fragend an. Ich übersetze, meine Eltern fänden, dieser mittägliche Gottesdienst mit Vollverpflegung sei eine super Idee, ein toller Service für die Glaubenden und Hungernden.

Hier im Keller steht auch ein Modell der alten Holzkirche. Wir zwei Zimmerleute staunen über die phantastisch gearbeitete Nachbildung und trauern um den alten Bau. Warum der abge-rissen wurde, möchte Hermann wissen. Die Kirche sei zu alt gewesen, vor allem aber zu klein. Die neue habe 1150 Sitzplätze. Ein Restaurieren sei zu aufwendig gewesen, so habe man sich für den Abriss entschieden und 1978 die neue Kirche gebaut, und Alvar Aalto war natürlich die beste Adresse für Neugestal-tungen, mit weltweitem Renommee. Hermann und ich sind eher Anhänger des berühmten »das eine tun und das andere trotzdem stehen lassen«, und wären wir stimmberechtigt gewesen, hätten wir die neue Kirche neben die alte gestellt. Uns tut der Abriss schöner Holzbauten in der Seele weh.

Kaija schwärmt davon, dass im letzten Jahr an einem Tag im Mai alle elf Pfarrer der Kirchengemeinde an drei Orten – Kirche, Krypta und in einem zur Kirche gehörenden Gebäude gegenüber – parallel 33 Hochzeiten vollzogen hätten. Lahtis erste Massenhochzeit. Es sei ein wunderschönes Bild gewesen. Den ganzen Tag waren überall Bräute und Bräutigame zu sehen, strahlende und glückliche Menschen mit all ihren Hochzeitsgästen. Das sei auch eine große Werbung für die Kreuzkirche und ihre Gottesdienste gewesen.

Wir gehen zurück, steigen die Stufen empor, und Kaija führt uns noch einmal zum Altar. Von dort steigt der Kirchenboden Richtung Ausgang leicht an. Kaija erklärt, dass die Brautpaare, wenn sie dann, nach der Trauung, aus der Kirche schreiten, quasi ein wenig bergauf gehen müssen, als Zeichen dafür, dass der gemeinsame Lebensweg auch mal anstrengend sein könne, als ein Symbol für die Widrigkeiten des Lebens, denen man sich als Paar stellen muss.

Ich übersetze für meine Eltern. Ilse sieht Hermann an und sagt: »Damit ich gewusst hätte, wie schwer der Weg mit dir wird, da hätten die 'ne Leiter aufstellen müssen!«

Ich sage Kaija, meine Eltern seien angesichts der Symbolik des angedeuteten Leidens im Lebensweg sehr beeindruckt.

Nein, nein, Leidensweg habe sie damit nicht sagen wollen, meint Kaija.

Ich füge dann doch noch hinzu, dass meine Mutter sich eine solche Warnung gewünscht hätte, aber schon vor der Trauung und nicht erst nachher, nicht erst beim Rausgehen. Kaija lacht kurz auf und schaut mich dann irgendwie misstrauisch an. Ob ich sicher sei, immer richtig übersetzt zu haben, fragt sie skeptisch. Ich nicke beruhigend. Dann bedanken wir uns für die Führung und verabschieden uns.

Mein Handy brummt. Ilse zieht die Augenbrauen hoch. Natürlich, Isabel.
»Wo bist du?«
»Ich war grad in einer Kirche, in der 33 Paare an einem Tag getraut wurden.«
»Wie romantisch. Da will ich dich heiraten, Bernd. Ich küsse dich.«
»Kann jetzt nicht zurückküssen, meine Eltern stehen neben mir!«
»Feigling!«
»Ja!«

Ich will noch in die Tourismusinformation. Hier hat man offensichtlich nicht mit uns gerechnet. Man ist nicht auf Deutsche eingestellt. Es gibt nur Prospekte auf Englisch.
»Warum gibt es keine deutschen Prospekte?«, frage ich.
»Weil ihr Deutschen zu gut Englisch könnt!«, ist die schlagfertige Antwort der mich beratenden Finnin. Und sie antwortet auf Deutsch!
Ilse und Hermann stehen draußen, ich kann sie durch die Scheibe sehen. Ich deute hinaus und sage: »Meine Eltern aber nicht.«
»Aber die haben doch ihren Sohn. Du sprichst doch Englisch.«
»Wenn die aber mal ohne mich da sind? Eltern lösen sich manchmal von ihren Kindern.«
Nun will sie mich trösten: »Letztes Jahr hatten wir welche in Deutsch. Und nächstes Jahr wieder.«
Deutsche Prospekte nur alle zwei Jahre? Was ist denn das für ein System?

»Kaffee trinken?«, schlage ich meinen Eltern vor. Wir finden die zauberhafte Galleria-Kahvila Oskarin Piha Oy in der Hämeenkatu 17. Ein Café mit Galerie und Kunstgewerbeshop. Vorne, im ersten Zimmer rechts, ist ein Geschäft mit einladend altem Geschirr, Tüchern und Stoffen, »Vintage Potpouri«. Edles Altes. Hier sitzt, freundlich lächelnd, eine junge Frau, Ende 20, dunkelhaarig, braune Augen. Ilse und Hermann unterhalten sich, da sieht sie auf und sagt: »Sie sind aus Deutschland?«

»Jau.«

»Herzlich willkommen! Schauen Sie sich gern um. Zum Café und in die Galerie müssen Sie geradeaus gehen.«

Ich höre ein leichtes Österreichisch heraus. »Das klingt nach Wien.«

»Sie haben recht.«

»Sie siezen mich? Dann sind Sie keine Finnin?«, frage ich.

»Doch, aber ich habe mit meinem Mann und den Kindern acht Jahre in Wien gelebt.«

Unglaublich. Mitten in Lahti spricht eine junge Finnin in perfektem Wienerisch mit uns.

»Maija«, sagt sie, gibt uns die Hand, und ab nun duzen wir uns. Wir schauen uns um. Ihre Waren sind denn auch viel Antiquarisches aus Österreich. Maija erzählt, das Gebäude sei das älteste in Lahtis Innenstadt, das letzte traditionelle Holzhaus, das noch vorhanden ist, gebaut um 1900. Nun also mehr als 110 Jahre alt. Alle anderen seien im Laufe der Jahre abgerissen worden. Die viel zu heftige Modernisierungswelle habe den gesamten alten Hausbestand Lahtis tsunamisiert. Aber dieses Häuschen glänzt einsam, schön und weiß gestrichen zwischen Stein- und Betonfassaden. Zur Straße hin durch einen weißen Zaun abgetrennt, stehen vor der Tür rechts und links der kleinen Treppe zwei gemütliche Sitzecken.

Wir holen Kaffee und Kuchen aus der Galleria-Kahvila. Geführt wird diese Galerie von Titta, mit listigen Augen und kurzen, grauen Haaren. »Aber flott!«, bedenkt Ilse heute schon die zweite Finnin mit dem größten Kompliment. Drinnen gibt es Bilder, Drucke, kleine Skulpturen, vor allem Holzdesign, Handarbeiten und anderes Skandinavisches, vor allem aber leckersten Kuchen. Das sagen wir ihr auch.

»Den backt mein Mann Markku.«

Ich übersetze.

»Sühste, nicht wie bi us, wo ick gümmer backen mött!«, platzt es augenblicklich aus Ilse Richtung Hermann heraus. Siehst du! Nicht wie bei uns, wo ich immer backen muss.

Tittas Mann hat eine Galerie und Holzwerkstatt am Hafen, Pro Puu. Wir sollen doch mal vorbeigehen, sagt sie. Ich erzähle ihr, Hermann und ich seien Zimmerleute. »Na, dann erst recht!« Es gebe wunderschöne Arbeiten zu sehen. Auch in ihrer Galerie zeigt sie Produkte ihres Mannes.

Wir sitzen bei schönstem Wetter draußen und lassen uns den Kuchen schmecken. Samuel, Maijas Mann, kommt mit den beiden Kindern vorbei. Maija stellt uns vor. Samuel ist etwa in Axels Alter. Graphiker und Internet-Designer mit eigenem Büro hier in Lahti.

»Das ist eine ganz gute Arbeitsteilung mit den Kindern. Wenn ich den Laden mache, kann Samuel sie abholen oder wegbringen«, sagt Majia.

»Und du bist Österreicher?«, frage ich ihn.

»Nur halb. Meine andere Hälfte ist finnisch. Meine Mutter kommt aus Lahti. Aber ich bin zwischen beiden Ländern gependelt. Ich bin in Wien aufgewachsen, aber die Ferien war ich immer hier, und als Schüler und Student habe ich auch immer in Finnland gearbeitet und gejobbt.«

»Und warum seid ihr nach Lahti gezogen?«

»Ach, es ist für die Kinder schöner. Die Natur. Die Großeltern sind nah. Die Wochenenden am *mökki* sind toll. Wir leben gerne hier.«

Samuel und ich verabreden uns zu einem Männerabend, auf ein gemeinsames Bier am Hafen, irgendwann in den nächsten Tagen, möglichst mit Axel. Dann gehen wir satt und zufrieden heim.

Zu Gast bei Bela Lugosi

Mit aufgeregter Vorfreude steigen meine Eltern am Abend die Treppen hoch zu Axel und Viivi. Jetzt sehen sie also, wie der Junge wohnt. Und er wohnt schön. Und vom Balkon aus sieht man sie wieder, die Eiffeltürme Lahtis, die drei Skisprungschanzen. Wir werden herzlich begrüßt. Ich sehe mich um. Im Wohnzimmer hängen Filmplakate gerahmt an den Wänden, von B-Movies, von Horrorfilmen. Boris Karloff als Frankenstein. »The Astounding She-Monster«. »The Day the Earth Stood Still«.»The Wanderers« auf Finnisch. Russ Meyers »Faster, Pussycat! Kill! Kill!«. »Dracula« mit Bela Lugosi. Edgar Allan Poes »Murders in the Rue Morgue«.

Als Viivi kurz draußen ist, sagt Ilse zu meinem Bruder: »Du immer mit deinen ganzen Totenköpfen und Skeletten und so. Das muss doch schrecklich sein für Viivi.«

Axel lacht. »Das findet die doch selber gut!«

Konzertplakate ihrer Lieblingsbands. Regale mit CDs, DVDs, Plattencovern. Bücher. Romane. Comic-Kunst. Tattoo-Magazine. In Englisch, Finnisch und Deutsch. Ein »Dynamite«-Heft, das Magazin für Rockabilly und Psychobilly. Eine Plastikpalme verneigt sich vor dieser stilsicheren Welt des Rock 'n' Roll. Das sieht hier einfach gut aus.

Das Essen braucht noch eine Viertelstunde. Wir sitzen und reden. Dann eine Überraschung. Axel überreicht uns eine Lahti-Broschüre. Auf Deutsch! Aus dem vorigen Jahr. Wir selbst revanchieren uns mit dem Notfallpaket für unseren finnischen Ostwestfalen. Es enthält vor allem jede Menge Löwensenf, und zwar »extra scharf«. Hier in Finnland gibt es zwar Senf in tausend Sorten, und zu Weihnachten und zu Ostern ist es sehr beliebt in den Familien, selber *sinappi* zu machen, man erfindet sogar eigene Geschmacksrichtungen, aber trotz dieses regelrechten Senfreichtums kommt Akseli vom heimischen Stoff nicht los. Vor kurzem hatte ich in Köln den »Löwensenf Senfladen« entdeckt. Ungeahnte Sorten und Mischungen! Das weiß Axel noch gar nicht. Das wird eine Überraschung.

Außerdem, wie in jedem Notpaket unabdingbar dabei: Maggi! Unsere Mutter ist eine phantastische Köchin, aber sie hat ihre Familie mit Maggi angefüttert, und die darin enthaltenen Suchtmittel haben voll eingeschlagen. Zu jeder noch so leckeren Suppe kommt Maggi auf den Tisch. Und Ilse nimmt selber. Reichlich. Fondor stand ebenfalls lange auf Axels Wunschzettel. Zwischenzeitlich schickte Ilse in jedem (!!) Paket eine große Packung Fondor nach Finnland. Ihrer inneren Logik nach kann die Fondor-Packung aus Pappe nicht zersplittern wie das Glas der Maggie-Flasche und darf also ohne Risiko verschickt werden. Inzwischen steht auf Axels Wunschzettel ganz oben: »Kein Fondor mehr! Habe noch drei Großpackungen!«

Auf keinen Fall fehlen darf Haribo. Haribo Goldbären, denn auch die gibt es in Finnland nicht. Welch Drama für all diese bärenlosen Finnen-Generationen. Ich wurde als Kind angefixt und bin bis heute davon nicht losgekommen, und Axel geht es genauso. Wenn man Goldbären intravenös zu sich nehmen könnte, wir hingen an der Nadel. Bei Axel kommen noch Cola-Fläschchen dazu. Auch die fehlen im finnischen Süßwarenangebot. Mich erreichten im

Frühjahr zwei SMS meines Bruders, die sich in ihrer inneren Dramatik noch steigerten. Erst schrieb er mir: »Mail dann mal, wann ihr kommt. Mir geht der Senf aus!« Ich schickte ihm umgehend Löwensenf und Haribo. Nachdem das »kleine« Notpaket angekommen war, schrieb er: »Katastrophe! Hab grad Gummibären aufgemacht … Nur ein gelber!!!« Ich habe sofort ein neues Notpaket geschickt und aus einem kompletten Supermarktangebot die drei Tüten mit den meisten gelben herausgesucht!

Aber kein Paket an Axel wird verschickt ohne Mirácoli. Kraft vertreibt dieses Produkt nicht in Finnland. Der Norden lebt ohne. Aber wie? Also kommt es immer wieder zu Engpässen in Lahti. Wir senden dann auch schon mal per Express. Unsere beiden Finnen lieben dieses »italienische« Meisterwerk. Weihnachten haben sie ein besonderes Ritual. Sie fahren Heiligabend mit dem Bus zum *mökki*, laufen von der Haltestelle fünf Kilometer über die verschneiten Wege durch den Wald, Viivi entzündet das Feuer und heizt die Sauna an, und Axel kocht die große Familienpackung Mirácoli.

Begeistert packt Axel sein Paket aus: Senf, Mirácoli, Maggi, Haribo und Chips.

Viivi lacht ihm zu: »Glücklich?«

»Klar!«

Dann essen wir Salat und finnischen Auflauf. Sehr lecker. Danach Eis mit Blaubeeren. Wir loben Viivi für das Essen und bedauern Bela Lugosi und alle Draculas, die nur Blut trinken dürfen und nicht eine einzige Blaubeere bekommen. »Und niemals Haribo«, ergänzt Axel. »Das ist doch kein Leben!«

Axel und Viivi räumen ab. Wir dürfen nicht helfen. Dann holt Axel sein Fotoalbum heraus, und wir blättern durch seine Jugenderinnerungen. Fotos von ihm, aufgenommen im Ted's-Club

Schaumburg. Axel in einer Jacke aus Leopardenfellimitat und mit beeindruckender Föhnfrisur neben Hermann und Ilse und einem vollbärtigen Bernd. Die Silberhochzeit unserer Eltern. Wo ich »nur« langhaarig und vollbärtig, also »Hippie« war in den Augen der Ostwestfalen, da war mein Bruder immer Mitglied irgendwelcher Subkulturen. Als Vierzehnjähriger schon war er Teddy Boy und musste allein wegen seiner Tolle im Dorf, in der Stadt und täglich in der Schule diverse Diskriminierungen durchleiden inklusive einer gebrochenen Nase. Er war auf der Hauptschule der einzige Ted weit und breit. Axel trug damals eine echte Elvis-Tolle, die er mit viel Mühe und Pomade oder Haarspray in Form legte. »Meine erste Tolle habe ich nach einem alten Foto von Hermann gemacht!«

»Von mir?«

»Ich habe von dir sogar spitze Schuhe geschenkt bekommen.«

»Die alten?«

»Jau! Und auf einem Foto hattest du auch so eine Art Tolle. Das habe ich als Vorbild genommen.« Axel präzisiert: »Mit Wellaform Brisc war das eigentlich Mist. Das war wie Bodylotion, nicht fest genug. Pomade war härter, aber schwerer zu bekommen.«

Dann kam seine Rockabilly-Phase, und ich fuhr meinen Bruder zu einem Konzert der legendären Stray Cats aus den USA. Und wurde selber zum Fan. Dann wechselte Axel zum Psychobilly. Das ist Rockabilly mit Punk-Einflüssen, entstanden um 1980 rum. Einigen Fans und Musikern war die Rockabilly-Szene zu streng in ihren Regeln und Outfits, aber natürlich stellten die Psychobillys, wie fast jede Subkultur, gleich wieder eigene Regeln auf. Man trug »Flats«, nach vorn gekämmte Haare, die wie ein Schiffsbug spitz nach oben ragten, an den Seiten raspelkurz. Axel sagt immer: »Einen alten Psychobilly erkennst du daran, dass er keine Haare mehr hat. Die hat er mit zu viel Haarspray ruiniert.« Man trug Baseballjacken oder Mäntel mit Fischgrätenmuster und »Domestos-Jeans«, Hosen, die man sich mit Putzmittel ausbleichte. »Das größte Gesundheitsrisiko war eigentlich, sich seine subkulturellen Klamotten fertig zu machen.«

Wir sehen Fotos von den Bands, in denen Axel spielte, »Johnny remember me« und »The Percolaters«. Dann ein Bandfoto ohne Axel.

»Wer ist das?«

»Kennst du die nicht? Kurze Zeit später waren die sehr berühmt.«

Axel hatte Konzertfotos von den Toten Hosen gemacht, Deutschlands erfolgreichster Punkband, 1984, im Jugendzentrum Espelkamp. »Da hatten die grad das Album ›Opelgang‹ draußen. Die Vorgruppe hieß ›Ackerbau und Viehzucht‹. Die kamen auch irgendwo aus Ostwestfalen. Ich habe mit den ›Hosen‹ damals ein Interview gemacht für mein Fanzine ›Wahnsinnig aber wahr‹.«

Ein Fanzine ist ein Fan-Magazin, eine unabhängig produzierte, kleine Zeitung, die in manchmal nur einigen hundert Exemplaren, oft auch weniger, in den Fan-Gemeinden gelesen wird. Artikel, Fotos und Graphik wurden damals noch zusammengeklebt und kopiert. Aber mit größter Begeisterung.

»Wie bist du eigentlich überhaupt darauf gekommen, so 'ne Zeitung zu machen?«, fragt Hermann.

»Ich wollte wissen, was in der Szene abgeht. Und dann dachte ich: Wenn es kein Fanzine gibt, muss ich das wohl selber tun.«

Es folgten weitere Fanzines von ihm, »Satanic Hillbilly«, noch heute in Insider-Kreisen als legendäres deutsches Psychobilly-Magazin gewertet, »Something wild« und »Satorial Elegance«.

Heute schreibt Axel den Internet-Blog »Satanic Hillbilly 'n' So-phisticated Boppin'«. Dazu hatte mein Bruder jahrelang ein klei-nes Independent-Label, »Dschungle Noise«, und hat Platten veröffentlicht, Sampler, LPs, Singles. Sein größter Stolz ist dabei eine echte »Vinyl« im Zeitalter der CDs, eine Single mit der amerikanischen One-Man-Band-Legende Hazil Atkins.

»Ich hab grad gesehen, meine ersten beiden Sampler werden auf Ebay mit 50 Euro und mehr gehandelt. Sogar in Japan.«

»In der Zeit, in der du das alles gemacht hast, mit diesen Plat-ten und Zeitungen, da hättest du auch dein Studium beenden können«, sagt Ilse.

Axel schaut sie gespielt erstaunt an: »Ja, Mensch, Mama. Stimmt. Wenn du mir das nur eher gesagt hättest!«

Sie wendet sich an ihren Mann: »Der veräppelt mich doch jetzt, oder?«

Der sympathischste aller Europäer

Der tägliche Weg zum Hafen in Lahti wird ein regelrechtes Ritual für uns. Auf dem Kai stehen, neben den vertäuten Restaurantschiffen, »Gastronomien«. Bierbuden. Gerade die zweite, weiter vorne auf dem Kai, wirkt wie ein Kiosk, im Ruhrgebiet würde man sagen, eine Trinkhalle. Hier ist das einer der kleinen gastronomischen Höhepunkte im Hafen. Das wird meine »Stammkneipe«. Hier finden mich Eltern, Bruder und Viivi ab jetzt jeden Abend.

Hier genießen wir den Sonnenuntergang. Und der zieht sich! Die Sonne sinkt langsam, ganz langsam immer tiefer und spiegelt sich fürchterlich romantisch im Wasser. Von einer künstlich aufgeschütteten Landzunge dringen die Rufe der Möwen zu uns, die sich langsam für die Nacht sammeln. Hier sitze ich oft, lese oder rede mit Aino, die hier arbeitet und die meine Eltern immer mit einem anfangs fast russisch klingenden »Gutten Taag. Wie gett ees Innen?« begrüßt.

Hier trinke ich *Karhu*. Das heißt Bär. Es ist aber auch eine finnische Biermarke. Als ich bei Aino das erste Mal drei Bier auf Finnisch bestellen will, sage ich naiv: »*Kolme karhu*«. Sie lacht sich kaputt, weil ich nicht drei Bier, sondern drei Bären bestellt habe. Ab da gelte ich bei ihr als Komiker.

Aino ist eine fröhliche, junge Frau aus Lappland. Sie ist 22, seit dem Ende ihrer Ausbildung, seit zweieinhalb Jahren, im Tourismus beschäftigt. Natürlich hat sie die entsprechende Alkohol-Schulung, um ausschenken zu dürfen! Sie erklärt mir auch die finnischen Gesetze und die Bierklassen, und ich trinke Klasse III, mit 4,7 Prozent.

Aino wechselt halbjährlich die Arbeitsstellen und damit auch gleich die Regionen. Die Winter über hat sie bisher in Lappland gearbeitet. Sie prustet fast vor Lachen, als sie von ihrem Job als Elfe »Tiptoe« berichtet, für englische Touristen und besonders in der Kinderanimation. Sie musste Geschichten erzählen, wie »Santa«, der Weihnachtsmann, sein Jahr und den Winter verbringt.

»Und was macht Santa das ganze Jahr über?«

»Er schläft viel. Und er schläft total gerne. Außerdem liest er viele Bücher.«

»Erinnert mich an mich.«

Aino lacht: »Und natürlich geht er Eisangeln. Und in die Sauna. Schließlich ist Santa ein Finne.«

Im letzten Winter hat sie als Führerin von Schneemobil-Safaris und als Schneemobil-Fahrlehrerin gearbeitet. Ob sie dafür eine besondere Ausbildung gemacht habe?

»Nein, das kann man, wenn man in Lappland aufgewachsen ist. Man braucht nur einen Führerschein.«

»Einen Führerschein? Für Schneemobile?«

Sie sieht mich bei meiner Nachfrage mindestens so erstaunt an wie ich sie. »Klar. Das sind motorisierte Fahrzeuge. Die sind rasend schnell. 90 bis 120 km/h können die schaffen!«

Aino bekommt neue Kundschaft. Die Sonne berührt den Horizont und rinnt ins Wasser.

»Wi goat trügge«, sagt Ilse schließlich. Wir gehen zurück.

»Wir auch.« Axel und Viivi stehen auf.

»Ick bliewe no en bierten sitten. Bät morgen.«

Eine halbe Stunde und zwei Bier später setzt sich Aino zu mir.

»Ich mache bald zu. Ich hab dir noch ein Bier mitgebracht.« Ich greife in die Tasche. Sie schüttelt den Kopf.

»Hast du Pläne?«, frage ich sie.

Nein. Nur bis zum nächsten Winter. Sie hat ein halbes Jahr in Budapest gelebt. Vielleicht will sie da noch mal hin. Finnland sei ihre Basis und von hier gehe sie in die Welt. »Es ist leicht, zurückzukommen. Zur Natur, der liebenswertesten Seite überhaupt von Finnland.« Einerseits zieht es sie weg, andererseits will sie bei den Wurzeln bleiben, der Sicherheit ihrer Familie und da, wo sie aufgewachsen ist. In Lappland. In den Wäldern hat sie Hasen gejagt und Vögel. »Wo das Handy keinen Empfang mehr hat und du die Stille teilen kannst mit jemandem. Und das totale Verstehen.« Das sei Heimat: ihre große Katze, der Hund, ihr Elternhaus, die Sauna, der Hof und der Schnee. Zusammensitzen, ganz nah am Feuer.

Wie das war, in Lappland aufzuwachsen, frage ich.

Sie stammt aus Salla, östlich von Rovaniemi. Sie war in einer sogenannten Zwergschule, mehrere Schuljahre zusammen in einem Klassenraum, die dritte bis sechste Klasse wurde gemeinsam unterrichtet. Die dritte Klasse, das waren Aino und zwei Jungen. Sie wohnte nicht in Salla direkt, sondern auf dem Land. Es waren 15 Kilometer bis zum nächsten Zentrum. Auch Nachbarn wohnten entfernt. Man lehnte in Lappland immer einen Besen an die Tür, wenn niemand zu Hause war. Das konnte man schon von weitem sehen, und niemand musste den ganzen Weg umsonst machen. »Die Türen sind aber immer offen gewesen. Inzwischen ist das anders, die Haustür ist mittlerweile verschlossen, aber«, sie lächelt, »die Hintertür ist meist auf.«

Das sei für sie eine absolute Umstellung gewesen, als sie nach Lahti kam. Befremdlich regelrecht. Das Erste, was man ihr gesagt habe, war: »Schließ bloß dein Fahrrad ab!« So was war in Lappland nie nötig.

Ich gehe nach Hause durch die helle Nacht. Mein Handy summt. Wieder eine SMS. Natürlich, Isabel: »Und, wie gefällt dir Finnland inzwischen?«
Gute Frage, denke ich. »Kann man so gar nicht beantworten«, schreibe ich.
»Aber du musst doch wissen, ob es dir gut oder nicht gut gefällt!«
»Das Land ist toll!«
»Und die Leute?«
»Auch!«
»Bernd. Deine Antworten werden immer kürzer!«
»Bin nachdenklich. Alles gut.«
Und ich denke an Konfusion, den großen ostwestfälischen Weisen. Der hatte gesagt: »Ziehe aus und finne dich selbst!«
Aber das beantwortet die Frage nicht. Ich gehe am Wasser lang. Der Finne ist anders, das war schon mal klar. Aber wie anders? Was fasziniert den Deutschen so am Finnen und an Finnland? Reihenweise schreiben Deutsche, die mit Finninnen verheiratet waren oder sind, Bücher darüber, wie der Finne ist. Als ich davon erzählte, dass wir nach Finnland fahren, zu meinem Bruder, hatte plötzlich fast jeder eine eigene Finnland-Geschichte beizutragen. Mein Arzt reist seit 27 Jahren jährlich auf eine westfinnische Schäre und setzt dort mit Familie und Ruderboot über zu jeweils drei ziemlich einsamen Wochen. Mein Nachbar Uli hatte sogar mal eine finnische Freundin. Auch Bernhard, ein Freund aus Friedewalde, einem Nachbardorf, ist emsiger Finnland-Reisender.

Ich hatte am Nachmittag erst im Reiseführer Finnland von Rasso Knoller geblättert, der über die zweite Auflage von 2001 nicht hinausgekommen ist. Der Autor schreibt darin auf Seite 211 über Lahti: »Die meisten Touristen durchqueren bzw. umfahren die Stadt auf ihrem Weg ins mittelfinnische Seengebiet. Kaum ein Besucher bleibt länger hier ... und das ist gut so. Lahti gehört mit Sicherheit zu den weniger attraktiven Plätzen Finnlands. Das Fremdenverkehrsamt hat vielleicht recht, wenn es in einer seiner Broschüren Lahti als die ideale Stadt zum Leben beschreibt – die ideale Stadt für Touristen ist es jedenfalls nicht.« Findet er Lahti in Wahrheit so toll, dass er den Ort mit niemandem teilen möchte? Der Mann tut der Stadt bitter unrecht. Lahti ist sicher nicht das Heidelberg Finnlands, eher ein Dortmund oder ein Hannover. Aber dafür mit dem schönen Vesijärvi-See. Sollen denn alle Menschen nur nach Helsinki reisen oder das pittoreske Porvoo besuchen? Selbst die Innenstadt Lahtis mit ihrem Hauch von Kassel hat ungemein schöne Ecken, man muss sie nur zu entdecken wissen. Augen auf im Verkehr, möchte ich jetzt, mitten in der Nacht, Herrn Knoller zurufen.

»Lahti ist toll!«, schreibe ich an Isabel.

»Warum?«

Ja, warum eigentlich?

Ich laufe um den Pikku Vesijärvi. Meine Gedanken kreisen. Worin liegt die Faszination dieses Landes? Von Italien kennt man das Essen – Spaghetti und Pizza. Deutschland ist voller Pizzerien, und Spaghetti mit Tomatensauce hat bei uns das Sauerkraut längst abgelöst. Typisch finnische Küche dagegen? Fehlanzeige. Wo sind die finnischen Restaurants in Deutschland? Es gibt eines. In Bünde. Wo liegt Bünde? In Ostwestfalen natürlich. Sonst absolute Fehlanzeige!

Jeder trägt ein Bild von Venedigs Kanälen in sich. Aber finnische Stadtansichten? Drei Sprungschanzen und nichts weiter. Finnland hat keine Stadt mit legendärer Skyline, keinen Eiffelturm, kein Manhattan und keine Freiheitsstatue, keine Cliffs of Moher wie Irland. Hier ist nichts spektakulär oder einzigartig. Finnland hat viele Brücken, aber keine einzige Golden Gate Bridge.

Finnland ist trotzdem in aller Munde, bei uns Deutschen beliebt wie kaum ein anderes Land. Und dennoch reisen nur wenige dorthin. Zu kalt, heißt es. Zu viel Regen. Zu viele Mücken. Jeder war schon mal in Spanien, aber über Dänemark kommt der Deutsche kaum hinaus, spätestens in Schweden bremst er. Und doch ist uns der Finne der sympathischste aller Europäer.

Finnland hat keinen Jack London, keinen Karl May und keinen Ernest Hemingway. Dort gibt es keinen Huckleberry Finn oder Tom Sawyer, keinen Old Shatterhand, keinen Spiderman, keinen Fänger im Roggen und keinen Oskar Matzerath. Selbst die kleine Meerjungfrau lebt in Kopenhagen. Finnland hatte einen einzigen Literaturnobelpreisträger, 1939 wurde Frans Eemil Sillanpää ausgezeichnet. Keines seiner Bücher ist zurzeit in Deutschland auf dem Markt.

Finnland hat keinen Elvis Presley, keine Rolling Stones und keine Madonna. Die Leningrad Cowboys sind eine von Regisseur Aki Kaurismäki erfundene Band. Zu mehr als Lordi und HIM hat es nicht gereicht. A-ha kommen aus Norwegen und Abba aus Schweden. In Wien allein rangen Genies wie Salieri und Mozart miteinander, Finnland hat nur Jean Sibelius.

Finnland hat keinen Picasso, keinen van Gogh und keinen Rembrandt. Noch nie kam ein Papst aus Finnland. Es gibt nicht mal eine eigene Automarke. Nokia ist zwar der größte Mobiltelefonhersteller weltweit, aber die Finnen haben das Gerät nicht erfunden. Keine finnische Erfindung hat je die Welt verändert. Finnland hat keine Königin wie England und keinen König wie Norwegen oder Schweden. Hier gibt es keinen Stierkampf wie in Spanien, keine Hunderennen wie in Irland und keine Pferderennen wie in England. Niemand kommt und schaut zu, wenn die Sami ihre Rentiere fangen und markieren. Oder schließt auch noch Wetten darauf ab. Eigentlich weiß man so gut wie nichts über Finnland, hat aber jede Menge Vorurteile in sich, überraschenderweise ausschließlich positive, und die meisten davon erweisen sich bei Überprüfung sogar als wahr: die Seen und Bäume, die Elche und Mücken. Wobei man Erstere, die Elche, selten sieht und Letztere, die Mücken, weniger oft vorkommen als befürchtet.

Als ich durch den Hausflur schleiche, höre ich Hermann schnarchen. Beruhigt ziehe ich die Decke über mich. Dann antworte ich aber doch noch auf Isabels SMS: »Liebe Isabel, warum es hier toll ist? Man kann das nicht erklären, aber man fühlt es. Als Ostwestfale kommst du hier regelrecht nach Hause. Es würde dir gefallen. Denn letztlich steckt doch in jedem Deutschen ein kleines Stückchen Ostwestfalen.«

Obwohl es mitten in der Nacht ist und wir in Lahti mit der Zeit gegenüber Deutschland eine Stunde voraus sind, kommt augenblicklich eine Antwort: »Klingt absolut verworren, aber ich glaube, ich weiß, was du meinst. Bleib bloß nicht da!«

»Gute Nacht, Isabel.«

»Küss mich!!«

»Digital?«

»Ich vermisse dich!«

»Gute Nacht!«

My heart will go on

Es ist Mittwoch. Heute fahren wir aufs Land. Morgen wollen Axel, Viivi und ich zu einem Rockabilly-Festival, und übermorgen geht es dann ans *mökki* für das Wochenende. Volle Tage. Axel als Reiseführer sitzt vorne, Hermann und Ilse hinten. »De Emmer« ist wieder dabei und steht zwischen ihnen auf der Rückbank. Wir machen einen Stopp am Baumarkt. Axel und ich haben einen Plan. Hermann war die letzten Tage schlecht zu Fuß. Immer wieder musste er sich setzen, ihm schliefen die Füße ein. Eigentlich müsste er sich an der Wirbelsäule operieren lassen, aber die Ärzte raten ab, wegen zu befürchtender Herzkomplikationen.

»Warum halten wir hier?«, fragt Ilse.

»Wir müssen was besorgen.«

Wir streifen durch den Baumarkt, der hier viel mehr ist als ein Baumarkt. Hier gibt es Haushaltswaren, Gartengeräte, alles für die Pflanzenpflege, jede Menge Anglerbedarf – und Sportartikel. Die sind unser Ziel. Wir kaufen für Hermann und Ilse Nordic-Walking-Stöcke und außerdem zwei zusammenfaltbare Campingstühle. Damit sind wir gerüstet für den Tag. Als Chefkoch habe ich Schnitten geschmiert und zwei Thermoskannen gefüllt. Mit anderen Worten, »de Korff« ist auch dabei. Zurück am Auto, packen wir Stöcke und Stühle in den Kofferraum.

»Was war denn?«, fragen unsere Eltern.

»Nichts«, sage ich.

»Dann möchte ich wissen, warum wir hier halten mussten?«

»Später«, sagt Axel.

Unser Ziel heute ist Orimattila. Am Vesijärvi kurven wir entlang nach Messilä. Axel dirigiert uns in Seitenstraßen. Sehr feldwegig, das alles. Hier sehen allerdings die Hauptstraßen oft schon aus wie Seitenstraßen. Dann halten wir.

»Und nu?«, fragt Hermann.

»Wanderung«, sagt Axel.

»Aber nicht so weit, meine Füße.«

Nun schlägt unsere Stunde. »Hier Hermann, unser Geschenk.«
Wir überreichen ihm die Nordic-Walking-Stöcke.

»Der reine Unsinn!«

Ilse schaut von der Seite: »Probier doch eis.«

Widerwillig steckt er die Hände durch die Schlaufen, setzt vorsichtig die Spitzen auf den Boden.

»Jetzt nur noch losgehen«, sagt Axel grinsend.

»Spinnerei!«, sagt Hermann.

Ilse schüttelt den Kopf. Hermann übt sich in Coolness, wir uns im Nichtbeachten. Und siehe da, er kommt in Tritt. Nach den ersten 100 Metern schon wirkt er irgendwie etwas gerader.

»Könnst jo up einmohl grode goahn«, kommentiert Ilse.

»Na bitte. Geht doch«, sage ich.

Axel führt uns durch den Wald, vorbei an riesigen Blaubeerfeldern. Ein kleiner Schauer kommt runter. Kein Problem für wasserfeste Ostwestfalen. Wir zucken nicht mal nach dem Schirm. Dafür zucken wir zusammen unter dem darauffolgenden kleinen Mückenangriff. Aus dem feucht-warmen Unterholz steigen sie zu Hunderten auf.

Axel dirigiert uns zu einem kleinen Teich, in dem sich Wolken und die umliegenden steil aufsteigenden Felsen spiegeln. »Teufelsnest«, erklärt er uns, »wird dieser Platz von den Finnen genannt.«

Das Schwarzgrau der Steine, das grüne Moos, das sich über den Boden ergießt, das Braun der Rinden, hellgrüne junge Triebe und alte, abgestorbene Äste geben ein Bild wie von Impressionisten gemalt. Ich klettere in der Felswand herum und fühle mich dreizehnjährig. Axel fotografiert, und wir riskieren am Ende ein Selbstauslöserfoto mit der ganzen Familie. Nur Viivi fehlt, die leider noch arbeiten muss. Langsam gehen wir zum Auto zurück. Am nächsten größeren See halten wir. Mittagspause.

»Und wo sollen wir sitzen?«, fragt Hermann. »Hier ist ja nirgends 'ne Bank.«

Ich hole die zwei Campingstühle für Ilse und Hermann aus dem Kofferraum und eine Decke für Axel und mich.

»Wo sind die denn her?«

»Gab es praktisch zu den Stöcken dazu.«

»So ein Quatsch«, sagt Hermann, sitzt aber 20 Sekunden später brav auf seinem Klappstuhl am See. Wir essen Schnittchen und schweigen. Unfassbar: Wir schweigen und essen. Und ich habe die Schnitten geschmiert.

Mittwochabend.

»Beeilt euch mal.«

»Was soll denn die Drängelei?«, fragt Hermann seinen jüngsten Sohn.

»Wir müssen pünktlich da sein, sonst ist der ganze Spaß nur die Hälfte wert«, antwortet Axel.

Punkt 18 Uhr soll dieser Spaß beginnen. Die ganze Familie ist auf den Beinen.

»Nehmen wir den Wagen?«, frage ich.

»Nee, wir laufen.«

»Hi. Gu-ten A-bend«, sagt Viivi in geradezu perfektem Deutsch. Axel und Viivi haben einen kleinen Korb dabei.

»Picknick?«, fragt Ilse. »So spät?«

»Ist doch lange hell«, grinst Axel.

»Ist es weit? Brauch ich 'ne Jacke?«, fragt Hermann.

»Bi düssen Wetter 'ne Jacken? Kerl, datt is buten no genauso heit wie vommiddach.« Das ist draußen noch genauso heiß wie heute Mittag. Wir erleben schließlich einen finnischen Rekordsommer.

Dann gehen wir los, wieder durch die Sportanlage zum Pikku Vesijärvi, dem kleinen »Vesijärvi«. Genau genommen eine Zwischengröße. Schon nicht mehr Teich, aber noch kein ganzer See. Direkt daneben, nur durch eine kleine Brücke getrennt, befindet sich ein zweites Wasserbecken. Das ist unser Ziel. Kleine Düsen ragen aus der Wasseroberfläche, in unterschiedlichen geometrischen Formen angeordnet, Quadrate, Kreise, Linien, Rechtecke. Es ist 17 Uhr 58, als wir ankommen.

»Grad noch pünktlich«, sagt Axel. »Aber klar, jetzt sind alle Bänke besetzt.«

Dieser »*pikku*« Pikku Vesijärvi ist umstanden von Bänken, auf denen sich die vielen Menschen drängeln. Ein echter Auflauf. Irgendwas wird passieren. Eine angenehme Aufgeregtheit macht sich breit. Wir setzen uns ins Gras. Viivi packt den Picknickkorb aus. 18 Uhr. In diesem Moment knarzen Lautsprecher in den Bäumen rundum, die wir noch gar nicht bemerkt hatten. »Watt is datt denn?«, erschreckt sich unsere hörgeschädigte Mutter.

Es rauscht und klingt: die Wasserorgel vom Pikku Vesijärvi. Durchrhythmisierte Wasserstrahlen steigen auf und senken sich im Takt. Ein Orchester hat eingesetzt, aber so was von furios! Erst leise Streicher, dann Flöten und dominant das Xylophon, dann Bläser. Der legendäre Säbeltanz von Aram Chatschaturjan. Nun sind wir bei der sanften Stelle mit den Streichern und Flöten, dann klingen wieder alle Saiten, es pauken die Pauken, und die Bläser blasen. Ich muss an die legendäre Gitarren-Version von Dave Edmunds denken. Sabre Dance, 1969. Das fiel, obwohl eigentlich eine klassische Komposition, bei uns zu Hause vollkommen unter das Urteil »Hottentottenmusik«. Mein einziger Trost war, dass meine Eltern damals weder mit Rock noch mit Klassik etwas am Hut hatten.

Die Melodie schallt aus den Bäumen, in denen das Laub die Lautsprecher verdeckt. Ich lausche beglückt, während sich vor uns die schönste Wasserchoreographie aus vielen hundert Düsen rauschend in den sommerlichen Himmel erhebt und in feinen Bögen senkt und kreiselt. Kleine Regenbögen schimmern durch die Fontänen. Neben uns bewundern drei Damen auf Finnisch das perlende Wasserspiel.

Der zweite Titel läuft, ein Walzer. Die Düsen drücken ihre zwölf fächerförmig angeordneten Strahlen senkrecht, kippen seitlich ab, drehen sich und tanzen eine rauschende Choreographie im Aufsteigen und Zusammenfallen.

»Das ist ja schön hier, mit der Musik«, sagt Ilse.

»Könnte man zu tanzen«, sagt Hermann.

»Das bringst du fertig. Nachmittags am Stock gehen und abends tanzen«, entgegnet Ilse.

Wir naschen aus dem Picknick-Korb. Erbsen. Natürlich! Eine Kanne Kaffee. Dosenbier. Die beiden haben an alles gedacht. Das Wasser rauscht. Ungefähr hundert Düsen bilden einen geradezu majestätischen Außenkreis. Direkt vor uns sind einige Düsen regelrecht verzweifelt verstopft, nur drei der zwölf Strahler speien Wasser, alle anderen sind dicht. Zu. Verschlossen. Sie wirken wie die patzende Tänzerin im Ballettensemble. Jetzt, im plötzlichen Zusammenfallen aller Fontänen, könnten sie wieder Anschluss finden. Aber nein, sie bleiben weiter ohne Strahl. Fast hat man Mitleid mit diesen untätigen Stahldüsen, die, statt mächtig zu spucken, sich fast depressiv ducken. Der Walzer ist beendet. Kleine Pause. Erneut beginnt das Brunnenspiel aus Kreiseln und geometrischen Figuren, fast scheint es ein Wettbewerb zu sein. Welche Düse spritzt höher? Welche schafft den schöneren Bogen? Nach wenigen Takten erkenne ich das Lied. Viivi verzieht ihr Gesicht. Axel nickt mir zu und sagt bedächtig: »Celine Dion«.

»Dijon? Wie der Senf?«, fragt mein Vater. Unsere Eltern, wie schon erwähnt, sind keine Kinogänger.

»My heart will go on«, dröhnt es aus den Bäumen. Der Superhit aus dem Film »Titanic«. Jeden Abend um kurz nach sechs erst der Säbeltanz und dann Celine Dion am See, im Winter mit Beleuchtung. Lahti wiegt sich im Takt. Celine singt sich die Seele aus dem Leib. Die Düsen tanzen. Das Rauschen des Wassers lässt durchaus ein Titanic-Feeling aufkommen. Gleich wird unsere Wiese den Eisberg rammen, unser Deck wird sich neigen, und wir werden unweigerlich in die kalten Fluten des Pikku Vesijärvi stürzen und um die letzten Plätze in den Rettungsbooten kämpfen.

Axel sagt: »Wenn der Wind vom See her kommt, hören wir die jeden Abend. Das ganze Lied. Immer wieder. Die beschallen halb Lahti mit Celine Dion.«

Viivi grinst: »Everybody must hate her!«

Später, nach dem obligatorischen Hafenrundgang, bringen wir Viivi und unsere Eltern nach Hause. Wir Brüder wollen noch mal los. Axel will mir typisch finnisches Nachtleben zeigen. Zuerst gehen wir in eine Kneipe, ins Hanhenpoika. Zum Gänschen.

Hier bekomme ich meine Lektion in finnischer Popularkultur. Axel wirft zwei Euro in die Musikbox. »Hurriganes«, sagt er bedeutungsvoll. Sein und inzwischen auch mein Favorit. »Good morning little schoolgirl«. Treibender Rhythmus. Eine schöne Coverversion. Schon ein Hauch von Punk ist zu spüren. Die Männer an der Theke wippen begeistert mit den Köpfen. Siebziger-Jahre-Sound. Die Hurriganes sind *die* Band in Finnland gewesen, vom Anfang der siebziger bis in die achtziger Jahre. Mein Bruder ist ein wandelndes Musiklexikon, und auch für Finnland ist er bereits Experte. »Jeder in Deutschland kennt die Leningrad Cowboys, aber die hier waren der wahre Rock 'n' Roll«, sagt er. Man hört es. Rau, begeisternd, kraftvoll.

Axel erzählt: Bandleader Henry »Remu« Aaltonen am Schlagzeug hatte den Hang zum Kleinkriminellen und saß diverse Male im Knast. Dort ließ man ihn weiter üben. Seine Lebensgeschichte und damit die der Band wurde verfilmt unter dem Titel »*Ganes – Elokuva Rockin Legendasta*«. Remu gilt inzwischen als »der große Großvater des finnischen Rock 'n' Roll«. Unter dem Namen »Remu & the Hurriganes« ist diese Legende weiter unterwegs.

Axel drückt eine neue Tastenkombination an der Musikbox. Marko Haavisto & Poutahaukat: »*Paha Vaanii*«. Zum Schmelzen schön. Haavisto, der Bandleader, spielt Bass und singt.

»Kennst du den noch?«, fragt Axel.

Ich nicke.

»Wohnt in Lahti«, sagt er.

»Hier wohnen sie ja alle, Janne Ahonen, Marko Haavisto, du …«

Axel grinst. »Der spielt nächste Woche in Vääksy.«

»Gehen wir hin?«, frage ich.

»Das wär mein Plan!«

»Super. Was macht deine Band eigentlich?«

»Wir spielen demnächst wieder im Torvi.«

Axel hat »The Raw Cuts« gegründet. Sie spielen Garagenpunk.
Miguel, Axels engster Freund hier, sitzt am Schlagzeug. Ein Por-
tugiese in Finnland, verheiratet mit Satu, einer Finnin, Freundin
von Viivi. Satu hat einige Jahre in Portugal gelebt. Sie und Miguel sind etwa zur gleichen Zeit aus Portugal gekommen, als
auch Axel nach Lahti zog. Juha aus Lahti spielt Bass. Juha hatte
klassische Gitarre studiert. Inzwischen arbeitet er viel als Ton-
techniker. Er spielt sonst eher in Hardcore-Bands.

»Juha sieht mit seinen langen Haaren eher aus wie ein Heavy-
Metal-Typ.«

»Tja, Bernd. Das sind ganz harte Regeln in den Subkulturen,
zwei Wochen nicht zum Friseur, und schon gehörst du zu einer
anderen Szene.«

Wir lachen und trinken.

»Wir haben einen Proberaum zusammen mit einer Punkband.
Die sind da schon jahrelang drin. Wir können nur nicht proben,
solange noch Unterricht ist. Aber super eingerichtet, wie alles
hier bei den Finnen. Kaffeemaschine, Toaster, Mikrowelle. Stell
dir das mal vor. Im Proberaum! In Deutschland bist du froh,
wenn du einen ehemaligen Bunker findest mit 'ner Steckdose
und einer Glühbirne. Das Schlagzeug können wir von der anderen Band nehmen. Ich habe gestern Abend die Gitarren mal aus-
probiert. Danke, dass du die mitgebracht hast.«

»Dafür nicht.«

»Wir haben grade das Demo aufgenommen. Sobald das abge-
mischt ist, kriegst du's.«

»Wann kann ich euch hören?«

»Bei deinem nächsten Besuch in Finnland. Vielleicht aber auch
vorher in Deutschland. Wir haben Anfragen.«

»Cool.«

»So, jetzt gehen wir zu den ethnologischen Studien über.«

»Was heißt das?«

»Lass dich überraschen.«

Wir gehen in den Irish Pub, später in den Ten Dollars Saloon. Was sich da jeweils abspielt, ist absolut gleich. Vor jedem Pub, vor jeder Kneipe stehen Männer in Schwarz und regeln den Einlass, freundlichst zwar, aber ich bin erstaunt.

»Heute ist Mittwoch, da ist noch alles ruhig. Am Wochenende geht das hier richtig ab.« Axel lacht. »Lahti hieß mal ›das Chicago von Finnland‹!«

Ich sehe drinnen einen Spieltisch: »Was ist das denn?«

»Der Roulette-Tisch? Das ist normal hier. In vielen Kneipen und Diskotheken stehen Spieltische. In fast jeder Nachtkneipe gibt es Roulette und Black Jack. Das gehört hier zur Kultur. Es gibt einen Höchsteinsatz, über den du nicht gehen darfst.«

»Und was ist das da?« Ich zeige zur Bühne.

»Das wollte ich dir zeigen. Karaoke.«

»Karaoke?«

»Die Finnen sind verrückt danach!«

»Gibt's nicht!«

Rund um eine kleine Bühne sitzen Finnen aller Geschlechter und jeden Alters. Und genauso unterschiedlich ist die Musikauswahl. Wir trinken Bier und staunen – also, ich staune, für Axel ist dieses schier unglaubliche Nebeneinander längst Alltag. Sechzigjährige Damen mit gefärbten Haaren singen melancholische finnische Volkslieder, junge Mädchen singen englischen Pop, mittelalte Herren singen Country, Schnulzen und Balladen. Auf Bildschirmen laufen die Musikvideos mit den Texten als Untertitel, die die Sänger jeweils nur ablesen und vortragen müssen. Diese Nation ist absolut professionell am Mikrophon.

Immer wieder gehen Finnen zum Discjockey und wünschen sich ein Lied. Ich erlebe einen Ablauf wie von Geisterhand gesteuert, einer perfekten Fernsehshow ebenbürtig. Lied um Lied wird gesungen, und das Publikum ist aufmerksam. Es gibt Applaus, nach jedem Lied. Reichlich und herzlich. Paare tanzen. Welches Land braucht das Original, wenn es solche Sänger hat? Der Finne genügt sich selbst. It's raining men, halleluja.

»Das läuft hier fast jeden Abend«, sagt Axel.

Ein Hüne betritt die Bühne. Über 1,90 Meter. Er wankt leicht. Schließt die Augen, nimmt das Mikrophon und schaut zum Bildschirm. Der Text, die Untertitelung des Videos, ist bei diesem Lied zweisprachig, finnisch und französisch. Der Finne steckt eine Hand in die Tasche, wankt, aber fällt nicht und singt eine herzergreifende französische Version irgendeines Schmalzstücks der Musikwelt, und ich bin gerührt. Das alles ist absolut uneitel, niemand lässt sich feiern, keiner macht einen großen Auftritt. Das hier ist die reine Freude an der Musik, der Spaß am Gesang. Leise und bescheiden und mit ganz viel Herz.

Der DJ ist gleichzeitig der Animateur des Abends, den man aber nur selten braucht. Wenn tatsächlich mal niemand singen will, dann springen die Discjockeys ein. Axel flüstert mir ins Ohr: »Der Discjockey aus dem Ten Dollars hat grad bei ›Finnland sucht den Superstar‹ gewonnen.«

Ich höre zu und schaue mich um. Tatsächlich, der Finne steht im Karaoke dem Thailänder in nichts nach. Und die Finnen hier sehen tatsächlich alle so aus, als wären sie aus einem Kaurismäki-Film direkt an die Bar gesprungen. Plötzlich werde ich hineingezogen. Eine Frau steht vor mir und sagt: »Come on, dance with me!« Kirsti. Auch Kirsti scheint aus einem dieser Filme zu stammen. Kaurismäkis Filmtitel fallen mir ein. Ist sie »Das Mädchen aus der Streichholzfabrik«? Ich stehe in Flammen. Als ich tanze, fühle ich mich wie ein »Leningrad Cowboy«. Dies ist »das Leben der Boheme«. »Wolken ziehen vorüber«.

Wir stehen zwischen den Tischen und tanzen. Kirsti flüstert: »I don't like the other guys!« Sie wasserspült mir in mein Ohr, sie habe sich auch zum Karaoke angemeldet. Wir tanzen. Mein Bruder geht und grinst. Dann singt sie »It's raining men«. Ich tanze. Mein Ohr trocknet langsam. Ich flüchte, bevor das Lied zu Ende ist. Kein Finne lässt sein Mikrophon im Stich. *Pako*, Flucht, auch Ausbruch. Wegen *pelko*, Angst. Ich blättere panisch im kleinen Wörterbuch. Ich flüchte, weil ich Angst habe, das heißt dann *pelosta*. Angst haben, sich fürchten ist *pelätä*. Aber ich fürchte mich nicht vor Kirsti. Ich habe Angst, mich zu verlieben, *rakastua*, in *maa* und *ihmiset*, in Land und Leute, besonders in die *naiset*, die Frauen.

Ich mache noch einen Abstecher an den Vesijärvi-See. Dort sitze ich lange und schaue aufs Wasser und frage mich, ob es immer noch hell ist oder schon wieder.

Rockabilly am Donnerstag

Heute Abend ist Rockabilly-Festival in Ruuhijärvi. Axel verspricht mir einen echten Einblick in finnisches Sein. Wir fragen nur scheinbar besorgt, ob wir unsere Eltern diesen Abend allein im fremden Land lassen dürfen. Sie wollen kniffeln und scheinen irgendwie froh, auch mal nichts unternehmen zu müssen.

Axel und Viivi sind vorbereitet auf ein Picknick besonderer Art. Sie heben eine Isoliertasche in den Wagen – das Bier auf den Festivals ist teuer. Es gibt Umbaupausen zwischen den Bands. Die nutzen die meisten Finnen zu einem kleinen Spaziergang zum Auto. Im Kofferraum warten dann in Kühlboxen, Tragetüten und Isoliertaschen die Dosen mit *Lapin Kulta*, *Karhu* und anderen Brauereierzeugnissen.

Aber vor den Durst und vor die Musik hat Gott den Weg durch Finnland gelegt. Raus aus Lahti, Richtung Vääksy, dann irgendwo rechts ab, noch mal nach rechts von dieser schon schmalen »Hauptstraße« runter, und dann windet sich ein Weg durch die sanften Hügel, dass ich wirklich meine, nun müsse doch endlich jeden Augenblick der Elch vor uns stehen. Wir durchfahren eine Gegend, in der man nicht mit dem Wagen liegenbleiben möchte. Ich frage mich, ob wir bald an der russischen Grenze sind. Die Stimmung im Auto ist ausgelassen.

Viivi wähle ich später im Stillen zur Ballkönigin. High Heels, geschlitzter, langer, enger Rock, ein Oberteil, das einige ihrer Tattoos nur teilverhüllt, leopardiges und ein brennendes Herz blitzen von Armen und Schultern, die Haare sind zu einem stylischen Quiff gesteckt. Das ist eine besonders kunstvolle, eingedrehte Tolle. Dazu trägt sie eine rote Blume im pechschwarzen Haar. Eine Rock-'n'-Roll-Lady wie aus dem Bilderbuch. Daneben mein cooler Bruder, mit Fan-T-Shirt, gekrempelter Jeans, Chucks, frisch geschorenem Kopf und blendender Laune. Ich küre die beiden zum »best looking Paar des Abends«.

An Kreuzungen zeigen Hinweisschilder den Weg. Handgemalt steht darauf »Rockabilly«. Dann blubbert das erste Auto an uns vorbei. Ein Chevrolet. Wenige Augenblicke später glaube ich meinen Augen nicht zu trauen. Hinter der nächsten Kurve taucht links das Festival-Gelände auf, rechts eine Wiese zum Parken, und auf der Wiese und am Wegesrand stehen sie schon, die amerikanischen Straßenkreuzer. Zahllos. Riesenschlitten. Pink. Schwarz. Cremefarben. Buick Wildcat. Plymoth Vailliant '73. Ein Rambler Combi. Bei manchen weiß ich nicht, ob das nun das Typenschild oder die Automarke ist. »Blue, blue, blue suede shoes«, klingt es aus einem DeSoto Diplomat in Grünmetallic. Dynaflow, Buick Eight, ein Edsel. Ich fühle mich wie ein Biologe, der unbekannte und ausgestorben geglaubte Arten entdeckt. Dazwischen zwei VW Käfer. Dann fährt ein elegantes kleines Ei heran, die Sitze bezogen mit Leopardenfellimitat, ein Skoda 160 mit stolz gereckter Antenne, an der der Fuchsschwanz baumelt! Ein himmelblauer Plymouth. Ein Buick de Luxe als Hot Rod. Ein Ford Kombi mit angeschraubten Holzleisten. Heckflossen, die sämtliche Haie der Welt alt aussehen lassen. Meisterwerke des Autodesigns halten Hof. Wagen in Weiß, Himmelblau und Silber. Und alle schnurren mit diesem eleganten Blubbern von etlichen Zylindern heran. Andere warten bereits hoheitsvoll auf der Wiese. Ein Ford Taunus 12m P5. Die Schönsten dürfen direkt vor dem Eingang zum Festival parken. Die Veranstalter schmücken sich mit dieser Parade automobiler Kostbarkeiten, und die jeweiligen Fahrer fühlen sich hochgeehrt auf dem exponierten Platz und genießen die interessierten und manchmal auch neidischen Blicke. Coolness wird zur Schau getragen und soll den Besitzerstolz überdecken. Ein schwarzer Buick kommt mit angerostetem Dach, aber das tut der Schönheit keinen Abbruch. Ein Dodge Polara, ein Dodge Kingsway in Schwarzweiß, ein Ambassador.

Die Fahrer und ihre Beifahrerinnen stehen designmäßig nicht hinter ihren Autos zurück. Plastikblumen in den Haaren, Petticoats, Nahtstrümpfe, Damenhüte. Hawaiihemden. Immer wieder Tolle, Gel, Hornbrille. Spitzeste Schuhe. Fadenkrawatten. Dazwischen auch ein paar ganz normale Menschen wie du und ich.

Das war ja eigentlich das Schwierigste. Jedenfalls für mich. Was ziehe ich an? Ich habe mein Leben in Clogs zugebracht, die trage ich sogar bei Schnee. Aber mit Clogs auf ein Rockabilly-Festival – das konnte ich Axel nicht antun. Also laufe ich in meinen Motorradstiefeln auf und trage, durchaus angemessen, ein T-Shirt vom Open Flair Festival Eschwege. Das Shirt vom Festival 2008, schwarz mit floralen Mustern, in die zwei kleine Totenköpfe eingefügt sind. Damit werde ich dann auch anstandslos eingelassen.

Ich drehe eine ausgiebige Runde über die Wiese, vorbei an den Automobilen. Viivi kommt nicht mit. »Da bleibe ich mit meinen Heels stecken!« Der Preis der Schönheit. Ich bekomme von stolzen Teds Vorträge über Baujahre, Restaurationszeiten und PS-Zahlen. Dann betreten wir das Festival-Gelände. Vorne rechts ein Zelt, hinter einem großen Platz die Halle. Aber was für eine!

Jede Sechziger-Jahre-Mehrzweckhalle aus Niedersachsen würde locker den Schönheitswettbewerb gegen diese Hütte gewinnen. Hölzerne Leimbinder überspannen die Halle, die Rückwand hat ein sehr eigenwilliges Farbdesign mit pastelligen Längsstreifen, und an den Seitenwänden steht je eine Reihe orangefarbener Plastikstühle. In einem Kaurismäki-Film wäre das die Szenerie einer Dorftanzstunde. An der Wand die Südstaatenflagge, circa zwei mal drei Meter, die Bühne selber in der Mitte, drei mal fünf Meter klein. Von den Seiten beschienen mit je vier »schitterigen«, also wirklich miesen 500-Watt-Scheinwerfern, die während der Auftritte immer wieder langsam die Köpfe hängen und die Strahlen sinken lassen. Brust und Instrument, Hüfte und Schuhe der Musiker sind erstklassig bestrahlt, die Köpfe bleiben meist in einem leichten Dunkel. Draußen, vor den Fenstern, ist es durch die weiter am Himmel stehende Sonne auch um 22 Uhr noch heller als im Saal bei den Bands. Durch die Scheiben strahlt die Sonne in den Raum und möchte den Scheinwerfern helfen. Das alles wirkt wie ein viel zu schlecht beleuchtetes Schützenfest, aber alle sind gut drauf. Die Stimmung ist ausgelassen. Man kennt sich. Man bewundert sich. Die Ladys machen sich Komplimente und wedeln in der nächtlich hellen finnischen Sommerhitze mit Fächern. Die Jungs wirken kühl und lässig, manche mit einem Hauch Arroganz. Und noch eine wichtige Nachricht: Die Lederweste lebt! Hier gerne kombiniert mit Kinnbärten.

Eine Tänzerin ist bereits in einem Zustand, den zu erreichen hier ziemlich teuer ist. Schwer angeschlagen vom Alkohol, verlangt sie aber von ihrem Partner weiter emsige Bewegung, allerdings mit einer großen Einschränkung: »*Älä pyöritä!*« Während ich sie bei ihrem nächsten Beinahsturz versuche von hinten zu stützen, da sie auf mich taumelt, übersetzt Viivi flüsternd für mich:

»Don't make me go round.« Keine Drehungen! Sie hat Glück, direkt nach dem folgenden Song ist Umbaupause. Hoffentlich trinkt sie nicht weiter.

Wir gehen zum Wagen. Dort wartet kühles Dosenbier. Weitere Autos sind angekommen. Ein schwarzer Plymouth Fury III, ein Buick Roadmaster Coupé, ein DeSoto Firedome. Axel und Viivi treffen einen Freund, Pekka. Pekka erzählt, dass er mit drei Kumpeln morgen eine Tour nach Norwegen machen will. Nur drei oder vier Tage? Bisschen kurze Zeit für die Strecke, oder?

»Nein, absolut kein Problem, ich bin ja der Fahrer. Nur die anderen trinken.« Allerdings gebe es noch ein anderes Problem: »Das Auto ist kaputt, irgendwas stimmt nicht mit dem Motor, aber das werde ich ihnen erst unterwegs erzählen!«

Viivi lacht und kommentiert uns gegenüber nur lapidar: »Finnen!«

Wir schlendern über das Gelände und nähern uns einer backenbärtigen Herrenrunde. Manche der Koteletten wirken wie vom Designer gestutzt. Einige erinnern absolut an die Heckflossen der Autos, die vor dem Festival-Gelände parken. Wieder treffen wir Freunde, Antti, Lasse und Pentti. »Von denen hatte ich erzählt«, sagt Axel.

Ich erinnere mich. Genau. Das müssen sie sein. »Sind das die mit den Spitznamen?«

Axel nickt.

Vor uns stehen »Ear-Billy«, »Nose-Billy« und »Sandal-Billy«. Ich schaue nach unten. Sandalen-Billys Füße stecken in Socken und er trägt tatsächlich Sandalen. Viivi kommentiert flüsternd mit ihrer wunderbar tiefen Stimme: »He should not wear them!« Er hätte die wirklich nicht anziehen sollen!

Wir gehen ins Alkoholzelt. Hier wird gequarzt und gebechert. Immer wieder verwirrend für mich, Ordner vor einem Zelt zu sehen, nur weil es darin Alkohol zu trinken gibt. Immer mehr Menschen kommen auf das Gelände. Im Saal wird es merklich voller. Und noch heißer. Die Damen wedeln sich Luft zu wie sonst nur auf spanischen Ramblas im Hochsommer. The return of the Fächer. Vor mir tanzen zwei junge Frauen alle anderen an die Wand. Von den Jungs kann keiner mithalten. Die »den Mann« tanzt, sagt Axel, sei eine kleine Werbeikone in Finnland, sie macht Werbung für einen Telefonanbieter. Drall, blendend aufgelegt, dreht sie sich und ihre Partnerin. Eine Tine Wittler der finnischen Seenplatte. Maite Kelly lebt in Finnland, nah bei Lahti. Let's dance!

Dann geht es wieder zum Auto, zur Kühltasche. Ich trinke weiter finnisches Wasser, wie schon den ganzen Abend. Dann hören wir wieder zu. Allein die Namen der Bands zeugen von der unbändigen Lebensfreude und dem Humor in dieser Musik. Heute spielen das »Flatbroke Trio«, »The Sureshots«, »Mike Bell & the Belltones« und »B. Cup & The Strapless«. Axel erklärt mir, das Flatbroke Trio spiele echten, alten Sun-Rockabilly, orientiert an der Begleitband von Elvis, nur mit Kontrabass, Lead- und Rhythmusgitarre. Ohne Schlagzeug. Der Bassist allein ist das rhythmische Rückgrat der Band. »Old school«, sagt Axel, was mit »alte Schule« nur annähernd exakt übersetzt ist.

Dann geht es irgendwann in der Nacht nach Hause. Über den finnischen Hügeln leuchtet der Mond. Die schmale Straße schlängelt sich durch die Landschaft. Im CD-Player läuft Marko Haavisto & Poutahaukat. Wir schweigen. Ich fahre nur Schritttempo. Irgendwie habe ich das Gefühl, als würde jeden Augenblick ein Elch auftauchen. Ein Elch mit Rockabilly-Tolle.

Mökki, Mücken, Makkara

Freitag. Wochenende. Wir sind in das *mökki* von Viivis Eltern eingeladen.

»Können wir die denn wirklich einfach so heimsuchen?«, sorgt sich Ilse.

»Ich bleibe da nur eine Nacht«, unterstützt Hermann seine Frau.

»Da lohnt sich das Bettenbeziehen doch gar nicht«, sage ich und will damit einen Witz machen. Der wird aber so nicht verstanden.

»Deswegen hätte ich das auch lieber selber gemacht. Jetzt haben die die Arbeit mit uns. Und die kennen uns noch gar nicht!«, setzt Ilse nach.

Axel stellt noch einmal klar, dass Matti und Kati sich erstens sehr freuen würden, wenn wir ein paar Tage kämen, und sie, zweitens, beleidigt sein würden, wenn nicht, und er, drittens, auch, denn schließlich sollten wir hier ja seine gesamte finnische Familie kennenlernen, und da gehören die Schwiegereltern nun mal dazu. Wir packen das Auto. Viivi wird abends nachkommen, sie muss noch arbeiten.

»Die können aber kein Deutsch«, sorgt sich Hermann.

»Du kannst ja auch kein Finnisch«, sage ich.

»Ja, aber wie soll das denn gehen, mit dem Reden und allem?«

»Axel übersetzt.«

»Ich denke, die Sprache ist so schwer?«

»Hermann, was ist los?«

»Wir bleiben nicht lange«, sagt Hermann.

»Was soll das denn?«, frage ich.

»Ach, was sollen wir denn da?«

»Chillen!«

»Grillen?«

»Chillen, das ist Neudeutsch für nichts tun. Rumhängen.«

»Können wir hier in Laati auch.« Hermann weigert sich bis heute, Lahti richtig auszusprechen, also »Lachti«. Er sagt beständig »Laati.« Mit langem »A«. Axel und ich können noch so sehr ermahnen. Und mit Nachdruck fügt er hinzu: »Ach, und überhaupt!«

»Und überhaupt!« ist eines der wichtigsten Argumente bei Ostwestfalen. Wer das als Erster zückt, kann quasi nicht mehr widerlegt werden. Oder muss sich jedenfalls nicht mehr vom Gegenteil der eigenen Meinung überzeugen lassen. »Und überhaupt!« ist die Entsprechung zu Karl Mays »Howgh, ich habe gesprochen!«, dem endgültigen Diktum seiner Indianerhäuptlinge. Danach kann nichts mehr kommen.

In leichter Missstimmung packen wir den Wagen, heute »kein Korff«, aber natürlich fährt »de Emmer« mit. Wir laden unsere Gastgeschenke in den Kofferraum und fahren gegen Mittag los. Ziel ist der Päijänne-See. Allein die Fahrt dorthin durch die Wälder ist ein Erlebnis. Schmale Brücken verbinden kleine Inseln, eine unglaubliche Landschaft.

Hermann sagt: »Ob du noch auf einer Brücke oder schon auf einer Insel bist oder ob das schon wieder festes Land ist, das weißt du hier ja nie.«

Wir sehen wieder Landwirtschaft auf beiden Straßenseiten. Korn steht. Kühe weiden.

Aber was für Kühe! »Watt is datt denn?«, entfährt es Hermann. Gewaltige, pralle Euter schleifen beinah über die Wiesen, und man hat diesen Kühen tatsächlich »Euterhalter«, eine Art »Kuh-BH« mit langen Gurten um den mächtigen Körper geschnallt. Das sei auch ein Schutz gegen Bremsen und Mücken für die empfindlichen Zitzen, erfahren wir später. Auf anderen Feldern stehen Vögel. Große Vögel. »Kraniche«, erklärt Axel. Ich riskiere einen Seitenblick.

»*Kurki!*«

»Watt? Gurken?«

»*Kurki*. So heißen sie auf Finnisch.«

Hermann staunt: »Donnerwetter! Was du alles weißt! Dann klappt das ja nachher vielleicht doch mit dem Übersetzen.«

Wir machen Pause an einem Kiosk am See, und Axel und ich »ditschen«. Das ist ostwestfälisch. Wir werfen kleine flache Steine ganz flach ins Wasser und lassen sie über die Oberfläche springen. Früher nannten wir das »Uhren werfen«. Ich schaffe viermal Aufspringen. Axel gewinnt mit sechs. Dann geht es weiter. An irgendeiner Bushaltestelle biegen wir rechts ab. Keine Hinweisschilder. Hier kennt man sich entweder aus, oder man kann in die Irre geführt werden wie die Reisenden in Karl Mays »Unter Geiern«, die mit falsch gesteckten Wegzeichen in den »Llano Estacado« geleitet wurden und verdursteten. Nur dass man in Finnland nicht verdursten kann. Es gibt einfach zu viele Seen. Aber man kann sich verirren auf Wegen und Straßen. Die, auf der wir fahren, ist nun nicht mehr asphaltiert.

»Wo isses denn?«, frage ich.

»Dauert noch«, sagt Axel.

Von hier sind es noch locker fünf Kilometer bis zum *mökki*. Baumumstanden führt der Weg in engen Kurven an zwei, drei einsamen Gehöften vorbei. Eine Wegkreuzung. »Wieder links«, sagt Axel.

Plötzlich ein Bild wie aus einem Astrid-Lindgren-Roman: Zwei Mädchen sitzen auf einem Pferd und reiten durch das Gras, das dem Tier bis zum Bauch reicht. Sie winken. Wir winken zurück. Vier Giesekings winken zwei finnischen Pippi Langstrumpfs. Friedliches, romantisches Finnland.

An der nächsten Weggabelung noch einmal rechts. Axel erzählt, dass Viivi und er diesen Weg an Heiligabend immer zu Fuß gehen, durch Schnee und Eis. »Dän ganzen Wech?« Ilse vergisst in ihrem Erstaunen, dass sie mit ihrem Jüngsten normalerweise kein Platt redet. Viivis schicker blauer Käfer ist absolut kein Winterfahrzeug. Daher nehmen sie im Winter den Bus bis zur Haltestelle auf der Hauptstraße, wandern bis zum *mökki* und gehen Tage später denselben Weg zum Bushäuschen zurück.

»Den Bus darfst du aber nicht verpassen!«, gibt Hermann sachkundig zu bedenken.

Axel grinst: »Nee, dann hast du verloren. Schlechte Karten! Das dauert, bis der nächste kommt!« Er erzählt weiter, dass es, bis sie Heiligabend herkommen können, meistens schon Nachmittag ist, also bereits dunkel.

»Da lauft ihr durch den dunklen Wald? Das wär aber nichts für mich!«, kommt es von Ilse.

Am *mökki* sei es dann wunderschön, der See im Winter, das einsame Haus, erst noch kalt, dann aber schnell vom offenen Feuer erwärmt. Und dann unternehmen sie Spaziergänge durch den Wald und auf dem zugefrorenen See. Sogar Luchsspuren hat Axel dabei schon entdeckt.

»Ja klar. Ein Luchs!«, sagt Ilse ironisch.

»Es gibt hier welche.«

»Bernd will ja auch schon einen Elch gesehen haben.«

»Hier gibt es auch Elche. Da vorne ist eine Quelle, und es gibt hier einen Wildwechsel, auf dem die laufen. Matti hat schon welche gesehen.«

»Was ihr alles so seht! Luchse und Elche! Nur mir stellen die sich nie vor. Das ist doch auch komisch.«

»De Elk hätt sicher Angst vo die!«, sagt Hermann.

Axel stöhnt. »Nicht streiten. Vor allem nicht gleich vor Matti und Kati.«

Ilse, völlig verständnislos: »Wer streitet denn hier?«

»Da, ein Ameisenhaufen«, zeigt Axel.

Wir stoppen. An meinem Bruder und mir sind Biologen verlorengegangen. Axel pirscht im Winter über finnische Seen und folgt Tierfährten und Vielfraß-Spuren. Im Sommer wird er auch »der Libellenflüsterer« genannt, weil immer wieder welche auf ihm landen. Alles, was kreucht und fleucht, begeistert uns. Der kleinste Waldweg ist uns eine Serengeti. Wenn wir einen Ameisenhaufen sehen, müssen wir nicht mehr auf eine Elefantenherde stoßen, um zu staunen. Wir sind auch so fasziniert. »Da kommen noch mehr. Direkt am Weg«, sagt er.

Wir fahren weiter. Minuten später blitzt vor uns ein Dach auf, dann sehen wir mehrere kleine Gebäude. »Da?« Axel schüttelt den Kopf. Das Haus gehört dem Nachbarn. Ich fahre vorbei am nächsten riesenhaften Ameisenhaufen. Nur zwei Reifenspuren führen durch den hoch bewachsenen Weg, und die Halme kitzeln Bodenblech und Auspuff. Mein Navigationsgerät kennt diesen Weg nicht mehr. Ich fahre im Schritttempo, mehr ist nicht drin.

»Da, jetzt rechts!«

Ich biege vom Weg ab. Rechter Hand steht ein kleines Blockhaus, geradeaus noch eins. Links neben uns sehe ich ein Dach.

»Und, welches ist es?«, frage ich.

»Wie, welches ist es?«

»Na, ich meine, wer wohnt in den anderen Häusern?«

»Die gehören alle dazu.«

»Ups!«

Wir steigen aus. Kati und Matti kommen aus dem Haus. Beide in Jeans, T-Shirts und braungebrannt. Kati, jugendlich, mit Brille, Matti mit Viertagebart, Schnäuzer und Pferdeschwanz. Wir schauen uns an, die Frauen lächeln, die Männer grinsen. Alle stehen sich einen Moment gegenüber. Mit Respekt, ohne jede Skepsis. Ostwestfalen und Finnen, Finnen und Ostwestfalen. Sagen nichts, sehen sich nur an und verstehen sich schon in diesem Moment. Dann durchbricht Kati das Schweigen und geht auf Ilse zu, Matti auf Hermann. Hände werden geschüttelt, Schultern berührt, Freundschaften geschlossen, in Sekunden. Und dann reden die vier in ihren Muttersprachen, nur ich rede Englisch, und Axel spricht zu unser aller Überraschung Finnisch.

»Du kannst das ja richtig gut!«, staunt Ilse.

»Dann ist es wohl doch nicht so schwer«, sagt Hermann verschmitzt.

Dann führt uns Kati zur Veranda. Das Haus ist am Hang gebaut. Wir gehen seitlich hinab, über holzbeplankte Stufen, um das Haus herum. Auf der Veranda links eine überdachte Außenküche, daneben Tisch und Bänke. Alles baumumstanden. Das also ist ein *mökki*! Die finnische Datscha. Das *mökki* ist wirklich ein Haus mitten im Wald, am Seeufer. Idylle pur. Wir staunen. Was wir Deutschen nur als Ferienhaus kennen, als Urlaubsdomizil, das besitzt hier fast jeder Finne, mal klein, mal groß. Und dieses *mökki* hier ist in den Jahren zu einer kleinen Ansammlung mehrerer Hütten gewachsen. Mit einem kleinen Garten, in dem Kati Gemüse zieht, und mit einem kleinen Gewächshaus für

Kräuter. Rund um das Haus sehen wir Blumen sprießen. Überall stehen Blumentöpfe. Ilse kommt sofort mit Kati ins Gespräch, Botanikerinnen unter sich. Zwei Gärtnerinnen mit vier grünen Daumen tauschen botanisches Fachwissen in zwei Sprachen aus. Keine versteht die andere, aber beide sind glücklich.

Matti winkt die beiden zu uns. Wir bekommen einen Begrüßungssekt.

Ilse meint: »Sekt? Für uns? Der ist hier doch so teuer.«

Ich sage: »Einfach trinken. Nicht rechnen!«

Irgendwann fragt Kati, ob wir das Grundstück sehen wollen. Klar! Eine weitschwingende Treppe mit zahlreichen Stufen, die wie kleine Plateaus gebaut sind, führt hinunter zum Ufer. Hier liegt ein Steg im Wasser, daneben ein Ruderboot an Land. Rechts daneben eine kleine Holzhütte. Das Sauna-*mökki*. Als Erstes gehen wir runter zum See und betreten den Steg. Direkt am Ufer liegen Felsen im Wasser. Röhricht steht dicht, zu beiden Seiten der Holzpfosten. Wasservögel, Haubentaucher und andere, schwimmen mit der Brut des Jahres an uns vorbei. Die eifrigen Küken umkreisen ihre Eltern.

»Oh, das wackelt aber!« Ilse ist etwas irritiert. Nach einigen Hörstürzen ist sie mittlerweile in ihrem Gleichgewichtssinn leicht gehandicapt. Sie greift kurz nach meiner Hand und hakt sich dann unter. Meine Mutter hat mich seit Jahren nicht mehr angefasst. Außer, wenn wir uns zur Begrüßung die Hand geben. Fühlt sich gut an. Ich stehe mit ihr am Arm auf dem leicht schwankenden Steg, unerschütterlich wie Kapitän Ahab an Deck der »Pequod«.

Nah am Ufer steht auf dem Steg eine kleine Bank. Hermann geht zurück und setzt sich. Ilse löst sich von meinem Arm, setzt sich daneben und strahlt. Wir anderen schlendern den Steg entlang bis zum Ende. Ich sehe über den Päijänne-See. Wir sind hier in einer kleinen Bucht. Dort erstreckt sich die Wasseroberfläche in ungeahnter Weite. Buchten. Kleine Inseln. Das andere Ufer. Wir drehen uns um und schauen hoch zum *mökki*. Es liegt rechts oben am Hang. Hier unten links, das kleine Sauna-*mökki*, war jahrelang das einzige Haus auf diesem Grundstück. Nur zwei kleine Räume, im einen die Sauna, das andere der Schlafraum, davor eine kleine überdachte Veranda. Darunter, durch die Hanglage, gibt es viel Platz für Holzstapel. Holzstapel sind hier auf dem Grundstück praktisch überall. Nach und nach, im Laufe der Jahre, hat Matti dann die anderen Gebäude selber gebaut, die kleinen und das große Haupthaus. Es sind wunderschöne finnische Holzhäuser. Romantik pur, von der Zweckmäßigkeit mal ganz abgesehen.

Wir bekommen eine Führung mit Einweisung. Das Wichtigste zuerst. Wir gehen unterhalb des Sauna-*mökki* am Wasser entlang über einen schmalen Trampelpfad. Zwischen Steinen und Bäumen hindurch, über knorrige Wurzeln hinweg, kommen wir, etwas abseits gelegen, zum Toilettenhäuschen. »Der Donnerbalken«, wie Hermann sagt. Ein kleines Haus aus dunklem Holz, mit Spitzdach und mit einem Sprossenfenster in der Tür. Wenn man hier wegen »geschäftlicher Dinge« sitzt, schaut man hinaus auf die Seeidylle. Innen, in einem Eisengestell, steht eine Emaille-Waschschale, in die aus einem Krug Wasser nachgegossen werden kann. Das zurückliegende »Geschäft« wird mit Torf bestreut. Man muss allerdings drauf achten, die Tür immer gut zu verschließen, sonst hat man hier ein wildes Stelldichein mit sämtlichen Insekten des Waldes.

Wir gehen zurück zum Sauna-*mökki*. Ob ich einverstanden sei, dort zu schlafen? Mehr als das! Sonst übernachten hier meist Axel und Viivi, aber sie treten den schönsten Schlafraum, direkt am Wasser, mit Blick auf den See, diesmal an mich ab. Ich liege kurz »Probe«, lege mich aufs Bett und schaue aufs Wasser. »Hammer!«

Matti schaut fragend.

»Unglaublich«, sage ich ihm. »König Ludwig II. in Schloss Neuschwanstein hat nicht schöner gewohnt!«

Wir gehen die Treppe hoch, am Haupt-*mökki* vorbei zu zwei weiteren Häuschen weiter oben am Hang. Das eine ist der »Werkzeugschuppen«, im anderen sind ein Holzlager, ein Raum für Fahrräder und Diverses, vor allem aber ein weiterer Schlafraum eingerichtet, hier werden Hermann und Ilse nächtigen. Viivi und Axel wohnen mit im Haupthaus.

Matti und Axel bitten Hermann und mich hinter das *mökki*, zwei Schritte hinein in den Baumbestand. Sie zeigen uns den »Pinkelbaum«, speziell für die Herren. Um sich den Weg zum »Toiletten-*mökki*« sparen zu können und damit »Mann« nicht überall auf dem Gelände »Marken« setzt.

Dann gehen wir ins Haupt-*mökki*. Durch die Hanglage bedingt hat es zwei Stockwerke und noch ein halbes als Schlafebene direkt unter dem Dach. Links liegt die Küche, darüber die Schlafebene, geradeaus das Schlafzimmer der Eltern, rechts ein Wohn- und Esszimmer, dahinter eine Art Wintergarten. Ein Stockwerk tiefer die Veranda. In den Räumen unter dem Wohnzimmer ist eine Waschküche und ein Bad. Und ein großer Kühlschrank. Ob wir ein Bier wollen, fragt Matti. Kühlschrank? Bier? Da war doch was! Ich gehe zum Auto und hole die Gastgeschenke. Auf meiner rechten Schulter trage ich die Kiste Weizenbier und setze sie mit Schwung vor Matti und Kati ab. Matti grinst: »Hast du dir dein eigenes Bier mitgebracht?«

»Das ist für euch! War ein Tipp von Axel.«

»Guter Axel«, sagt Matti.

»Und die Gläser?«, fragt Ilse.

»Moment«, sage ich und gehe noch mal zum Wagen.

Unsere Finnen freuen sich sehr über das Weizen und die passenden Gläser. Die ersten Flaschen kommen sofort in den Kühlschrank. Ilse übergibt Kati den »Kutenhauser Sekt«, eine Sonderabfüllung mit speziellem »Kutenhauser« Etikett. Das heutige Dorfgemeinschaftshaus ist darauf zu sehen, früher ein Bauernhof im Fachwerkbau. In diesem Haus wurde unser Großvater geboren, Hermanns Vater. Kati schaut sehr interessiert. Dann überreicht Ilse die zwei Bildbände über Minden und die Straße der Weserrenaissance, von Bad Karlshafen bis Minden, mit Hameln, Rinteln, Beverungen und anderen Perlen entlang der Weser. Kati und Matti sind begeisterte Reisende und blättern sofort drauflos. Zu manchen Bildern erzählen wir etwas, vor allem zum »Wasserstraßenkreuz« in Minden, nah bei der Schachtschleuse, wo der Mittellandkanal über die Weser führt. Wasser, das über Wasser geführt wird, ist für alle, die ein solches Brückenbauwerk nicht kennen, ein absolutes Faszinosum. Und der Finne mit seinem Hang zum Wasser weiß das umso mehr zu schätzen. Zu den Fotos von Hameln berichten wir vom »Rattenfänger«. Axel deutet auf ein Bild vom Kaiser-Wilhelm-Denkmal an der Porta Westfalica, über der Weser, auf dem Wittekindsberg, dem östlichsten Punkt des Wiehengebirges. »Das lasse ich mir irgendwann mal von Viivi tätowieren!«

Wir sitzen am Tisch auf der Veranda und unterhalten uns. Axel ist unser Dolmetscher, und wir staunen. Er spricht wirklich weit besser Finnisch, als er zumindest uns gesagt hatte. Oder selber dachte. Manchmal wird er von seinen Schwiegereltern ein wenig in der Aussprache korrigiert. Wie gesagt, das Finnische ist eine höllische Sprache, Sieg und Niederlage liegen da eng beieinan-

der. Plötzlich lachen Kati und Matti spontan auf. Offensichtlich stimmt etwas nicht. Sie erklären es ihrem Schwiegersohn, dann lacht auch Axel herzlich. Und übersetzt uns den Sachverhalt: Sie hatten über die Krabben im See geredet. *Rapu* ist die Krabbe, *rappu* ist die Treppe, aber *reppu* der Rucksack. Und Axel hatte gerade auf Finnisch behauptet: »Der Rucksack wohnt im See!« Ein kleiner Versprecher, der sofort einen kuriosen Unsinn produziert. Nachdem wir drei Ostwestfalen mit Übersetzungsverzögerung mitlachen konnten, tröstet Matti Axel grinsend: »Du sprichst dafür aber sehr gut Deutsch!«
»*Tosi hyvä!*«, antwortet Axel. Vielen Dank!

Matti hantiert bereits in der Außenküche, als endlich auch Viivi eintrifft. Ab nun laufen die Gespräche in einem klaren Rhythmus. Matti und Kati sagen etwas auf Finnisch, Viivi übersetzt ins Englische, Axel übersetzt ins Deutsche. Hermann und Ilse beratschlagen das auf Plattdeutsch, antworten dann Hochdeutsch. Axel oder ich übersetzen ins Englische und Viivi dann wieder für ihre Eltern ins Finnische. Viele Sätze enden in großem Gelächter.
Es wird Abend. Still ruht der See. Manchmal schreien Wasservögel. Ein paar vereinzelte Moskitos tauchen auf. Die meisten werden von Axel in der Luft weggefangen. Unser Großwildjäger bekommt Szenenapplaus wie Borussia Dortmund bei Heimspielen für die Tore.
Er wehrt ab. »Die sind aber auch echt langsam.«
»Nein, nein. Du bist ein sehr guter Jäger«, sagt Viivi.
»Klar«, meint Axel, »seit ich von Darwin gehört habe, ist mir klar, ich stamme wohl aus einer Familie großer Fliegenfänger.«
»Es ist mir nicht so wichtig, dass er Tiere jagt«, sagt Viivi, »ich bin Vegetarierin.«

Axel grinst: »Ich sehe die Fliegenfängerei auch mehr sportlich, als Hobby!«

Matti steht am Grill. Wir decken den Tisch. Axel holt Dosenbier aus dem Kühlschrank. Das sei eigentlich das wahre Leben am *mökki*, sagt Axel zu uns: essen und fischen, angeln, jagen und trinken.

Wie sie denn fischen würden, will Hermann wissen.

Inzwischen überwiegend mit Netzen, aber heute: »No fish!«

Matti sagt, es gebe jetzt das finnische Nationalgericht. *Makkara!* Eine Art Bratwürstchen. Dazu Kartoffelsalat und natürlich Axels geliebten *sinappi* zur Wurst.

Matti und Axel schwärmen von dem Hecht, der vor Wochen ins Netz gegangen war. »Ein Weibchen.«

»Das gab es am Muttertag.«

Hermann grinsend: »Die Hechtin hatte aber einen scheiß Muttertag, wenn sie bei euch auf dem Teller gelandet ist.«

Axel übersetzt, und ich staune über meinen Bruder: »Dass du weißt, was Muttertag auf Englisch heißt?«

»Tja!«

Ilse wundert sich, wie sie hier am *mökki* mit dem Müll umgehen. Es gibt Mülltonnen an der Hauptstraße, erzählt Kati. Die Essensreste werden auf den Kompost geworfen, ein Jahr liegt der in einer geschlossenen Tonne, dann noch mal anderthalb Jahre draußen und dann bekommt das alles ein zweites Leben in der Natur, erklärt Matti.

»Überhaupt«, schwärmt Axel, »dieses Leben in der Natur und mit der Natur. Das ist großartig.«

Und dann erzählt er, wie deprimierend es gewesen sei, am Anfang mit dem Boot auf den See hinauszufahren, ob aus Spaß oder um die Netze zu kontrollieren, und dann zu erleben, wie gut Viivi mit dem Boot klarkommt, während er erst mal fast nur im

Kreis gefahren sei. »Die kann das und ich nicht?«, hat er sich gefragt. »Und beim Feueranmachen erst …«

Ilse vorwurfsvoll zu Hermann: »Siehst du, ich wollte immer einen Kamin im Haus haben. Dann hätte der Junge hier auch vernünftig Feueranmachen können.«

Axel übersetzt. Die Finnen lachen.

»Natürlich, ich bin schuld!«, sagt Hermann grinsend.

»Bist du ok!«, nickt Ilse.

Das muss keiner übersetzen. Das ist eindeutig.

Es wird aufgetischt. Zum Essen spendieren Matti und Kati das »Gastgeschenk«, das Weizenbier. Frisch gekühlt!

»Aber das ist doch für euch, Matti!«, ruft Ilse.

Matti sagt, für seine Gäste sei ihm nichts zu schade. »Außerdem habe ich ja noch etliche Flaschen in der Kiste!«

Ich glänze mit fachgerechtem Einschenken in die Gläser – Glas schräg halten, Flasche kopfüber hineinstecken, langsam hochziehen – und ernte Bewunderung. Sogar von Ilse. Für diesen Moment also haben sich die Jahre, die ich in Kneipen gejobbt habe, endlich gelohnt!

Ilse sagt: »Datt du datt könnst! Wür ouver bäter wäsen, du härst ok watt annerste so lehrt!« Dass du das kannst. Aber es wäre besser gewesen, wenn du noch was anderes – Vernünftigeres – so gut gelernt hättest.

Makkara, Kartoffelsalat und Bier. An einem warmen Sommerabend am See. Das ist also echt finnisch. Das ist aber auch echt ostwestfälisch. Nur dort meist ohne See. Eigentlich ist es hier gar nicht so viel anders als bei uns. Der Finne und der Ostwestfale haben immens viele Parallelen, Ähnlichkeiten. Der Kartoffelsalat aus finnischen Frühkartoffeln ist absolut lecker. Schon tauschen sich Ilse und Kati mit Hilfe ihrer Dolmetscher über die Rezepte aus. Und wir lernen den wichtigsten Satz, den

Gäste von Finnen beherrschen müssen: »*Nyt loppu!*« Wörtlich: »Jetzt stopp!« Das heißt so viel wie: »Nein danke, nicht noch mehr.«

Hermann zeigt auf die einzelnen Häuser und fragt Matti: »Und du hast das alles gebaut?«
Matti nickt: »Bis auf das Sauna-*mökki*, das stand schon hier, als wir das Grundstück gekauft haben.«
Hermann staunt: »Das ist ja alles fachmännisch verarbeitet. Demnach bist du Zimmermann?«
Matti lacht und schüttelt den Kopf.
»Tischler?«
»Schneider!«
»Was?«, entfährt es Hermann, »ein Schneider kann solche Häuser bauen?« Hermann ist fassungslos.
»Nein«, grinst Matti, »ein Finne! Finnen können alles.«
Dann erzählt er seine Geschichte. Er hat Schneider gelernt und machte sich später selbständig, einerseits als Herrenschneider und anderseits mit einem »Textilgeschäft«, wie man bei uns sagen würde. Es schlug ein wie eine Bombe. Kati stammt aus Lappland und hatte Friseurin gelernt. Dann war sie nach Helsinki gezogen. Irgendwann besuchte sie mit einer Freundin deren Heimatstadt Lahti. Der junge Matti ging zu dieser Zeit viel zu Rock-Konzerten und kannte die finnischen Bands aus Lahti und andere oft persönlich. Im Torvi trafen sie sich, Matti und Kati. Es wurde eine Liebe fürs Leben.
Das Torvi, erzählen sie, ist einer der legendärsten Rock-Clubs des Landes, die älteste Diskothek in Finnland. Hier haben alle gespielt.
»Sogar Axel!«, lacht Matti.
»Stimmt! Mit Zugaben!«, ruft der zurück.

Axels Band, »The Raw Cuts«, ist dort mehrfach aufgetreten. Das Torvi nenne sich offiziell »Ravintola«, was so viel heißt wie Restaurant. Es gab dort eine kleine Dinner-Karte, Kleinigkeiten zu essen, und das wiederum war die Voraussetzung, um Alkohol ausschenken zu dürfen. Wir schauen fragend, und Matti erklärt: »Die Alkoholregeln damals waren noch drastischer als heute. Man durfte nicht mal mit dem Getränk zu einem anderen Tisch gehen.«

Jonni, ein Freund von Matti, war damals der Manager der legendären Hurriganes. Die Hurriganes waren in Finnland und im skandinavischen Raum die Beatles und die Rolling Stones zusammen. Legendär. Axel hatte mir schon von ihnen erzählt.

»Sie brachten diese Rock-'n'-Roll-Attitüde auf die Bühne und nach Finnland wie niemand vor ihnen«, sagt Matti. Und sie brauchten ein Bühnenoutfit, das ihrer würdig war, und privat sollte es auch nicht weniger sein. Bandleader Remu war mit allem, was es in den Läden gab, nicht zufrieden, und Matti, der Schneider aus Lahti, schneiderte ihm einige Hosen, knalleng oben, unten mit himmelweitem Schlag.

Matti und Kati erinnern sich auch an andere berühmte und legendäre Bands dieser Zeit. »The Renegades« aus England, die ihre größten Erfolge in Finnland hatten und fast alle ihre Alben in Helsinki aufnahmen. Kati erzählt, wie sie aus dem Ausbildungsheim heimlich zu deren Hotel gegangen waren. Um zehn Uhr hätten sie zu Hause sein müssen. »Und dann sahen wir die Jungs tatsächlich aus dem Hotel gehen! Es war total aufregend damals!«

Einige Bands stammten direkt aus Lahti, Freddie Falcon, der inzwischen unter seinem echten Namen Jorma Kääriäinen auftritt, und vor allem die Sleepy Sleepers, mit Sakke und Juri, aus denen später die Leningrad Cowboys hervorgingen. Die Sleepy

Sleepers sind heute fast allesamt in bürgerlichen Berufen unterwegs, einer ist Polizeichef, wie Matti lachend erzählt. Einer ist Bankmanager, ein anderer ein »verrückter Künstler«, ein Maler, einer ist in Amerika als DJ und Spezialist in Hollywood für Explosionen, Special Effects.

Matti und Kati klopfen einen Rhythmus auf den Tisch und singen gemeinsam, laut und lachend immer wieder »*Kuka, mitä, häh?*«. Übersetzt: »Wer? Was? Hä?« Ein Song der Sleepy Sleepers. In Finnland ein Welthit!

Kati holt ein Buch, *Ruis Rock*. Eine Bilddokumentation des legendären Festivals in Turku, das seit den Siebzigern jährlich stattfindet. Viivi und Axel hatten ihnen das Buch zu Weihnachten geschenkt. Ein echtes Fundstück. Sie hatten das Buch im Laden entdeckt und darin geblättert. Dann hatte Viivi auf einem der Bilder ihren Vater erkannt. Matti mit wallender Hippiemähne.

Matti und Kati eröffneten damals ein Geschäft und verkauften Mode, die auch ihnen gefiel, junge Mode. Nur bei ihnen gab es Blue Jeans, die legendäre Levis 501. Und sie verkauften eine zweite Legende. Die Chuck Taylor All Stars, von ihren Trägern nur kurz und cool Chucks genannt. Auf Deutsch sehr unspektakulär »Leinenschuhe«, auf Englisch sofort ein Kultbegriff. Sie waren Anfang des vorigen Jahrhunderts als reine Basketballschuhe entwickelt worden. Ab den Fünfzigern traten sie einen Siegeszug auch im Alltag an, und alle Jugendlichen, ganz gleich aus welchen Kulturen, hatten sie an den Füßen, frühe Rocker und spätere Punks ebenso wie heutige Hip-Hopper. Und ganz Lahti war scharf auf diese Schuhe und die Jeans. Außerdem führten sie im Laden Cowboy Boots von Tony Mora.

Matti und Kati hatten die richtige Idee zur richtigen Zeit. Im Grunde genommen lag der Erfolg ihres »Store« einfach in der

Tatsache, dass sie selber Teil der Jugendkultur waren, dass sie selber das trugen, was ihre Kunden suchten. Der Shop, 1975 eröffnet, war klein und eng, aber erfolgreich. Schon 1977 vergrößerten sie sich. Lahti ist eine kleine Stadt, trotzdem waren die begehrten Chucks immer wieder ausverkauft. Wenn die neue Converse-Verschiffung in Lahti zum Zoll kam, wenn Matti mit dem weißen Van losfuhr, um die Ware dort abzuholen und auszulösen, lag die Jugend Lahtis bereits auf der Lauer. »Matti hat neue Chucks!« Zeitweise bildeten sich Schlangen vor dem Laden. »Kaufen, bevor es wieder ausverkauft ist!«, war die Devise. Heute führt Viivis Bruder Toni den Laden weiter, zusammen mit seiner Frau Heidi.

Es sind anregende Gespräche. Sie dauern lange, nicht zuletzt durch die Übersetzungen. Die Entdeckung der Langsamkeit. Ein Leben in Entschleunigung. Die Neugierde auf den nächsten Satz, das Ringen um den nächsten Gedanken. Diese Unterhaltungen sind herzlich. Oft wird durch die Übersetzungen versetzt noch mal über den gleichen Witz gelacht.

Wir Ostwestfalen sind aufrichtig aufgenommen. Ich habe das Gefühl, als ginge Ilse irgendwie erleichtert ins Bett. Das also sind Axels Schwiegereltern. Hier lebt er, im Land der Bäume und Seen, und fühlt sich wohl inmitten der Natur, mit Viivi, im Kreis ihrer Familie, mit Freunden in Lahti und Helsinki. Auch Hermann atmet innerlich spürbar auf. Kann es sein, dass er etwas gerader geht?

Seine Verwandlung am nächsten Morgen ist immens. Aufrecht und strahlend kommt er zum Frühstück. Der Mann ist fröhlich. Gelöst.

»Was ist denn los, Hermann?«, frage ich ihn.

»Hier kann man es aushalten.«

»Ach, auf einmal ist es schön hier?«

»Konnte ja vorher keiner wissen«, grinst er.

Axel hat sich zu uns gesellt. Ich nicke zu ihm rüber: »Hatte Axel doch gesagt.«

»Der ist ja noch jung, der Axel. Der hat ja noch keine Ahnung vom Leben.«

Das Frühstück birgt dann ein kleines Hindernis für sture Ostwestfalen: die Butter. In Finnland ist es üblich, dass ein Buttermesser für alle in der Butter steckt. Man bedient sich, schmiert, steckt das Messer zurück und belegt dann das wunderbare dunkle finnische Brot. Axel hatte Hermanns »Watt? Nä. Datt wür nix for mi!« vorausgesehen und dafür gesorgt, dass jeder ein eigenes Messer bekommt. Trotz eigener Klinge entfährt ihm wieder ein typisch sturer Kommentar.

»Kerl, ett gaht nur um de Bottern!«, donnert Ilse halblaut. Es geht doch nur um die Butter.

»Trotzdem!«

»Bitte, nicht am Tisch streiten«, greift Axel sofort ein.

»Wieso?«, sagt Ilse, »das ist doch kein Streit.«

»Nee, wirklich nicht«, pflichtet ihr Hermann bei.

Und das ist tatsächlich ein großer Unterschied. Der Finne streitet nicht. Toleranz wird großgeschrieben, egal ob gegenüber den Kindern, den Freunden oder sonst wem. Disput oder heftige Diskussion ist unüblich. Der Finne ist höflich bis zur Selbstaufgabe. Allerdings gibt es für diese Höflichkeit auch einen geradezu mystisch-mythischen Grund, wie ich von Viivi erfahre: die Tonttus!

Tonttus, Trolle, Mumins

Der Finne streitet nicht. Vor allem darf man nicht in der Sauna streiten, sonst verärgert man den dort lebenden Sauna-*tonttu*, den Sauna-Troll. Und der würde sich bitter rächen! Dieses Sauna-Streit-Verbot gehört zu den zehn finnischen Geboten und hat den praktischen Nutzen größtmöglicher Erholung durch Vermeidung jeglicher Aggression.

Der Sauna-*tonttu* ist einer aus einer ganzen Reihe von *tonttus*. Wobei der Finne grundsätzlich unterscheidet zwischen *tonttus* und *peikkos*. Die Definition ist schwierig, immerhin reden wir über vorwiegend unsichtbare Wesen. Es gibt sie, eindeutig, aber man sieht sie fast nie. *Tonttus* leben in Häusern, *peikkos* in der Natur. Die *peikkos* sind meist üble Gesellen. Fiese Trolle. Äußerlich ähneln sie den Menschen und sind verschieden groß, selten kleiner als Menschen. Berg-*peikkos* leben in den Bergen, sie sind wahre Riesen. Der Wald-*peikko* lebt im Wald. *Peikkos* haben eine lange Nase, sie haben lange Hände und einen haarigen Körper. In finnischen Geschichten sind sie meist hässlich und böse.

Tonttus dagegen sind weit liebenswürdigere Trolle, Wichtel oder Kobolde, Heinzelmännchen, wie manche zu ihnen sagen. Anders als der *peikko* ist der *tonttu* ein großer Menschenfreund und Helfer. Die meisten *tonttus* schützen die Gebäude, in denen sie wohnen, der Mühlen-*tonttu* die Mühle, der Kuhstall-*tonttu* und der Pferdestall-*tonttu* die Ställe, der Garten-*tonttu* den Garten. Wenn alles blüht, wenn Buschwindröschen und Maiglöckchen sprießen, dann war der Garten-*tonttu* sehr fleißig. Aber wenn die Menschen nicht gut für ihre Häuser und ihren Garten sorgen, wenn sie sich nicht genügend um Land und Pflanzen und Tiere kümmern, dann können auch die *tonttus* böse werden und alles kaputt machen und den Garten zerstören. Wenn nichts blüht und wächst, dann hat der Mensch seinem Garten-*tonttu* zu wenig bei der Arbeit geholfen.

Der Sauna-*tonttu* ist, wie die anderen *tonttus* auch, im Grunde mit sehr wenig zufrieden, mit ein bisschen Essen, mit dem Wohnrecht und dem letzten Saunadampf. Aber auch er kann sauer werden, wenn die Menschen die Sauna nicht pflegen oder wenn sie in ihr streiten. Dann lässt er den Ofen knallen!

Die Weihnachts-*tonttus* sind die berühmtesten *tonttus* der finnischen Mythenwelt. Sie helfen dem Weihnachtsmann bei seiner Arbeit, sie helfen, Geschenke herzustellen und auch sie zu verteilen. Und sie beobachten die Kinder, sie achten darauf, ob Kinder lieb sind oder ungezogen, und entscheiden, ob sie viele Geschenke bekommen werden oder vielleicht sogar, in ganz schlimmen, aber natürlich sehr, sehr seltenen Fällen, gar keine.

Tonttus sind überall, und sie sind »tätig«. Ein Beispiel: Das Phänomen des Verschwindens. Jeder kennt das. Irgendetwas fehlt plötzlich. Es ist ganz natürlich zu erklären. Mit den *tonttus*. Etwas ist verschwunden: Autoschlüssel, Fahrkarte, Lesebrille. Der zweite Socken nach dem Waschen. Der passende Deckel für die Tupper-Schüssel. Und man sucht und sucht und sucht. Ich zum Beispiel bin ein Spezialist darin, in letzter Sekunde etwas suchen zu müssen. Kurz vor Abreise, das Taxi zum Bahnhof ist schon bestellt. Der Reisepass fehlt. Hatte ich doch noch grad in der Hand. Auf dem Tisch? In der Tasche? Bei den Büchern im

Koffer? In der Tasche, die ich als Handgepäck …? Mist. Schublade? In der Kiste, in die ich alles geschmissen habe, was noch auf dem Tisch lag, damit die Wohnung ordentlich wirkt, wenn ich nach Hause komme? Ich packe also wieder aus. Der Zeitdruck steigt, ich suche nicht, ich wühle und durchwühle. Ich pflüge regelrecht durch Schubladen und Regale, suche in Jacken, die ich seit Jahren nicht mehr getragen habe. Ich schaue dreimal in allen Taschen der Lederjacke nach, die ich auf der Reise anziehen will. Auch in der Handytasche, die zu klein für einen Reisepass wäre. In dieser Jacke, in der Innentasche, werde ich den Reisepass dann später finden, wenn das Taxi bereits wartet und nur noch eine Aschewolke aus Island meinen Flug so sehr verzögern könnte, dass ich die minimale Chance hätte, den Flieger doch noch kriegen zu können. Diese zwei bis drei Minuten, in denen man die Wohnung aus einem Zustand relativer Ordnung in ein Tal nach Moränenabgang verwandelt, sind so unnütz wie grausam.

Und schon geht es mir hier in Finnland genauso. Wir wollen einen Ausflug machen. Wo ist mein Autoschlüssel? Ich suche. Ich atme schwer. Ich hyperventiliere. Zufällig kommt Viivi vorbei.

»Suchst du was?«

»Meinen Autoschlüssel!«

»Den brauchst du nicht zu suchen.«

»Wieso?«

»Den hat grad ein *tonttu*.«

»Was!?!«

»Wenn die *tonttus* ihn nicht mehr brauchen, bringen sie ihn zurück.«

»Bitte!?!«

Mittlerweile kann ich nur sagen: Ja, das stimmt! Wenn etwas

fehlt, kommt es zurück, sobald der *tonttu* es nicht mehr benötigt. Man muss sich nicht sorgen. Man muss auch nicht erst lange suchen. Es ist sowieso vergeblich. Was auch immer verschwunden ist, Dosenöffner, Kreditkarte oder der linke Joggingschuh – alle Panik, Hektik oder Hast ist sinnlos, man sollte besser innerlich die Abwesenheit des Gesuchten akzeptieren. Ein *tonttu* braucht es gerade und hat es »geliehen«. Das gilt nicht nur innerhalb Finnlands, für die Zeit der Reise. Das gilt auch zu Hause oder an jedem anderen Ort der Welt. Dort sind es dann vielleicht Kobolde, Gnome, Trolle, Zwerge, Elfen oder andere Wesen der unsichtbaren Welten. Auch in meiner Wohnung in Deutschland wohnt mindestens ein *tonttu*. So viel, wie bei mir jeweils gerade verschwunden ist, könnten es allerdings auch zwei sein. Ich habe das vor meiner Finnland-Reise nicht gewusst und hätte es auch nicht geglaubt. Wahrscheinlich ist mein *tonttu* im Auto mit mir gekommen. Wer Finnland besucht, kehrt nicht unbedingt alleine heim. Diesen *tonttu* hat man dann, mindestens vorübergehend, bei sich wohnen. Das ist so einfach wie logisch. Irgendwann wird das gesuchte Objekt irgendwo wieder auftauchen. Oft an einer Stelle, an der man es vorher schon dreimal vergeblich gesucht hat. Und das ist der beste Beweis für seine Existenz, für das Wirken und Tun des *tonttus*.

Kommt man allerdings nach Hause, und ein Fenster ist aufgebrochen oder die Wohnungstür steht offen, und es fehlen mehrere Gegenstände, wird es sich fast immer um Diebstahl handeln. Da kann auch der *tonttu* nicht helfen …

Der *tonttu* spricht eine geheimnisvolle Sprache, er artikuliert sich in knarzenden Tönen. Manchmal ist es ein Klopfen, manchmal ein tiefes, hölzernes Pok-Pok-Pok-Pok-Pok, fast schon eine Nachricht in Morsezeichen. Man hört das immer wieder, wenn man in der Sauna sitzt. Nicht immer. Aber oft. Der Saunageist.

Er spricht nicht zu jedem, und er spricht nicht jedes Mal. Aber –
was sagt er? Die Sprache dieser Wesen ist extrem schwer zu
übersetzen.

Ich sitze mit Axel und Viivi auf dem Steg, wir lassen die Beine ins
Wasser baumeln und sprechen über Sprachen. Zuerst erklären
mir beide, Finnisch sei die drittschwerste Sprache der Welt. Ich
will natürlich sofort wissen, welche Sprachen auf den ersten beiden Plätzen rangieren. Sie denken kurz nach. Axel behauptet, die
Sprachen und Dialekte von Indianern, von indigenen Völkern,
von Ureinwohnern verschiedener Gegenden, von brasilianischen
und afrikanischen Dschungelvölkern, teilen sich den Platz als
zweitschwerste Sprache der Welt. Mein Bruder schnalzt zum
Beweis minutenlang mit der Zunge und gluckst und gurgelt und
produziert allerhand Kehllaute. Und die schwerste? Viivi muss
nicht überlegen. Natürlich die der *tonttus*. Kaum jemand spreche sie überhaupt und man könne diese Sprache eigentlich nur
verstehen, wenn die *tonttus* sich dazu herablassen, mal unsere
menschliche Sprache mit uns zu sprechen. Aha! Ich wüßte zu
gerne, was dieser Saunageist so sagt.

Es ist wirklich schwierig, Gesichertes über *tonttus* zu erfahren.
Jede Familie hat etwas anderes erlebt. Wissenschaftler haben
natürlich aufgegeben, über *tonttus* und *peikkos* zu forschen, weil
diese Wesen so neugierig auf die jeweiligen Untersuchungs-
ergebnisse waren, dass den Forschern dauernd Unterlagen, Ma-
nuskripte und ganze Dateien fehlten.

Die berühmtesten finnischen Trolle sind allerdings sichtbar,
die *mumins*. Die *mumins* sind eine Erfindung der finnischen
Schriftstellerin und Zeichnerin Tove Jansson. Sie sind in Finn-
land berühmt wie Mickymaus in Amerika und Asterix und
Obelix in Frankreich. Die finnische Literatur hat keine mit der
Deutschen vergleichbare Tradition, aber die *mumins* sind hier

147

quasi die Märchenfiguren der Brüder Grimm. Sie sind Rotkäppchen, Dornröschen und Otfried Preußlers Räuber Hotzenplotz zusammen.

Tove Jansson hat ganze Welten erstehen lassen, vergleichbar denen des Schriftstellers Tolkien. Sein »Herr der Ringe« wurde erstmals 1954 veröffentlicht, die *mumins* gibt es seit 1945. Ich vermute sogar eine Inspiration des Briten Tolkien durch die Finnin Jansson. Im Unterschied zu seinen Abenteuern in Mittelerde geht es bei den *mumins* zwar auch oft spannend zu, jedoch nie grausam.

Mumin steht als Name für die Gattung und die Hauptfigur zugleich – es ist eine nilpferdartige Trollfigur. *Mumin*-Papa trägt immer Zylinder, dann gibt es *Mumin*-Mama und *Mumins* Freundin, das Snork-Fräulein. Die *mumins* laufen aufrecht auf zwei Beinen. Es gibt einen Anarchisten im *mumin*-Tal, Schnupferich, eine Art früher Hippie, dann die Hatifnatten, die immer gleich zu Hunderten auftreten und die wie Spargelwesen aussehen. Die Hemule sind regelrecht zwanghafte Fanatiker, ins Absurde gezeichnete Wesen, Briefmarkensammler oder Botaniker. Das Bös-Bedrohliche gibt es ebenfalls, aber nur selten taucht sie auf, die schreckliche Morra. Hier übt Tove Jansson so witzig wie poetisch Kritik an den menschlichen Schwächen. *Mumin* ist dabei immer eine Mischung aus tapferer Held und Tollpatsch, mit dem man leidet, um den man sich sorgt, mit dem man aber auch auf Abenteuersuche geht. Seine Abenteuer sind jedes Mal eine Heldenreise.

Diese *mumin*-Welten sind ein Mix aus Natur und Kultur, manche Charaktere sind menschlich, andere ähneln eher Tieren. Die Welt des *mumin*-Tals ist ein poetisches Abbild der realen Welt. Und in den Geschichten sind die ewigen Motive angelegt, Janoschs »Panama« wird hier beinah vorweggenommen: Schatzsuche, das Sehnen nach fernen Welten, Seefahrten, aber auch die Sehnsucht nach Heimat und Vertrautem.

Es gibt Romane und Comics, Bilderbücher, Hörspiele und Filme mit den *mumins*. Sie existieren als Zeichentrickfilm und als Puppenspielserie. Es gibt ein *mumin*-Land in Naantali, Muumimaailma in der Nähe von Turku, einen Freizeitpark, eine Art finnisches Disneyland mit den Welten der Tove Jansson. *Mumins* finden sich auf Tassen und Tellern, auf allen möglichen Kinderprodukten und alle Jahre wieder auf Briefmarken.

Viivi war ganz erstaunt: »Bernd, die kennst du nicht? Ich bin groß geworden mit ihnen. Das Snork-Fräulein ist so süß!« Sie und Axel hatten mir darum bei ihrem letzten Deutschlandbesuch einen Comic-Band geschenkt. Seitdem bin ich angefixt und habe mehrere *mumin*-Romane mit auf diese Reise genommen. Ich reise nie mehr ohne ein *mumin*-Buch.

Natürlich will ich in den nächsten Tagen in Tampere ins *mumin*-Museum gehen. Dort sind die wundervollen filigranen Zeichnungen von Tove Jansson im Original zu sehen. Weniger ein Museum für Kinder als vielmehr eins für den Fan der komischen Zeichnung. Dort kann man auch deutsche und englische Ausgaben betrachten und alle anderen Übersetzungen. Vergleicht man die finnischen Originale mit den Namensgebungen in anderen Sprachen, erahnt man diese Mischung aus absolutem Vergnügen und gnadenloser Pein, die es für die Übersetzer gewesen sein muss, hier jeweils Namen zu finden und zu erfinden.

Kirppis in Vääksy

Samstag am *mökki*. Nach dem Frühstück gehen Axel und ich schwimmen. Als wir aus dem Wasser steigen, sitzen unsere Eltern auf der Bank am Steg. Hier finden wir sie ab jetzt quasi jederzeit. Es ist ihr absoluter Lieblingsplatz. Sie sitzen stundenlang einträchtig nebeneinander, zu allen Tageszeiten, am frühen Morgen, in den Mittagsstunden und am späten Abend, wenn sich der Himmel langsam, ganz langsam rötlich verfärbt. Hier wird tagelang gelesen, geruht, geschwiegen, oder es werden Sudokus gelöst.

Am Samstagmittag brechen wir alle gemeinsam auf zu einem Ausflug zum Flohmarkt in Vääksy. Unterwegs machen wir einen kleinen Abstecher. Matti führt uns zu seinem Geburtshaus, in dem heute sein Bruder wohnt. Er zeigt uns dort einen traditionellen finnischen Erdkeller. Eine Art Bio-Kühlschrank. Der Erdkeller liegt neben dem Haus. Er ist in die Erde gemauert und hat den naturbelassenen Boden als Untergrund. Im Sommer bleibt es im Erdkeller angenehm kühl, im Winter ist er trotzdem frostfrei. Durch den bloßen Boden herrscht eine relativ hohe Luftfeuchtigkeit. Eine zweiflügelige Holztür öffnet uns den Weg zu einer kleinen, schmalen Treppe, und wir gehen geduckt nach unten. Mattis Bruder lagert hier bis heute Gemüse und Kartoffeln. Wir fahren weiter. Unsere Strecke ist identisch mit Mattis früherem Schulweg. Hier war er jeden Winter auf Skiern zur Schule gelaufen. »Acht Kilometer hin und wieder acht Kilometer zurück«, erzählt er. Die Schule ging von acht Uhr morgens bis drei Uhr nachmittags, man nahm Brote und Milch von zu Hause mit. Auch samstags war Schule, ein Montag im Monat war frei. Alle Klassen waren gemeinsam in einem Raum untergebracht und wurden parallel von einem Lehrer unterrichtet.

Matti sagt: »Hier ist Land, hier wohnten nicht viele.« Und er fragt: »Wie seid ihr denn zur Schule gekommen?«

»Zu Fuß«, sagt Hermann.

»Ich musste im Winter mit dem Zug fahren, später, als ich aufs Gymnasium ging«, erzähle ich.

»Ihr seid nie mit Skiern zur Schule gelaufen?«, lacht Matti.

»Nie!«

Axel erinnert sich: »Wir hatten doch diese alten Skier. Aber es gab nirgends einen Hügel, den man hätte herunterfahren können. Es waren aber auch keine richtigen Langlaufskier. Also bin ich mit denen als Kind mehr über das Feld gerutscht als gelaufen!« In seiner Phantasie aber war er auf einer großen arktischen Expedition.

Matti lächelt: »Hier waren die Ski im Winter so selbstverständlich wie im Sommer die Fahrräder.«

Wir kommen in Vääksy an. Das kleine Städtchen liegt genau zwischen Päijänne- und Vesijärvi-See. Ein kleiner Kanal verbindet die beiden Seen und ist ein touristischer Anziehungspunkt. Die Straße führt kurz hinter der Schleuse als Klappbrücke über den Kanal. Hier klappt man, wenn Schiffe mit Mast geschleust werden müssen, die Straße hoch, und die wartenden Autofahrer schauen zu, wie Paddler, Segel- und Motorschiffe von einem See zum anderen wechseln.

Ein paar Meter weiter ist schon der Flohmarkt. *Kirppis*. Eine echte finnische Tradition. Secondhandladen und Flohmarkt zugleich. *Kirppis* gibt es sowohl auf dem Land als auch in den Städten, hier sind es Läden, die zu den üblichen Geschäftszeiten geöffnet haben. In Lahtis Innenstadt sehen wir in beinah jeder Straße ein Hinweisschild zu einem *kirppis*. Manche werden von sozialen Organisationen betrieben, in anderen mietet man sich privat eine Box oder einen Stellplatz mit Tisch und Kleiderstange, manchmal auch nur ein paar Regale, und stattet sie mit Ware aus: altem Kinderspielzeug, Möbeln, Kleidung, Schuhen, Büchern, CDs, Werkzeug und Geräten aller Art, was auch immer. Die Waren werden mit einem Schild mit Preis und Regalnummer versehen, und es gibt eine zentrale Kasse, an der registriert wird, wessen Artikel zu welchem Preis verkauft wurden.

Dieser Handel mit nicht mehr gebrauchten Sachen ist fast ein Volkshobby. Irgendwer aus den Familien schaut fast täglich nach und ordnet Wäsche, Hosen und Röcke neu, sortiert Bücher und Zeitschriften zurück oder füllt die Regale auf und wechselt aus.

Hier in Vääksy ist es mehr ein klassischer Flohmarkt, der einmal monatlich draußen, »open air«, organisiert wird. Wer sich für ein anderes Volk interessiert, sollte zum Flohmarkt gehen. Das ist besser und informativer als jedes Heimatmuseum. Und meist umfänglicher. Hier gibt es alles zu sehen, was ein Volk hervorgebracht hat bzw. was es interessiert – in diesem Fall vom Kaffeelöffel bis zum BMW mit Rallye-Spoiler.

Die Sonne strahlt, wir schlendern über den Markt. Wir befinden uns auf einem Gang durch mindestens 50 Jahre finnischer Alltagskultur: Gläser, Vasen, Geschirr. Minimotorräder. Kleidung, Schnickschnack, Kinderspielzeug, Körbe und Flechtwaren aus Birkenrinde. Akkordeon und Römertöpfe, Kuhglocken und Holzfässer. Fernbedienungen, gleich eine ganze Tasche voll. Werkzeuge, »schangelig« und verrostet bis hin zu topgeschärften und geölten Äxten, Schippen und Sägen. Waagen und Gewichte. Hier lässt sich locker die gesamte Entwicklungsgeschichte der Telefongeräte auf den wenigen Quadratmetern von maximal drei Verkaufstischen nachvollziehen, vom Wandtelefon mit Wählscheibe bis hin zur neuesten Handygeneration. CDs. Schallplatten. Ein Paradies für Axel, der wie ein Goldschürfer loszieht und Rock-'n'-Roll-Raritäten sucht. Und findet. LPs und Singles. An anderen Tischen gibt es Angeln, Angelköder, Netze. Eishockey-Schienbeinschoner, Eishockey-Schläger.

Ein Händler zeigt mir stolz eine Patronentasche, gefertigt in Ulm, mit Stempel von 1923, die habe die finnische Armee damals benutzt. Er sagt: »Eine sehr gute Tasche. Schau nur: die Verarbeitung, die Nähte, wirklich schön. Dagegen diese russische Patronentasche: hässlich! Nur für den Krieg gemacht!« Er spricht Englisch mit mir: »Very ugly! Only for war!« Ich stöbere weiter und entdecke Pistolentaschen. Eine Parabellum-Pistole. Eine Pilotenhaube. Ein Tokareff-Aufsteckmesser. Der Händler kommentiert: »Sehr selten.« Ein Schiffslog. Benutzt, um die Geschwindigkeit von Schiffen zu errechnen. Logge mit Gravur: »C. Bening Cuxhaven«. Wir schlendern zu anderen Ständen. Teppiche. Taschen. Wir sind jetzt quasi in einem Modemuseum.

Allein die Bandbreite der Verkaufstische: Hocker, Böcke, Plastikkisten, Tapeziertische, Ausziehtische mit Intarsien. Wenn die Ehefrauen mit verkaufen, liegen Decken auf den Tischen, sind die Männer allein am Stand, wird die Ware einfach auf das nackte Holz gelegt. Einige verkaufen aus Anhängern oder von den Heckklappen ihrer Autos herunter: Milchkannen, Ofentüren, Schlittschuhe. Einer hat aus Lampenfüßen kleine Holzmühlen gebastelt.

Stunden später verlassen wir das Gelände. Uns kommt ein älterer Herr mit Rollator entgegen, einem finnischen Modell. Er sieht aus wie zwei nebeneinander montierte Tretroller. Als die Straße in der nächsten Kurve leicht abfällt, sehen wir, wie er sich lässig auf die Trittbretter stellt und um die Kurve rollt.

»Datt wür watt vo die! So scheiwe wie gu gahst«, sagt Ilse. Das wär was für dich. So schief wie du gehst.

»Aber nur bergab«, sagt Hermann knapp.

Wir halten an der Schleuse. Nur wenige Meter vom Kanal entfernt fließt ein Bach. Wir stehen lange auf der Brücke und beobachten einen Haubentaucher, wie er in den Strudeln und kleinen Stromschnellen schwimmt und immer wieder erfolgreich nach Fischen taucht und jagt.

Versonnen schauen wir ins spiegelnde Wasser. Kati erzählt von ihrer Kindheit und Jugend in Lappland und wie naturverbunden sie mit allen möglichen Tieren aufgewachsen ist. Kleineren wie den zahlreichen Vögeln und auch großen.

»Das könnt ihr euch gar nicht vorstellen«, sagt Matti, »dauernd kreuzen Rentiere die Straßen. Bei euch in Deutschland sind alle Tiere eingezäunt, die Kühe und Pferde. Aber bei uns im Norden grasen die Rentiere frei, und du musst dauernd aufpassen, dass dir nicht eins vor das Auto läuft.«

Ilse sagt: »Bernd hat auch schon mal einen Hirsch angefahren. Und statt dass er ihn einfach in den Wagen wirft, lässt er das Tier laufen und kommt nur mit dem Wagen mit dem kaputten Kühlergrill nach Hause!«

»In Finnland enden viele Unfälle tödlich. Wenn du mit einem Elch zusammentriffst, überlebt manches Mal eher der Elch. Ihr könnt euch nicht vorstellen, wie riesig die sind. Kein Vergleich zu Rentieren. Wenn dir so ein Elch aufs Auto knallt, erdrückt der oft die Insassen allein durch sein pures Gewicht und die Wucht des Aufpralls. Wenn ihr unterwegs seid, solltet ihr euch deshalb schon an die Geschwindigkeitsbegrenzungen halten«, meint Matti.

»Und Rentiere gibt es hier keine?«, fragt Hermann.

»Nein, erst weiter nördlich. Aber dort jede Menge.«

»Schade. Aber die Elche?«

»Elche gibt es.«

»Wer's glaubt!«, schnauft Ilse.

»Ich kann dir beim *mökki* einen Elchfladen zeigen, Ilse.«

»Ich würde lieber das Tier sehen als den Mist, den sie machen!«

»Ist wirklich guter Dünger«, grinst Matti. »In der Nähe vom *mökki* ist eine Quelle, zu der kommen sie manchmal und trinken. Aber dieses Jahr habe ich noch keinen gesehen.«

»De hebt Angst vo di, Ilse!«

»Vo mi bruket de keine Angst to hem. De ruket di, und dorümme kurmt de nich. Häst du die wosken vondoage?« Vor mir brauchen die keine Angst zu haben. Die riechen dich und darum kommen die nicht. Hast du dich heute überhaupt gewaschen?

Matti und Kati schauen fragend.

Ich sage: »Axel, übersetz das mal besser nicht!«

Auf der Rückfahrt sehen wir etliche Schilder am Wegesrand, auf denen eine Ähre abgebildet ist. »Das sind Hinweise auf einen Hofverkauf«, erklärt Matti. Dort kann man landwirtschaftliche Produkte bekommen, direkt vom Erzeuger. Also nichts wie hin!

Wir finden ein kleines Paradies. Eine ehemalige Scheune, an einem kleinen Hang gelegen, ist umgebaut, unten zu zwei Verkaufsräumen, oben zu einem gemütlichen Café mit Kirschgarten davor. Es gibt Erdbeerwein, Erdbeersekt und Erdbeerlimonade, *limonaadi*. Und das gleiche Sortiment auch aus Johannisbeeren, aber auch aus Moltebeeren. Es gibt junge Kartoffeln zu kaufen, Erdbeeren, natürlich wieder alles in Litergefäßen, Getreide, Mehl, selbstgemachte Seifen und frischgebackenen Kuchen, dazu alle möglichen Sorten Lakritz.

Als wir zum *mökki* zurückkommen, schwimmen zwei kanadische Gänse um den Steg. Herrliche Idylle. Ich nehme das Boot und rudere hinaus. Allein. In die Stille. Fahre zu kleinen Inseln und am schilfbestandenen Ufer entlang. An Land sieht man immer wieder mal ein einsames *mökki*. Man hält Abstand. Man hat viel Platz für jederzeit genügend Distanz zueinander. Nur eines stört die Geräuschlosigkeit: Am gegenüberliegenden Ufer, wo sich kürzlich ein Russe eingekauft haben soll, startet ständig ein Motorboot und zerschneidet immer wieder die sonst regelrecht meditative Ruhe. Mal fährt das Boot zum Angeln, mal gibt es Wasserski-Versuche. Ganz unnützer Lärm, wie auch ich schnell finde. Mein kleines Boot schaukelt leicht auf den Wellen, deren Außenborder verursacht. Dann liegt das Wasser wieder vollkommen ruhig, und die Wolken, die Bäume und ein paar vorüberleitende Vögel spiegeln sich auf der Oberfläche.
Als ich von meinem Ausflug zurückkomme, wird am Tisch auf der Veranda über dem Päijänne gerade der Kuchen aufgetragen. Sagenhaft. Mit frisch gepflückten Blaubeeren vom Team Ilse und Kati. Auch hier gibt es einen kleinen Unterschied zu uns Deutschen. Der Finne schneidet den Kuchen nicht vor. Jeder nimmt sich selbst und entscheidet mit der Kante des Tortenhebers, wie groß sein Stück sein soll. Die Damen, Ilse, Kati und Viivi, sind natürlich weit bescheidener als wir vier Herren. Zum Glück!

Wir reden über die Jugend und das Aufwachsen in Finnland. Die Finnen hatten schon in den Fünfzigern und Sechzigern Ganztagsschulen. Die Kinder blieben von 8 bis 15 Uhr, manchmal auch von 9 bis 16 Uhr in der Schule, auf jeden Fall aber über Mittag. Und es war Aufgabe der Mädchen, täglich die Kartoffeln für das Schulessen zu schälen. Kati erzählt, dass sich die Mädchen in der Frühstückspause beeilten, damit sie möglichst als Erste mit ihren Broten fertig waren, um dann für das Schälen der Kartoffeln zum Mittagessen die guten Schälmesser zu bekommen. Wer zu langsam war, musste sich mit stumpfen Messern quälen. Wir Ostwestfalen schütteln die Köpfe. Finnland sei doch das Land der Frauenemanzipation! Kati lacht: »Damals nicht.« Und die Jungs? Kati sagt: »Die durften spielen in der Zeit. Das Essen zu machen war eindeutig die Aufgabe der Mädchen.«

Wir stellen fest, dass die Berufsausbildung in Finnland ganz anders organisiert ist als bei uns. Es gibt praktisch keine betriebliche Ausbildung, keine Lehrlinge in den Betrieben. Alle Berufe werden in Schulen gelernt und gelehrt.

Und dann sind wir beim Nationalstolz der Finnen und der finnischen Flagge angelangt. Wir hatten unterwegs oft beflaggte Masten gesehen. Kein Wunder: Der Finne ist stolz auf sein Land und seine Geschichte und trägt dies unter anderem durch das häufige Beflaggen nach außen. Finnland gehörte lange Zeit zu Schweden und war dann Teil des russischen Zarenreichs. 1917 erst wurde Finnland unabhängig und bekam seine eigene Flagge. Ganz wichtig ist den Finnen die Feststellung, dass sie nicht am Zweiten Weltkrieg teilgenommen haben. Der Finne hat den »Winterkrieg« gegen die Sowjetunion geführt, 1939/40, dann kam der Fortsetzungskrieg und dann der Lappland-Krieg gegen Deutschland. In der Folge verlor Finnland Karelien an die

Sowjetunion, und viele Karelier flüchteten nach Finnland und brachten ihre Kultur mit, die orthodoxe Kirche, die Speisen.

Zudem hat der Finne die schönste Flagge Europas, wenn nicht sogar der Welt, und er schaut sie gerne an, und darum wird sie oft gehisst. Die Fahne zeigt querliegend ein blaues Kreuz auf weißem Grund. Das Blau steht für das Wasser der Seen und Flüsse, das Weiß für die schneereichen Winter. Wir lernen, dass es offizielle Flaggentage gibt, an denen an öffentlichen Gebäuden geflaggt werden muss, zum Beispiel an *vappu*, dem 1. Mai. *Vappu* ist quasi Weihnachten und Ostern auf einmal, ein Fest, das dafür gleich mehrere Tage lang zelebriert wird. Spätestens am Vorabend beginnen die Feierlichkeiten. *Vappu* verbindet den Tag der Arbeit, wie man ihn auch aus anderen Ländern kennt, mit dem Fest des Frühlings und dem Fest der Studenten. Alle ehemaligen Abiturienten tragen an diesem Tag noch mal ihre weißen Abitursmützen. Die Vertreter der Parteien halten große, politische Reden. Das ganze Land feiert wie das Rheinland den Karneval.

Geflaggt wird auch am Tag der finnischen Flagge, an Wahltagen und am Tag, an dem der Präsident ins Amt eingeführt wird. Außerdem gibt es sogenannte »eingebürgerte« Flaggentage wie den 19. März, den *Minna Canthin päivä*, den Minna-Canth-Tag, als Tag der Gleichberechtigung. Minna Canth war eine finnische Schriftstellerin und eine der ersten Frauenrechtlerinnen. Oder den 10. Oktober, den Aleksis-Kivi-Tag, den Tag der finnischen Literatur, nach dem Schriftsteller Aleksis Kivi, dem Verfasser des Nationalromans »Die sieben Brüder«, benannt. Der 6. November ist Tag der schwedischen Kultur, und der zweite Sonntag im November ist Vatertag, und am Muttertag, am zweiten Sonntag im Mai, wird die Flagge natürlich auch gehisst. Genauso am 8. Dezember, seit 2011 der *Jean Sibeliuksen päivä*, der Jean-Sibe-

lius-Tag, der Tag der finnischen Musik. An die Kämpfer der Kriegsjahre erinnert der Veteranentag, ein weiterer Flaggentag. Tausende von Menschen marschieren an diesem Tag zu den Soldatenfriedhöfen und setzen auch dazu ihre weißen Mützen auf, die sie zum Abitur bekommen haben. Finnland ist dann nicht nur voller Flaggen, sondern auch voller Mützen. Für ein Land voller Individualisten ist so viel Uniformität erstaunlich.
Grundsätzlich hat jeder Finne das Recht, die Landesflagge zu hissen. Ständig, wann immer er will. Ganz ohne Angabe von Gründen. Man sieht daher vor vielen Häusern Flaggenmasten stehen. Wo der Deutsche seine Flagge höchstens zu Fußballweltmeisterschaften ans Auto montiert, weht es hier überall und ständig blau-weiß.

Am Abend sitzen wir wieder um den großen Tisch auf der Veranda. Ich lerne ein paar »schmutzige Wörter«: *ripuli* ist Durchfall, *krapula* ist der Kater nach reichlich Alkoholgenuss und *perkele* ein Fluch und bedeutet so viel wie »Teufel auch!«. *Seksipommi* heißt Sexbombe – und ich weiß wirklich nicht mehr, in welchem Zusammenhang wir auf dieses Wort gekommen sind … Dazu lerne ich *hyvää yötä* für »gute Nacht« und *nuku hyvin*, »schlaf gut«.
Ich tippe eine SMS an Isabel: »*Nuku hyvin, seksipommi.*«
Sie schreibt augenblicklich zurück. »Hat das was mit sechs Pommes zu tun?«

Sauna bei Sonnenuntergang

Wenn man einen Finnen sucht und nicht findet, dann wird er sicher in der Sauna sein. Die Sauna ist dem Finnen alles: Wohnstube, Kontor und Waschküche, Entbindungsstation und Ruhezone. Ganze Familien gehen miteinander hinein oder einzelne Paare. In der Sauna werden aber auch Geschäftsabschlüsse getätigt und politische Diskussionen geführt. In dieser entspannten Atmosphäre findet sogar hohe Diplomatie statt.

Die Sauna ist früher ein Mischraum zwischen Wohn- und Badezimmer gewesen. Sie war oft der einzige Raum des Hauses mit warmem Wasser, hier war es quasi »steril«, zumindest sehr sauber. Hier wurden die Kinder geboren, und hier bahrte man die Toten auf. Hier wurde gewaschen und geräuchert.

Der Finne ist ein manischer Schwitzer, und darum ist ihm die Sauna die Kathedrale des Lebens. Der Altar der Seele. Sauna ist für den Finnen so wichtig wie für uns das Zähneputzen oder Blutdruckmessen. Der Finne könnte auf alles verzichten, sogar auf Frau und Fusel, aber nicht auf seine Sauna. Bevor der Finne um eine Frau wirbt, muss er eine Sauna bauen. Ohne eine gebaut zu haben, hat der Finne keine Chance, erhört zu werden. Der Bau einer Sauna ist quasi der Balzakt des finnischen Männchens und geht doch weit darüber hinaus. Denn er baut sogar Saunen, ohne sich paaren zu wollen.

Nach dem Essen soll heute die Sauna angeheizt werden. Matti bereitet alles vor. Die Sauna heißt auch im Finnischen *sauna*. Mit stimmlosem »S«.

»Ick go dor over nich rin«, sagt Ilse.

»Ick ok nich«, ergänzt Hermann.

Axel übersetzt. Eigentlich gilt es fast als unhöflich, eine Einladung zum Saunabesuch abzulehnen. Aber Axel hatte unsere Finnen auf dieses »Nein« vorbereitet. Trotzdem fragen sie freundlich nach.

»Warum nicht, Ilse?«

»In so eine Hitze? Das ist nichts für mich. Und nachher ist die ganze Frisur im Eimer!«

»Eben«, sagt Hermann.

Ilse schaut ihn von der Seite an: »An der Frisur kann es bei dir aber nicht liegen.« Und dann beschließt sie alle weiteren Diskussionen mit dem Ostwestfälischen: »Ach, und überhaupt!«

Das ist ein Argument, dem sich weder deutsche Kinder noch finnische Gastgeber in den Weg stellen wollen.

»Und du, Hermann?«, fragt Matti noch mal mit letzter Hoffnung.

»Ich mache nichts ohne meine Frau«, sagt er verschmitzt.

»Auf einmal!«, wundert sich Ilse. »Aber wenn es da drin was zu trinken gäbe, wär er garantiert dabei!«

Axel grinst: »Natürlich nimmt man sich ein Bier mit.«

Hermann bleibt entschlossen: »Trotzdem nein danke. Ich habe in meinem Leben schon genug geschwitzt.«

»Bernd? Was ist mit dir?«, fragt Matti.

»Ich freu mich! Und es ist ja schließlich bei mir im Haus.«

Wenn man vor meinem Sauna-*mökki* steht, ist hinter der linken Tür die Sauna, hinter der rechten schlafe ich.

Nun bin ich gespannt auf die »Regularien«. Es gibt im Grunde keine, außer der Reihenfolge. Erst sind Matti und Kati dran, dann Axel und Viivi, dann ich. Aha, man geht also doch nicht mit allen gemeinsam? Nein, man lässt sich jeweils die Privatsphäre. Natürlich saunen manchmal die Männer gemeinsam, dann die Frauen. Aber so, im Familiären, lassen sich alle gegenseitig Raum.

Während Matti den Ofen anheizt, gehe ich mit Viivi in den Wald. »Ganz wichtig!«, hat sie gesagt. Sie gibt mir ein Finnenmesser in die Hand.

»Was tun wir?«

»Birkenbüschel schneiden.«

»Wofür?«

»Für die Sauna!«

Mit dem Finnenmesser schneiden wir junge Birkenzweige und binden sie zu einem Büschel zusammen, während wir uns heldenhaft gegen die Mücken verteidigen, die die Birkenzweige verteidigen.

Viivi sagt: »So ein Birkenbüschel heißt *vihta*.« Ausgesprochen »wichta«.

Ich schneide, schaue mir das alles genau bei Viivi ab und versuche, diesen »Birkenstrauß« am unteren Ende mit einem weiteren dünnen Zweig zu verknoten. »Und wofür ist das jetzt genau? Was muss ich damit machen?«

Sie sieht mich ein paar Sekunden verständnislos an, bis ihre Lippen sich grinsend in die Breite ziehen und sie in wunderbarstem Englisch artikuliert: »It's to spank you!« »Um dich zu schlagen!«

»Was?!?«

»Das entspannt die Muskeln, das regt den Kreislauf an.«

In der Sauna übergießt man diese Zweige erst mit heißem Wasser, dann schlägt man sie sich auf Arme, Beine und Rücken. Und das tut gut. *Hyvä*, wie meine Schwägerin sagt. Gut. *Melko hyvä.* Ziemlich gut!

In Deutschland hängt in jeder Sauna eine Tafel mit den »Sauna-regeln«. Das ist für den Finnen jenseits alles Vorstellbaren. Es gibt keine Regeln. Man geht hinein, solange man will, dann schwitzt man, dann geht man raus, kühlt sich ab, am besten im normalerweise direkt daneben liegenden See oder im Schnee, dann geht man wieder rein. Und das sooft man mag.

Unsere Finnen starten nun, dann folgt das deutsch-finnische Doppel mit Viivi und Axel. Hermann, Ilse und ich sitzen ober-halb des Sees und genießen den Ausblick. Dann bin ich an der Reihe und bekomme von Matti vorher noch eine kleine Einfüh-rung:

Hier am *mökki* ist die Sauna auch unsere Dusche. Was mir zu-erst noch gar nicht bewusst ist: alles Wasser dafür holt Matti vorher Eimer für Eimer aus dem See und befüllt damit kleine Wannen und den am Saunaofen seitlich befestigten Wasser-behälter. Im Ofen brennt das Holzfeuer und erhitzt die darauf-liegenden Steine und das Wasser. Das Wasser ist sehr heiß, und ich soll darauf achten, dass dieser Behälter immer bis zum Rand gefüllt ist. In einer großen Wanne steht das kalte Seewasser bereit. In einer zweiten, kleineren Wanne mischt man sich mit einer Kelle dann aus dem heißen und kalten Wasser die ge-wünschte Temperatur, um sich damit zu waschen oder den Schweiß abzuspülen.

Matti gibt mir eine Sitzauflage. »Achte auf den Saunageist, viel-leicht spricht er mit dir. Und vergiss nicht, dir nebenan Bier aus dem Kühlschrank zu nehmen.«

Dann bin ich allein. Das Feuer prasselt. Der Raum ist angenehm warm. Ich mische mir Wasser, fülle den Behälter am Ofen auf, übergieße mich. Durch eine Bodenrinne läuft das Wasser ab. Ich nehme heißes Wasser vom Saunaofen und übergieße mein Birkenbüschel. Es riecht wunderbar. Ich setze mich. Ich schaue rechts aus dem Fenster und möchte malen können. Zwischen den Zweigen sehe ich auf den Päijänne. Es dämmert leicht, und die Sonnenkugel nähert sich langsam der Wasseroberfläche. Ich beginne zu schwitzen. Ich greife zum *vihta* und versuche mich zu schlagen. Ich will ein Finne sein! Ich denke an die Selbstgeißelungsszene in »Der Name der Rose«. Falscher Vergleich. Hier ist es schön! Der Schweiß rinnt. Draußen sinkt die Sonne. Ich gehe nach nebenan und hole mir ein Bier aus dem Kühlschrank. Ich lege Holz nach. Ich schaue wieder aus dem Fenster. Ich mache einen Aufguss. *Löyly* auf Finnisch. Dann ein Geräusch: Pok. Pokpok. Pok. Pokpokpokpokpokpokpokpok. Der Saunageist. Ich sitze auf dem Holz, in der Wärme, schlage mich von Zeit zu Zeit mit dem *vihta* und höre dem Saunageist zu.

Dann gehe ich mich abkühlen. Im See. Ich will reinspringen. Aber die Wasseroberfläche liegt jetzt in einem dämmerigen Dunkel, und meine Phantasie spielt mir Streiche. Ich gehe doch nur vom Rand aus rein, tauche vorsichtig und schnell unter und genieße die Kühle um mich herum, die über meinem Kopf zusammenschlägt, mache zwei, drei Schwimmzüge und rette mich dann vor riesenhaften Hechten und Wasserelfen, Nixen, Fischfrauen und *peikkos* an das Ufer.

Dann gehe ich zurück in die Sauna. Mit einem neuen Bier. Und frage mich, warum der Deutsche den Fischer-Dübel erfunden hat, die Filtertüte, die Zahnpasta und den MP3-Player, aber nicht die Sauna. Der Türke hat sich immerhin das Hamam ausgedacht. Demgegenüber sieht der Deutsche echt alt aus! Wir haben Disziplin und Tatkraft und Fleiß und Erfindungskraft, und wir sind eine Turniermannschaft, aber was das körperliche Wohlbefinden betrifft, da haben wir es seit germanischen Zeiten

versäumt und verschlafen, uns Schönes zu erfinden. Ruhe-
räume. Verwöhnoasen. Das gibt es in Deutschland nicht. Well-
ness und Spa mussten importiert werden. Auch die exzessive
Nudisten-Szene der ehemaligen DDR wiegt das nicht auf!

Der Saunageist holt mich aus meinen Gedanken. Pokpok. Pok.
Pokpokpokpokpok. Die untergegangene Sonne färbt den Abend-
himmel tiefrot. Ich lausche dem Saunageist und lasse das Holz
herunterbrennen. Am Ende mische ich mir wieder eine Wanne
mit ideal temperiertem Wasser, übergieße mich kellenweise, wa-
sche mich und fülle den Wasserbehälter am Saunaofen wieder
auf. Ich nehme einen tiefen Schluck aus meiner Bierdose und
fühle mich absolut finnisch.

»Wie war es?«, will Matti wissen.

»Klasse! Ich bin so was von tiefenentspannt.«

»Und der Saunageist?«

»Hat mit mir geredet.«

»Das ist ungewöhnlich beim ersten Mal. Was hat er gesagt?«

»War persönlich. Kann ich schlecht drüber sprechen.«

Die Sauna ist wohl der Ort, der die meisten Geheimnisse kennt.
In Lahtis Programmkino Iiris in der Saimaankatu läuft in einer
Nachmittagsvorstellung ein Film über Männer in der Sauna, den
ich erst Monate später in Deutschland in der DVD-Version mit
Untertiteln richtig verstehe. *Miesten vuoro*, »Der Dampf des
Lebens«. Finnlands erster Dokumentarfilm, der in die Auswahl
zum Oscar um den besten fremdsprachigen Film kam. Die Re-
gisseure filmten in Saunen, und dort zeigten diese sonst so ver-
schlossenen Männer plötzlich ihre Seelen und damit die Seele
Finnlands. Nebenbei ist auch dieser Film unfassbar bizarr und
zeigt Saunen im Auto, im Wohnwagen, sogar in einer Telefon-
zelle. Der Finne heizt alles, was die Wärme eine Zeitlang halten

kann. Mich wundert, dass er noch kein Dixi-Klo umfunktioniert hat, aber vielleicht weiß ich das auch nur noch nicht.

Aber der Finne benutzt die Sauna nicht nur zum Entspannen, sondern auch als Wettkampfstätte. Die Finnen sind ohnehin die Ausrichter einiger höchst skurriler Weltmeisterschaften, und der populärste dieser seltsamen Wettbewerbe, der mit der weltweit auch größten Resonanz, ist zweifelsohne die Sauna-Weltmeisterschaft in Heinola, nahe bei Lahti. Rund um den Globus wurde berichtet, und die Teilnehmer stammten aus aller Welt. Gewinner, bei den Herren zumindest, waren bislang noch immer Finnen. Da lässt sich der Finne nicht vom Rest der Welt die Butter vom Brot nehmen.

Samuel, der Finne aus Wien, erzählt Axel und mir davon und dass er selber schon zweimal an der Saunaweltmeisterschaft teilgenommen hat. Ein Riesenspaß. Gehört hatten wir davon. Und wie funktioniert das? Sauna-Weltmeisterschaft?

»Wer es am längsten aushält, hat gewonnen.«

»Ja, schon klar, aber wie wird der Sieger ermittelt?«

Und dann erzählt Samuel von Heinola, einer Mischung aus riesigem Volksfest, einer Gaudi, einem echten Event und einem großen Vergnügen. Mehrere tausend Zuschauer kommen. Auf einer Bühne werden zwei Saunen aufgebaut. In den Saunen sind Kameras installiert. Die Bilder werden auf große Leinwände übertragen. Es gibt Live-Kommentare, TV-Berichte, Live-Schaltungen. Wer aufgibt und rausgeht, wird genauso frenetisch beklatscht, wie jeweils die Sieger Applaus erhalten. Von den beiden Saunen wird immer eine benutzt, die andere in der Zeit gelüftet und wieder auf Temperatur gebracht.

»Welche Temperatur?«

»110 Grad.«

»Was?!«

»110!«

Axel und ich starren Samuel an. Wir fragen abwechselnd wie ein eingespieltes Moderatorenpaar.

»Und dann?«

»Alle 30 Sekunden ein Aufguss.«

»Nee!«

»Doch! Du gehst rein, in den Vorausscheidungsrunden, mit sechs Mann, die letzten zwei kommen weiter. Du gehst rein, und sofort kommt der erste Aufguss. Dann alle 30 Sekunden.«

»Hammer. Und wie lange bist du dringeblieben?«

»Im ersten Jahr 12 Minuten.«

»Und der Sieger?«

»Etwas über 16.«

»Dann warst du aber nah dran.«

»Nee, so nah nicht. In der Vorrunde war ich mit drei Finnen, einem Chinesen und einem Esten drin. Der Chinese ging als Erster, und dann saß ich am Ende mit zwei Finnen in der Sauna. Ich galt als erster und einziger Österreicher bei der WM. Und die Finnen wollten nicht gegen einen Ausländer verlieren, das wollte keiner auf sich sitzen lassen. Ich aber auch nicht. Ich wollte unbedingt die erste Runde überstehen. Hat geklappt. Aber ich habe mir die Nase verbrannt. Letztes Jahr war ich wieder dabei. Aber da hatten sie schon ganz neue Saunen. Bessere. Die Siegerzeit war unter vier Minuten. Ich war zwei Minuten und elf Sekunden drin. Aber nur eine Runde.«

»Der Sieger kommt aus Lahti, oder?«, fragt Axel.

»Ja, Timo. Ich kenne ihn. Seine Siegerzeit in den neuen Saunen war drei Minuten und 46 Sekunden.«

»Und dieses Jahr?«

»Ich geh wieder hin. Diesmal sind wir sogar schon eine österreichische Mannschaft. Ein Tiroler hat Kontakt mit mir aufgenommen. Er hatte in den Ergebnislisten gesehen, dass ein Österreicher mitgemacht hätte. Im Internet hat er mich gefunden. Ich habe ihn eingeladen. Nach dem Wettbewerb fahren wir noch ins *mökki*.«

»Trainierst du?«

»Klar. Das hilft schon. Gerade in den Wochen davor mache ich viele Aufgüsse und versuche, lange drinzubleiben.«

Axel erzählt, dass er noch nie in einer öffentlichen Sauna gewesen sei. Auch noch nicht in der Haussauna hier in Lahti, immer nur in der am *mökki* von Viivis Eltern.

»Und wie findest du es?«, fragt Samuel.

»Klasse. Und danach in den See. Ich hätte keinen Bock auf so ein Kaltwasserbecken. Aber in den See, das ist super.«

»Wollt ihr nicht mitmachen?«

»Wie bitte?«

»Am ersten Augustwochenende ist wieder Sauna-WM.«

»Nee, lass mal. Das ist nix für uns.«

»Nur für den Spaß, zwei Brüder aus Deutschland. Wäre doch super.«

»Wir sind nicht qualifiziert«, rede ich mich raus.

»Ihr bekommt eine Wildcard von mir.«

»Wieso kannst du Karten vergeben?«

»Ich bin doch Graphiker, und der Typ, der die Sauna-WM organisiert, der ist ein Freund von mir. Ich habe für die das neue Logo entwickelt. Und da bekomme ich dann eine Wildcard für Freunde. Ich kann euch einladen, inklusive VIP-Zelt. Lecker essen hinterher.«

Axel und ich sehen uns an. Mist! Ich muss dann schon zurück sein!

»Ich kann wirklich nicht, ich muss arbeiten an dem Wochenende, in Deutschland.«

»Und ich bin mit Viivi bei Verwandten in Schweden.«

»Aber, wenn wir gekonnt hätten, Samuel, dann ...«

Typisch für Finnen ist übrigens diese große Bescheidenheit. Jeder deutsche Graphiker hätte, sobald das Gespräch auf die Sauna-WM gekommen wäre, mindestens beiläufig fallenlassen, dass er das neue Logo für diesen Event entworfen habe. Hier erfährt man das höchstens nebenbei.

Ich habe dann Wochen später im Internet die Sauna-WM verfolgt und vom tragischen Tod eines Russen erfahren, der sich wohl nicht abermals gegen den fünfmaligen Gewinner Timo Kaukonen geschlagen geben wollte. Unvernunft und kranker Ehrgeiz ließen diesen Spaß tödlich enden. Eigentlich hatte ich nur Samuels Ergebnis im Netz nachlesen wollen. Samuel schrieb mir dann, er sei in der ersten Runde ausgeschieden, nach einer Minute und 56 Sekunden. Beim tödlichen Unfall waren er, Maija und die Kinder mit ihrem neuen Tiroler Freund und WM-Teilnehmer schon am *mökki*. Eine weitere Sauna-WM werde es wohl aufgrund des tragischen Unglücks nicht geben. Aber wie kann man auch so dumm sein, nicht rauszugehen, wenn es einem zu heiß wird ... Jedes Kind lernt das schon. Wie schade um diese grandiose Idee.

Wie witzig der Finne wirklich ist, erkennt man am ehesten an den vielen anderen wunderbar bekloppten »Weltmeisterschaften«, die sie sich ausgedacht haben und die mittlerweile unter reger Anteilnahme der Weltpresse durchgeführt werden.

Je kleiner das Land, umso größer sind seine sportlichen Erfolge zu bewerten. Deutschland hat mehr als 82 Millionen Einwohner gegenüber den 5,3 Millionen Finnen. Das spricht eine deutliche Sprache. Kein Wunder, wenn die Finnen sich, angesichts dieser zahlenmäßigen Unterlegenheit, neben traditionellen Sportarten noch eigene Disziplinen ausdenken, in denen letztlich nur sie reüssieren können. Der Finne ist Weltmeister in Weltmeisterschaften. Alles das sind internationale Wettbewerbe, was aber nicht unbedingt heißt, dass die ganze Welt anreist, denn wohl nur bei Olympia schicken die Nationen auch chancenlose Teilnehmer. Trotzdem ist auch hier dabei sein alles. Es gibt die Weltmeisterschaft, wer am längsten in einem Ameisenhaufen sitzen kann, die Weltmeisterschaften im Frauen-Wetttragen oder die WM im Sumpffußball im Vuorisuo-Sumpf in Hyrynsalmi. Es gibt die Weltmeisterschaft im Handy-Weitwurf. Nicht überraschend in dem Land, in dem Nokia seinen Stammsitz hat. Sie wird jährlich ausgetragen in Juva. Den Weltrekord hält seit 2005 Mikko Lampi mit 94,97 Metern. Angetreten wird in vier Wurf-Kategorien: »Junior«, »Freestyle«, »Traditional« und »Team Original«. Es gibt die Weltmeisterschaft im Gummistiefel-Weitwurf. Auch das erklärt sich leicht, denn Nokia begann als Gummistiefel- Produzent. Da das Unternehmen noch in anderen Produktfeldern aktiv ist, sind weitere Weltmeisterschaften zu erwarten.

Nicht ganz so »ökonomisiert« ist die Weltmeisterschaft im Luftgitarrespielen, die »Air Guitar World Championships«. Hier muss eigentlich jeder kommerzielle Begleitgedanke als absurd bezeichnet werden, da Luftgitarren nicht im Handel sind, sondern reine Phantasieprodukte. Ganzseitig wird mittlerweile weit über Finnland hinaus darüber berichtet, auch in Deutschland. Eine ganz große Show auf dem Marktplatz von Oulu. Genaue Choreographien. Die Vorbereitungen der Teilnehmer unterscheiden sich in nichts von den Tourproben großer Bands wie Tokio Hotel oder Iron Maiden und der akribischen Arbeit an der Choreographie russischer Eislaufpaare für die Kür bei Olympia.

7000 Fans vor Ort, auf YouTube und Myspace laufen die Auftritte in der ewigen Verfügbarkeit des Internets. Die Stadt Oulu hat die weltweite Akzeptanz, vor allem aber die Strahlkraft längst erkannt. Der Bürgermeister lädt die Teilnehmer ins Rathaus, im Tourismus-Paket der Stadt ist die Weltmeisterschaft inzwischen eine feste Größe und für die Region ein nicht zu unterschätzender Wirtschaftsfaktor. Aus der ganzen Welt kommen Teilnehmer und Presse. Qualifikationen sind ebenfalls nötig. Es gibt Meisterschaften in 24 Ländern.

Für den Wettbewerb kreieren die Künstler meist »Alter Egos«, der Sieger 2010 war Sylvain Quimene, der sich Günter Love nennt, also ein Franzose, der seinen Künstlernamen deutsch-britisch zusammensetzt und wie eine Karikatur des Glam-Rock, falls das überhaupt geht, über die Bühne tobt. 2011 gewann diesen Wettbewerb eine Deutsche mit dem Künstlernamen »Des Teufels Nichte«. Letztlich geht es hier zu wie im echten Rock 'n' Roll, nur eben mit unsichtbarem Gerät. Ein Artikel in der »Frankfurter Rundschau« zum Thema trägt den poetisch-programmatischen Titel »Der Griff ins Leere«. Der Cheforganisator wird zitiert mit dem Satz: »Hier ist nichts verboten, außer der Gitarre. Du kannst Air Drugs nehmen und natürlich auch Air Groupies.«

Wenn Spaß so ernst genommen wird, dann muss einem um die Welt nicht bange sein. Und das formuliert letztlich auch den gesellschaftlichen Auftrag. 2010 war nicht weniger als der Weltfrieden das Ziel. WM-Begründer und Cheforganisator Tapani Launonen sagte: »Wenn alle Menschen auf der Welt Luftgitarre spielen, kann keiner eine Waffe tragen.« Inzwischen gibt es Luftgitarren-Workshops auch in Deutschland. Längst gibt es begleitend Experten, Doktorarbeiten und fachkompetente Medienwissenschaftler, und an der Uni Hildesheim werden Seminare zu diesem Thema veranstaltet.

Ich liege auf meinem Bett im Sauna-*mökki* und lese. Mein Handy brummt. Isabel meldet sich: »Erzähl mir von Finnland! Wie ist das Wetter?«

Ich schreibe die längste SMS meines Lebens: »Liebe Isabel. Du möchtest wissen, wie es hier so ist. Heute also: das Wetter. Der Finne und das Wetter sind gar kein großes Thema. Natürlich ist es hier manchmal kälter als in Deutschland. Die Winter dauern länger, in Lappland bis zu 200 Tage, aber wenn erst mal Frühling und Sommer losbrechen, dann gibt es kein Halten mehr. Der Vesijärvi-See war dieses Jahr schon im Mai eisfrei, sagt Axel. Und jetzt ist hier Sommer. Hochsommer. Wir haben uns fast einen Sonnenbrand geholt, und in den Geschäften sind die Ventilatoren ausverkauft. Axel sagt, es gäbe erst im Herbst wieder welche, auf den Flohmärkten. Es ist heiß hier. Sauheiß! Ich war grad in der Sauna, und die war auch kaum heißer als die Mittagstemperaturen draußen. Alle warten auf Regen. Angeblich regnet es in Finnland dauernd und ganzjährig. Also ständig. Außer es schneit. Aber das ist völliger Unsinn. Ich habe auf Wikipedia nachgeschaut. Der mittlere jährliche Niederschlag ist in Deutschland um 100 bis 150 mm höher als hier. Im nördlichen Finnland, in Lappland, ist er sogar noch geringer. Manchmal glaube ich, Wetter ist mehr ein individuelles Empfinden als ein objektiv-klimatisches Phänomen. Deshalb frieren die meisten Frauen. Ganzjährig. Wie du. Auch wenn es noch nicht mal kühl ist, fangen Frauen an zu frieren. Außer Finninnen. Die frieren nie. Das finde ich toll. Zum Ende noch was vom Dichter: ›Weil Finnen sich so flink bewegen, werden sie nicht nass im Regen!‹ Ich möchte nicht wissen, was mich diese SMS kostet! Die muss für die nächsten Tage reichen, Isabel. Ich schreibe dir erst wieder beim nächsten Regenschauer.«

Lachs im Räucherofen

Es ist Sonntag. Unser letzter Tag am *mökki*. Hermann schaut den Hang hinauf. Birke neben Kiefer neben Birke. Dichter Wald rundum. »Hier sieht man ja den Wald vor lauter Bäumen nicht«, sagt er.

Holz machen ist eine Wissenschaft für sich. Matti nimmt uns Zimmermänner mit in »seinen« Wald. Schon nach ein paar Schritten ist vom *mökki* nichts mehr zu sehen.

Einige Bäume sind gekennzeichnet, die sollen in den nächsten zwei Jahren »umgemacht« werden, erklärt er.

Ich erinnere mich an Opas Hof in Kutenhausen mit dem riesigen Birnbaum. Daran, wie die Männer, Onkel Günther und mein Vater, den Baum fällten, mit der Schrotsäge, also einer Säge, die beidseitig auf Zug sägt, weit über ein Meter das Blatt, größer als ich damals, mit furchteinflößenden Zähnen. Sie sägten einen Keil aus dem Stamm, um die Fallrichtung zu bestimmen. Dann wurde von der anderen Seite gesägt. Das Gewicht des gewaltigen Stammes drückte trotz des gegenüberliegenden Einschnitts auf das Sägeblatt, und manchmal blieb es stecken, und die Männer fluchten. Irgendwann war es so weit, Oma nahm mich an die Hand und zog mich auf die Seite, und der riesige Baum stürzte krachend in den Hof. Oma brachte den Männern Bier. Als Nächstes wurde der Baum entastet. Danach gab es Omas Kuchen. Dann sägten die Männer den Stamm in etwa ein Meter lange Stücke, und schließlich kam die Arbeit, die mir auch später am meisten imponierte: das Spalten. Die Männer setzten Spaltkeile, schlugen mit den Äxten darauf, bis sich ein erster Spalt im Stammstück auftat, setzten sofort den nächsten, sicherten den Stamm noch mal gegen Wegrollen, trieben den Keil mit wuchtigen Schlägen hinein in das Holz, mit beiden Händen die Axtstiele fest umfassend, bis irgendwann die Elastizität der Holzfasern überwunden war und der Stamm krachend in zwei Teile brach. Diese runde Bewegung, das weite Ausholen, das Niedersausen des Axtnackens auf den Keil, der metallische Ton beim Aufeinandertreffen, das Ächzen des Holzes, das habe ich dann sofort, natürlich mit dem kleinen Beil, mit dem Opa sonst Hühner schlachtete und Scheite spaltete, auch versucht und bekam ein Pflaster auf mein blutendes Schienbein, hörte irgendwann auf zu heulen, und Oma tröstete mich, indem sie sagte: »So lernst du das am besten!«

Die beiden Stammhälften wurden noch einmal gespalten und in Stücke zersägt, wie mein Vater sagte, auf »17 Komma 5«, Ofenlänge! Danach wurde auf dem Hackklotz im Hühnerstall alles in handliche Scheite gespalten. Ich durfte stapeln.

Meine kleinen Stapel damals waren nichts gegen die Kunstfertigkeit der hier von Matti überall am *mökki* untergebrachten Holzlager. Wo auch nur eine Winzigkeit Dach Schutz gegen Regen bietet, da wird gestapelt. Das Holz muss ein bis zwei Jahre trocknen. Fällen, zersägen, spalten, stapeln, trocknen, verbrennen. Der stete Holzkreislauf rund um das *mökki*, den Werkzeugschuppen und die Sauna. Der Finne holzt ständig. Das ist letztlich ein beständiges Wechseln zwischen den beiden Sätzen »Holz braucht man immer« und »Das muss weg«. Wie schade, dass alle Fernwärmeheizer und sonstigen Zentralbeheizten solche Erfahrungen nie machen.

Zurück am Haus, zeigt uns Matti seine Spaltmaschine, die, elektrisch betrieben, wie ein Miniförderband den Holzscheit so lange gegen einen Keil drückt, bis er zersplittert. Kleinere Äste werden natürlich weiter von Hand gespalten, mit der Axt. Hermann und ich bestaunen Mattis Werkzeugschuppen, der eher ein »Werkzeug-Haus« ist. Alles »picobello« in Ordnung, wie Hermann feststellt. Die Werkzeuge eingeölt, die Kabel aufgerollt, die Messer und Äxte geschliffen, an der Wand verteilt aufgehängt. Natürlich auch unbekannte Konstruktionen. Werkzeuge, die wir nicht kennen. Wir beschreiben unsere deutschen Werkzeuge und zeichnen sie mit dem Finger und kleinen Stöcken in das Sägemehl am Boden. Matti nickt.

Er erklärt uns, dass er Nadelhölzer nur für den Sauna-Ofen nimmt. Sie schlagen mehr Funken als das Holz der Laubbäume. Im Wohnhauskamin verbrennt er nur Birke. »Birke gibt bessere Hitze«, sagt Matti. Das Nadelholz harzt mehr, rußt also auch mehr. Alle drei Jahre etwa werden hier die Kamine gereinigt.

Matti reißt die Rinde von den Holzscheiten. Die verwendet er als Anmachholz. Er zeigt uns auch kleine Körbe und Schalen, geflochten aus Birkenrinde, die traditionell weiter gefertigt und genutzt werden.

Holz und Wasser, das sind wohl die finnischen Grundelemente. Finnland hat viele tausend Kilometer Küsten, Flüsse, Bäche und Kanäle, die *kanaali*, vor allem aber auch jede Menge Seen, Weiher und Teiche. Das »Land der tausend Seen« besteht in Wirklichkeit natürlich aus weit mehr als tausend Seen, angeblich sind es 188 000, und da sind die Teiche noch nicht mal mitgezählt. Die Kombination Finnland – Wasser bringt bei Google 11 400 000 Treffer. Dabei hält sich der Niederschlag in Grenzen.

Finnland ist längst nicht so verregnet, wie es das allgemeine Vorurteil glauben machen will.

Beim Wasser ist der Finne in seinem Element. Und zwar in beiden Aggregatzuständen, flüssig und fest, also Wasser als Wasser, im Fluss, im See, aus der Quelle, als Regen, aber auch als Eis und als Schnee oder aufbereitet als Spirituose. Im Vergleich zum Finnen liegt der Ostwestfale rein wassermäßig eindeutig auf Platz zwei. Wir haben nur Weser und Mittellandkanal, der Dümmer See und das Steinhuder Meer gehören schon zu Niedersachsen.

Wasser ist hier mehr als in jedem anderen Land das nicht nur sprichwörtliche Lebenselixier. Der Finne nutzt das Wasser auch als Transportweg. Früher wurden die gefällten Bäume von Flößern über Flüsse und Seen zu den Sägewerken gebracht. Und so mancher Finne ist beruflich Seemann. Andere sind nur zum Vergnügen und ganz privat auf dem Wasser, rudern, paddeln oder segeln. Natürlich ist der Finne auch mal mit Motorbooten unterwegs, aber das machen wie gesagt eher die mittlerweile zahlreichen Russen. Der Finne selber liebt die Ruhe viel zu sehr, als dass er mit lärmenden Motoren die Natur erschrecken wollte. Außer im Winter, da fährt er Motorschlitten wie eine besengte Sau.

Manchmal steht dem Finnen das Wasser zwar nicht bis zum Hals, aber doch bis zum Bauch: am *mökki*, wenn er die Seepflanzen mit der Sense mäht. Dann steht er im Wasser, schwingt die Sense und sammelt die abgeschnittenen Halme und Pflanzen ein, trocknet sie und trägt sie in den Wald oder auf den Kompost.

Außerdem nutzt der Finne das Wasser, um sich zu verpflegen: Er angelt, was die Leine hergibt. Angler sind in Ostwestfalen nicht die völlige Ausnahme, aber doch in gewisser Weise Exoten. In

Deutschland kennt man Fische eigentlich nur noch paniert, entweder als Scholle oder Seelachs bei Nordsee oder zu Hause in der Pfanne als »Stäbchen«. Hier in Finnland angelt man selbst. Eine besondere Form des Angelns ist das Eislochangeln. Jeder Finne besitzt einen Eislochbohrer und eine Eissäge. Eislochangeln gibt es mittlerweile sogar als Computerspiel, *Propilkki*. Und die entsprechenden finnischen Internetseiten auf Youtube sind zehntausendfach angeklickt.

Matti zeigt mir seine Eiswerkzeuge. Damit schneidet er im Winter ein Loch in den See, direkt vor dem kleinen Steg, und geht zum Abkühlen zwischen den Saunagängen hinein. Und Axel geht mit! Axel hatte uns in Kutenhausen schon davon vorgeschwärmt, vom Schwimmen im See, den Abenden am Wasser, dem Hinausrudern mit dem Boot, den Saunagängen, gerade auch in den Wintermonaten, wenn Matti den See löchert und Axel todesmutig neptunig mit ins Wasser steigt. Meine Eltern erschauerten damals bei diesen Erzählungen ihres Jüngsten.

»Das wär nichts für mich!«, sagte Hermann.

»Du gehst ja sowieso nicht ins Wasser. Selbst wenn es warm wär«, hielt Ilse dagegen.

Jetzt fahren Axel, Matti und ich auf den See hinaus und leeren die Reusen mit Krebsen. *Rapu.* Von Mitte Juli bis Mitte September dürfen sie gefangen werden, aber nur Exemplare von mindestens zehn Zentimetern Länge. Ich rudere das Boot. Ich gelte als Profi, weil ich früher in Minden jahrelang Regatten gefahren bin, erst als Steuermann vom Achter, später selber am Riemen im Leichtgewichtsvierer. Matti dirigiert mich zu den Bojen. In einer Falle sitzen zwei Krebse. Den kleinen wirft Matti wieder ins Wasser, den zweiten hält er mir unter die Nase. Das Tier greift mit seinen Scheren in die Luft.

»Wenn die zupacken, tut das weh?«

»Ja klar.«

Und schon habe ich Respekt. *Rapu* gilt als Spezialität, als Leckerbissen. Der Beginn der Krabbensaison wird hier im Radio angesagt, das ist Teil des Sommerlebens. Viivi bleibt als Einzige aus der Familie konsequent und isst keine. Sie ist Vegetarierin. *Rapu* zu essen wird regelrecht zelebriert. Und eingeladen zu sein ist eine Ehre. Eine Ehre, die man dem jungen deutschen Freund der Tochter natürlich gewähren wollte. Axel erzählt: »Ich war zum ersten Mal eingeladen. Ich war panisch. Man kocht oder brät die Krebse in der Schale. Also mit Innereien. Ich dachte: Muss ich hier Krabbenkacke essen? Ich habe dann überlegt: Nehme ich eine kleinere, um weniger Kacke zu essen? Nehme ich eine größere, um den Darm und die Exkremente besser entfernen zu können? Allein der Gedanke an die Fäkalien des Tieres – in diesem Moment hat das Krebse-Essen für mich all seinen Charme verloren. Schon früher hat mich fettiges Fleisch mit Sehnen angeekelt. Ich habe 'ne Allergie dagegen entwickelt. Dem Finnen macht das alles nichts aus. Der ist absolut routiniert im Krabbendarm-Entfernen. Ich saß da und dachte: Hoffentlich kriege ich nie wieder so eine Einladung!«

Es ist Nachmittag. Wir sitzen in der Sonne. Unter uns ruht der See, Libellen schwirren durch die Luft. Aus solchen Seen werden in Schweden Krimis gemacht. Hier trägt Kati den Kuchen auf. Noch mal Blaubeerkuchen. Mmmmh! Wieder mit frischgepflückten Blaubeeren, direkt vom Busch. Kati spricht kein Wort Deutsch, Ilse kein Wort Finnisch. Sie haben keine Sprache, die sie teilen. Aber sie haben ihre gegenseitige Sympathie, Offenheit, Neugierde und vielleicht auch die Gemeinsamkeit der Mutterschaft. Das scheint zu reichen. Plaudernd gehen sie in

den Wald. Gleich am *mökki* beginnt fast undurchdringliches Grün. Dornen, Farne, Büsche, Bäume, Spinnennetze. Kati zeigt Ilse die Wege durch den Wald zu den Blaubeerbüschen. Manche stehen vereinzelt, dann wieder ranken sich ganze Kolonien entlang der Wege oder führen tief hinein in den Wald. Ihre Stimmen werden leiser, dann hören wir nichts mehr. Nur noch das Summen des vielstimmigen Insektenchores und das Rauschen in Zweigen, Blättern und Kiefernnadeln. Als sie lange Zeit später zurückkommen, mit gutgefülltem Eimer, plaudern sie immer noch genauso unverzagt miteinander. Kati zeigt auf Pflanzen, auf Blumen, Büsche und andere Gewächse, und Ilse nickt und nennt die deutsche Artenbezeichnung. Manchmal wiederholt eine das Wort der anderen. Dazwischen lachen sie immer wieder. Als sie näher kommen, schaut Hermann verwundert auf: »Was machen die denn? Die verstehen sich doch gar nicht!«
Als ich Ilse später frage, worüber sie geredet hätten, antwortet sie nur: »Och, über dies und das.«
Am Abend will Matti Fisch räuchern, in seinem kleinen Räucherofen in der Außenküche. Wir schauen zu. Eigentlich sind wir die ganzen Tage über nur draußen, kochen draußen, essen draußen. Wir haben bestes Wetter. Der wärmste Sommer seit 76 Jahren in Finnland. In der Region Lahti misst man Finnlands Höchsttemperaturen. Sogar einen neuen Hitzerekord verzeichnen die Chronisten. Und wir sind mittendrin. Wochenlang über 30 Grad. Axel sagt: »Dabei sind die warmen Tage für Lahti für dieses Jahr statistisch schon restlos aufgebraucht.« Wir verschmieren mehr Sonnencreme, als wir auf Mallorca gebraucht hätten.
Matti entzündet im Räucherofen mit Birkenholz das Feuer, darüber schiebt er ein Blech mit kleinen Splittern von Pinien- bzw. Kiefernholz, bestreut mit Kiefernnadeln. Der Lachs hat jetzt schon zwei Stunden im Salz gelegen. Das Salz wird abgekratzt,

der Fisch mit Öl eingestrichen und dann über das Blech mit dem Holz geschoben. Dann verschließt Matti den Ofen. Das sieht besser aus als bei jedem deutschen Fernsehkoch.

Zwischendrin hackt er Holz. Er bereitet den abendlichen Saunagang vor.

»Schon wieder?«, fragt Ilse.

Ob sie nicht doch einmal mit hineinwollten?

»Ist doch so schon warm genug«, sagt Hermann, der im Unterhemd am Tisch sitzt. »Warum macht ihr das eigentlich immer mit der Sauna?«, fragt er.

»Das machen wir schon immer so«, antwortet Matti, fast verblüfft über die Frage nach Sinn und Zweck, die man sich dort genauso wenig stellt, wie man in Deutschland über die Existenz der Bundesliga nachdenken würde.

»Um uns zu waschen. Wir haben uns auch früher schon immer abgeduscht dort«, erklärt Kati.

»So was hatten wir in Deutschland nie«, sagt Hermann.

Und dann erzählen meine Eltern vom Bad in der Zinkwanne, als wir noch zur Miete wohnten. Und wie man Wasser sparte, als wir später das eigene Haus hatten. Unsere Finnen staunen. Hier wurde noch nie mit Wasser gespart.

»Samstags kamen alle in die Wanne. Erst Axel und Bernd, dann ich, dann Hermann.«

»Hermann immer als Letzter?«

»Ja, der war ja auch der Dreckigste von allen!«

Der kleine Räucherofen bollert vor sich hin, wir Männer sitzen um den Tisch und trinken Bier. Alle ganz unterschiedliche Typen, die sich trotzdem bestens verstehen. Wir nicken uns zu. Wir müssen nicht viel reden. Wir verstehen uns und mögen uns. Ostwestfalen und Finnen.

Hermann, Axel und ich haben die Haare raspelkurz, Matti hat seine zu einem langen Zopf gebunden. Die beiden Väter sitzen sich gegenüber und grinsen sich an. Zwei ältere Herren mit Ohrringen. Ich fühle mich kurz nackt im Ohr, hätte aber ehrlich gesagt viel zu viel Angst vor dem Schmerz. Ich finde, man soll keine Löcher in Menschen machen, außer im Western.

Matti fragt nach Hermanns Ohrring. Das Loch hat er seit fast 60 Jahren. Es ist für den Ohrring der Zimmererzunft und stammt aus der Zeit, als Hermann noch als Geselle wanderte, eine Tradition, die in Finnland unbekannt ist. Deshalb muss Hermann ein wenig ausholen. Er berichtet, dass es in Deutschland fünf sogenannte »Schächte« gibt, in denen wandernde Gesellen organisiert sind. Hermann war bei den »Blauen«, den Rolandsbrüdern, gegründet von Bremer Handwerkern und benannt nach dem Bremer Roland als Symbol der Freiheit. Der Zimmermann auf Wanderschaft trägt die traditionelle Kleidung, schwarze Cordhose mit Schlag, damit bei der Arbeit keine Holzspäne in die Schuhe fallen, Weste und Jacke, die weiße Staude, ein kragenloses Hemd, bei den Rolandsbrüdern mit der blauen »Ehrbarkeit« versehen, einer gehäkelten Krawatte, Hut mit breiter Krempe, damit einem von oben aus dem Gebälk keine Späne oder anderes auf den Kopf und in den Nacken rieseln können. Und dazu einen Ohrring mit dem jeweiligen Handwerkswappen, den man auf der Wanderschaft traditionell als Zunftabzeichen trägt. Hermann hat seit Jahrzehnten einen Stecker, um das Loch offen zu halten, wenn er für die traditionellen Zunfttreffen seiner Rolandsbrüder, dem »Aufklopfen«, zu denen er als »Einheimischer«, als ehemaliger Wandergeselle immer noch geht, den Ohrring wieder einsetzen will. Alle neuen Freunde und Bekannten sagen uns jedes Mal, wie »cool« es sei, dass unser Vater einen Ohrstecker trage.

Hermann ist fünf Jahre lang gewandert. Drei Jahre und ein Tag sind Pflicht bei den Rolandsbrüdern. In dieser Zeit darf man nicht näher als 60 Kilometer an den Heimatort herankommen. Nach drei Jahren war Hermann nur einmal kurz zu Hause und ist gleich noch einmal für zwei Jahre weitergezogen, nach Süddeutschland, in die Schweiz, nach Norditalien. Matti fragt, warum man das mache.

»Du sollst Erfahrungen sammeln«, erklärt Hermann, »du sollst dich als Handwerker und Mensch weiterentwickeln, neue Techniken lernen, alles zur Ehre des Handwerks.«

»Und jeder kann das machen?«

»Du musst Geselle sein, in einem Bauhandwerk. Wer wandern will, muss außerdem ledig sein, schuldenfrei und nicht älter als 27 Jahre. Das war mein erster Satz, als ich nach den fünf Jahren zu meiner Mutter zurückkam: ›Hier bin ich, schuldenfrei zurück!‹«

Die Handwerksschächte sind echte Bruderschaften. Ich erzähle eine Geschichte aus den Siebzigern, als ich, als Jugendlicher damals, einen Rolandsbruder traf, auf »Tippelei«, zu Fuß unterwegs. Auf dem Weg von Petershagen nach Minden kam er durch unser Dorf. Ich sprach ihn an und erzählte ihm, dass mein Vater auch bei den Rolandsbrüdern gewesen sei. Er kam mit zu uns nach Hause, und ich hatte für die folgenden drei Monate kein eigenes Zimmer mehr. Der Geselle aus der Schweiz wohnte bei uns und war sofort Teil der Familie.

Die Damenriege stößt zu uns, Kati, Ilse und Viivi. Matti holt den Lachs aus dem Ofen. Dazu gibt es Salat, Frühkartoffeln und Lapin Kulta, finnisches Gold, gekühltes Dosenbier. Wir mutieren langsam zu Finnen. Matti sagt grinsend: »Lapin Kulta ist wie Rentier-Pisse!« und spricht überraschend deutsch. Ich lasse mich davon nicht abhalten.

Wir sitzen und reden und essen. Die Mücken halten sich vornehm zurück. Axel berichtet von seinen ersten Wochen in Finnland. Dem Frust damals, keine Stelle zu finden. Er hatte gedacht, eine Stelle als Hilfsarbeiter auf dem Bau oder etwas Ähnliches sei immer zu kriegen. Aber mit seiner Ankunft holte die Wirtschaftskrise auch die Finnen ein. Viele wurden arbeitslos, alle suchten nach Stellen. Und immer wieder musste er hören, ohne Finnisch sprechen zu können, sei da nichts drin. Selbst zugesagte Stellen scheiterten an der Weigerung von Vorgesetzten, ihn zumindest am Anfang auf Englisch einzuweisen. Ein anderes Problem war die fehlende Versicherungskarte. Die KELA, wie man hier sagt. Die KELA ist als staatliche Organisation zuständig für die gesamte Sozialfürsorge. Jeder Finne bekommt bei seiner Geburt eine KELA-Nummer, über die bis zum Tod alles geregelt wird. Wer keine Nummer hat, findet nicht statt im finnischen System.

Trotz EU-Recht erhielt Axel zunächst nur eine befristete Aufenthaltsgenehmigung. Zudem war seine Krankenversicherung nicht geklärt. Ohne Versicherungskarte aber konnte er nicht in die Sprachkurse aufgenommen werden. »Die Regelungen für politische Flüchtlinge waren klarer und leichter als die für mich als EU-Bürger«, beschreibt Axel seinen damaligen Frust.

Inzwischen besitzt Axel die begehrte Nummer und studiert an der Fachhochschule Lahti. Ein spezieller Studiengang, der sich an ausländische Studenten richtet, mit Aufnahmeprüfung. Es gab über 180 Bewerber, 30 wurden genommen. Axel war dabei. Ilse zweifelt immer noch: »Und das hast du geschafft?« Sie schaut kurz zu mir rüber und meint: »Ob du dien Studium affeschloaten häst, weit ick ok nich. Du häst us datt Zeugnis nie e zeiget.« Unfassbar! Noch 25 Jahre später so ein Satz! Ich antworte achselzuckend: »Das ist bei mir wie in der Kirche.

Du kannst es glauben oder nicht.« Sie sieht mich böse an, und ich tröste sie: »Aber falls es einen Gott gibt, habe ich vielleicht auch mein Studium abgeschlossen.« Unsere Finnen lachen sich schief.

Lachs und Salat werden herumgereicht, das Brot steht auf dem Tisch. Der Mond hängt am Himmel. Still ruht der See. Schade, das wir morgen fahren müssen.

Wir vermeiden das Thema. Wir schweigen. Sieben Finnen schauen zum Mond. Eine Eule fliegt über unsere Köpfe. Dann knattert wieder ein russischer Außenbordmotor durch unsere Gedanken.

Der Verein der unterdrückten Männer

Montagmorgen. Unser vierter und letzter Tag am *mökki*. Wir sitzen um den Frühstückstisch. Alle. Bis auf Ilse. Minuten später kommt sie herein.

»Moin!«, sagt sie ostwestfälisch.

»Moi«, antworten unsere Finnen finnisch.

Sie hält sich die Hand vors linke Auge. Dann nimmt sie sie herunter: komplett blau.

Wir sind alle erschrocken! Sie hebt mit einer Hand das geschwollene Augenlid an, schaut von einem zum anderen, schließlich wieder auf Hermann, und dann sagt sie grinsend mit Blick auf ihren Mann: »Hei hätt sick e wehrt!« Er hat sich gewehrt! Und setzt sich.

Trotz des Schrecks müssen wir laut lachen. Ilse war in der Nacht gestürzt. »Dabei ist es nachts gar nicht so dunkel hier«, sage ich. Aber die Tür hatte leicht geklemmt, sie hatte mit Schwung dagegen gedrückt, war eine kleine Stufe herabgestürzt und auf einen Liegestuhl gefallen.

»Was ein Glück, dass ich da selber am Abend noch drin gesessen habe. Sonst hätte Hermann aber einen Elfmeter bekommen!« Sie behält auch im Schmerz ihren Humor. Wir aber machen uns Sorgen. Matti telefoniert nach einem Arzt. Es ist schwierig. Die meisten Mediziner sind selber im Sommerurlaub.

»Ich denke, die haben hier so ein gutes System«, sagt Hermann.

»Hatten«, erwidert Axel.

Es erweist sich als unmöglich, hier draußen einen Arzttermin zu bekommen. Wir wollten im Laufe des Tages zwar ohnehin wieder nach Lahti zurückfahren, denn auch Axel und Viivi müssen in die Stadt, Axel hat Verschiedenes für sein Studium zu regeln, und Viivi muss arbeiten, aber auch in Lahti macht man uns am Telefon keine Hoffnung. Mir kommt eine Idee. »Wie wäre es mit einem kleinen Umweg?«

Reinhard, ein Freund aus Göttingen, hatte mir nämlich eine Telefonnummer gegeben. Er hatte gesagt: »Wenn du durch Finnland fährst und in der Nähe von Kokkola vorbeikommst, besuche bitte Freunde von mir. Dort wartet jederzeit ein Kaffee, etwas zu essen und ein Bett für die Nacht auf dich.« Diese stehende Einladung kommt mir jetzt wieder in den Sinn. Und das Beste: Ich erinnere mich, dass die Freunde, Hajo und seine Frau Anna Maj, beide Ärzte sind! Wenn das kein Wink des Schicksals ist …

Ich rufe in Kokkola an. Eine tiefe Männerstimme ist am Telefon. Ich stelle mich vor und erzähle von Ilses Problem. Hajo sagt sofort, ohne auch nur eine Sekunde zu zögern: »Kommt vorbei!«

Ilse fragt mich: »Woher kennst du die?«

»Ich kenne die gar nicht.«

»Aber dann können wir doch nicht so einfach …«

»Fang nicht wieder an. Außerdem ist es ja quasi nur ein Ausflug. Und denk mal an dein Auge.«

Ilse grummelt. Axel und Viivi sind beruhigt. Wir verabschieden die beiden. Sie setzen sich ins Auto und fahren los. Die Mütter winken, bis der blaue VW Käfer nicht mehr zu sehen ist.

Nun sind wir Kutenhauser dran. Wir packen und verstauen alles im Auto. Dann gibt es nichts mehr zu tun. Wir stehen am Wagen. Wollen uns gar nicht trennen und müssen es doch tun. Kati umarmt Ilse. Dann Hermann. Dann mich. Die Männer reichen sich die Hände.

»Vielleicht sieht man sich noch mal«, sagt Hermann.

»Kommt gerne wieder. Jederzeit.«

»Jetzt seid eigentlich ihr dran. Wenn ihr in Deutschland vorbeikommt, ihr seid uns immer herzlich willkommen. Und ihr müsst auch keine Bettwäsche mitbringen«, sagt Ilse.

»Vielen Dank für alles«, sage ich.

»Wofür?«, grinst Matti.

»Sauna und so.«

»Das ist normal. Finnisch eben.«

»Gutes Land. Gute Leute.«

»Finde ich auch!«

Ilse sagt: »Und danke, dass ihr euch um Axel kümmert.«

»Gerne, aber der kommt schon klar«, lacht Kati.

Wir steigen ein, rollen ganz langsam los und winken, bis uns die Arme schwer werden, bis nach der nächsten Biegung.

»So, das reicht, nun können die uns nicht mehr sehen!«, gibt Hermann als Kommando an seine Frau. »Sonst glaubt noch der nächste Elch, er wäre gemeint.«

Bei Rekordtemperaturen fahren wir quer durch das Land der Kälte nach Nordwesten. Fast immer mit 80 Stundenkilometern. Ich freue mich über Tempomat und Klimaanlage.

»Kommen wir denn heute wohl noch zurück nach Lahti?«, fragt Ilse.

»Ich denke nicht. Wir werden erst am Nachmittag in Kokkola sein.«

»Aber bei denen bleib ich nicht. Die kennen mich doch gar nicht! Ich geh ins Hotel.«

»Das ist denen egal, ob die dich kennen, die sind Finnen! Na ja, einer der beiden ist zwar Deutscher, aber der ist mittlerweile auch ein Finne.«

Angekommen in Kokkola, geschieht genau das, was mein Freund aus Göttingen angekündigt hatte: Wir klingeln, uns wird aufgetan, und wir bekommen einen Kaffee, etwas zu essen und – wenn wir wollen – ein Bett für die Nacht angeboten. Als Erstes aber wird Ilse verarztet. Sie hat richtiggehend Schwein gehabt, nur ein Zentimeter weiter, und das Auge wäre beim Aufprall auf den Liegestuhl schwer geschädigt worden. Gebrochen ist zum Glück nichts. Immerhin, eine große Beruhigung. Sie muss die Schwellung langsam abheilen lassen.

»Ilse braucht vor allem Zeit und Ruhe«, sagt Anna Maj.

Nun stellen unsere Gastgeber uns erst einmal Haus und Familie vor: Hajo und Anna Maj. Dazu vier Kinder und drei Enkel. Man spricht Deutsch als Haussprache.

»Ihr redet in der Familie kein Finnisch?«

Anna Maj lacht: »Was sollen wir machen? Mein Deutsch ist viel besser als Hajos Finnisch oder Schwedisch.«

Hajo protestiert fließend finnisch. Da in diesem Teil Finnlands Schwedisch gesprochen wird, haben wir sogar eine Chance, das ein oder andere zu verstehen, denn es ähnelt teilweise unserem Plattdeutsch. Schwedisch ist, ganz im Gegensatz zum Finnischen, für einen Ostwestfalen so etwas wie ein zweiter Heimatdialekt. Wer nur ein bisschen Platt sprechen kann, kommt in Schweden fast problemlos durch.

Auch hier sind wir Fremde sofort herzlich aufgenommen wie unter alten Freunden.

»Das ist Finnland«, erklärt Hajo.

Wir sitzen im Garten, ein Igel wuselt durch die Rabatten. Rauhaardackeldame Rosa, verschmust und charmant, versucht mal wieder Richtung Nachbarschaft auszubüchsen, wird aber von Anna Maj mit einem energischen Pfiff und einem auffordernden »Hopi-hopi« zurückgeholt. Das kenne ich von Ilse. Die beendet ihre Einsatzbefehle auch immer entweder mit »Over moak henn!«, mach aber hin, oder einem »Aber zuck!«.

Wir naschen *raparperikiisseli*, Rhabarbercreme mit Kartoffelmehl. Das ist so lecker, dass Ilse und Hermann kaum fremdeln können.

»Hajo, sag mal, wie bist du überhaupt nach Finnland gekommen?«

Hajo und Anna Maj hatten sich beim Studium in Göttingen kennengelernt. Ihre Assistenzarzt-Zeit verbrachten sie im beschaulichen Wolfhagen, aber als echte 68er waren ihnen System und Haltung des deutschen Gesundheitswesens zumindest kritikwürdig. Sie gingen nach Kokkola, begeistert vom finnischen Gesundheitssystem. Man zahlte keine zusätzlichen Krankenkassenbeiträge, man leistete »nur« die normale Einkommenssteuer, aber jeder Finne war damit automatisch krankenversichert und konnte mit seinem Pass in jedes Krankenhaus des Landes gehen. Es gab quasi nur eine kostenlose AOK. Das staatliche Krankenhaussystem brachte viele medizinische Bereiche zur Blüte, es wurde gefördert und geforscht, europaweit wurde neidisch nach Finnland geschaut. Durch die gewachsenen Ausgaben für Verwaltung, die Privatisierung und damit Gewinnmaximierung im Gesundheitsbereich in den letzten Jahren wurde das System erst aufgeweicht und dann zerstört. Auch unsere Probleme, für Ilse kurzfristig einen Arzt zu finden, seien darin begründet, sagt Hajo. Aber damals waren die klassenlose Versorgung der Bevölkerung, die Enthierarchisierung im Inneren der Kliniken, das freundliche und formlose »Du« untereinander statt des ständischen »Sie« für die finnisch-deutsche Mischehe von Hajo und Anna Maj gewichtige Gründe, nach Kokkola zu ziehen.

Hajo erkundigt sich nach Göttingen, nach Kassel, nach Wolfhagen. Das Nordhessische ist meine zweite Heimat, ich habe in Kassel studiert und bin dort bis heute verortet, ich kann also reichlich Auskunft geben, über Kunst, Kultur, über Caricatura und Documenta, über traditionelle Kneipen und Orte, Göttingens Nörgelbuff und die Galerie Apex genauso wie über das Heimatmuseum Wolfhagen, wo ich sogar schon mit Hermann und Ilse Jahre zuvor in einer Fachwerkausstellung gewesen war.

Dann frage ich: »Sag mal, Hajo, Reinhard kommt ja fast jedes Jahr zu euch.« Hajo nickt. »Er sagte mir, ihr habt hier einen seltsamen Verein …«

»Seltsam?«, unterbricht mich Hajo gespielt empört, »seltsam ist wohl kaum das angemessene Wort für einen so verdienstvollen Zusammenschluss.« Und dann zelebriert er diesen Titel: »Wir sind der ›Verein der unterdrückten Männer‹!«

Ilse verschluckt sich fast an der Rhabarbercreme. »Bitte?«

Hermann grinst: »Kann man da noch Mitglied werden?«

Als Dessert zum Dessert hören wir jetzt eine typisch finnische abgefahrene Geschichte. Die Gründungsgeschichte des SMY, des *Sorrettujen Miesten Yhdistys*, des Vereins der unterdrückten Männer. Den SMY gibt es seit fast 35 Jahren, und eines der vier Gründungsmitglieder ist – überraschenderweise – ein Deutscher, nämlich unser Gastgeber. Hajo. Er grinst, lehnt sich zurück, zieht genüsslich an der Pfeife und erzählt. Anna Maj und Hajo wohnten damals mit ihren Kindern auf dem Klinikgelände. Im gleichen Haus lebte auch Pentti mit Frau und Kindern, ein Feuerwehrmann. Seine Frau war Augenärztin. Im Nachbarhaus wohnten ein weiterer Feuerwehrmann, verheiratet mit einer

Krankenschwester, und ein angehender Röntgenarzt mit seiner Familie. Die vier Männer lernten sich bei gemeinsamen Saunagängen kennen. Alle vier Familien hatten Kleinkinder im ähnlichen Alter. Während die Männer tapfer schwitzten, versorgten die Frauen die »Lütten« und umgekehrt.

An einem Frauen-Sauna-Abend stellten die Männer einen Fernseher neben den Sandkasten, in dem die Kinder spielten. Es kam ein wichtiges Fußballspiel. Dazu wurde kistenweise Bier gereicht. Als die Frauen zurückkamen, war kein einziges Kind im Bett, aber alle, Kinder wie Männer, waren bester Laune. Nur die Frauen dann nicht mehr. Zu Recht eigentlich, wie Hajo sagt.

»Ach, so sauer waren wir auch wieder nicht«, meint Anna Maj.

Auf jeden Fall bekamen die Herren reichlich Ärger. Die Männer in ihrer Not sannen auf Hilfe. Selbsthilfe. Die Gescholtenen gründeten den »Verein der unterdrückten Männer«. Erst mehr als Witz gedacht, wurde der Verein immer mehr zur Realität, definierte einerseits die Freundschaften der Paare untereinander und führte andererseits in der Folge zu vielen karitativen Aktionen. Der Kreis der »unterdrückten Männer« erweiterte sich, und als auch noch ein Opernsänger dazustieß, dauerte es nicht lange, und die »Unterdrückten« organisierten ein Weihnachtskonzert als Benefiz-Veranstaltung für das Kinderkrankenhaus. Veranstalter: Der SMY!

Es ist fast Abend. Wir machen einen Spaziergang in die Stadt. Anna Maj und Hajo wollen uns Kokkola zeigen. Auf dem Marktplatz ist ein Fest, außerdem Markttag. Der Platz wird von Hotelbauten begrenzt, dem Rathaus und einem mächtigen Zweimaster, der am Ufer des *salmi*, des Sund, liegt. Seit 20 Jahren diskutieren die Stadtverantwortlichen, ob man diesen Wasserarm wieder zum Meer öffnen sollte, ob man den *sunti* wieder schiffbar machen solle, erzählt Anna Maj. Früher war Kokkola ein bedeutender finnischer Seehafen für die Fischer und die Handelsschifffahrt. Von hier aus wurde auch Teer verschifft. Das Stadtwappen enthält daher ein brennendes Teerfass, denn diese Stadt wurde durch Teer reich. Überhaupt war Teer über Jahrhunderte eines der wichtigsten Produkte, eingesetzt in der Medizin, um Wunden abzudecken, aber auch ein unverzichtbares Mittel im Schiffsbau, um z. B. Holzboote abzudichten und für das Imprägnieren der Hanfseile. Der Teer wurde hier in der Region Kokkola hergestellt und bis nach Stockholm verkauft. Die Einnahmen halfen Kokkola, eine reiche Stadt zu werden. Man verwendete dafür Kokkolas Kiefernwälder. Die harzreiche Kiefer wird bis in eine Höhe von etwa drei Metern zu einem Drittel geschält, im zweiten Jahr das nächste Drittel, im dritten das letzte. Im vierten Jahr wird der Baum gefällt. Der Stamm, in dem sich über diese drei Jahre das ausgetretene Harz gesammelt hat, wird aufgespalten. Das Holz wird in eine mit Lehm abgedichtete Grube gelegt, mit Grassoden bedeckt, aus dem es Abzugslöcher gibt, es wird entzündet, und dann lässt man es über mehrere Tage schwelen. Auf keinen Fall darf es brennen. Ständig sind Wächter dabei, die den Brand kontrollieren, der im Extremfall auch zu einer Explosion führen kann, denn neben dem Teer tritt auch Terpentin, sogenannte »Teerpisse«, aus. Dann wird die Lehmgrube »angestochen« und der Teer wird in Fässer verfüllt.

Auf diese Teer-Tradition besannen sich eines feuchten Abends die »unterdrückten Männer«, und sie beschlossen, ganz traditionell 1000 Liter des kostbaren Stoffes herzustellen. Sie hatten auf dem Gebiet der früheren Produktionsstätten eine alte Grube gefunden und instand gesetzt. Begeistert erzählt Hajo von seiner

Nacht als »Brandwache«. Dann holt er ein kleines Holzfass von etwa einem Liter Fassungsvermögen und zieht den Holzstöpsel: »Riech mal!« Echter Teer.

Das meiste, was die »unterdrückten Männer« tun – oder vielleicht auch anstellen –, passiert nie ohne eine gewisse öffentliche Anteilnahme. Hajo erzählt: »In Kokkola herrschte zum Zeitpunkt unserer Teerproduktion eine sogenannte Inversionswetterlage. Der Schwelbrand tauchte die ganze Stadt in Rauch. Wir wurden mit den ›unterdrückten Männern‹ in wenigen Stunden berühmt und berüchtigt zugleich.«

Den Verkaufserlös der 1000 Liter Teer haben sie natürlich wieder einem sozialen Zweck zugeführt. Auch ich besitze jetzt ein kleines Teerfass. Hajo hat es mir geschenkt. Ich schnüffele regelmäßig.

Meine Eltern haben sich inzwischen tatsächlich von Anna Maj und Hajo für die Nacht einladen lassen. Dann könnten unsere Gastgeber auch am nächsten Morgen noch mal nach dem Auge schauen, war deren Hauptargument. Es ist komplett zugeschwollen, in schönstem Blau-Lila. Arme Ilse. Die Patientin lässt sich aber davon nicht unterkriegen: »Wenn wir wenigstens eigene Bettwäsche mithätten ... Aber so?« Wir erzählen Anna Maj und Hajo die lange Geschichte der Bettbezüge. Beide lachen sich kaputt. Anna Maj sagt: »Die Betten für euch sind längst bezogen!« Wir nehmen endgültig und dankend an.

»Aber irgendwie müssen wir uns doch erkenntlich zeigen!«, sagt Ilse.

Mir kommt eine Idee. Im Gepäck habe ich noch ein Buch: »Bei Inuit und Walfängern auf Baffin-Land, 1883–1884«. Die Tagebücher des Wilhelm Weike, der den Mindener Forscher Franz Boas damals als Diener in die Arktis begleitete. Franz Boas wurde später ein Begründer der amerikanischen Anthropologie. Wir überreichen das Buch als kleinen Dank.

Hajo schaut auf den Buchtitel, dann auf mich: »Du bist Mitherausgeber?«

Ich nicke. »Alles Arktische hat mich immer schon fasziniert. Und die Reise dieser beiden jungen Männer, die auch noch aus meiner Heimatstadt stammen …«

»Und wie bist du auf die beiden gekommen? Ich habe noch nie von denen gehört.«

»Da war auch lange nicht viel veröffentlicht. Aber irgendwann stand ein Artikel im ›Mindener Tageblatt‹ über Boas, über einen Vortrag, den ein gewisser Ludger Müller-Wille gehalten hat. Ab da war ich sozusagen auf der Fährte. Und später auch auf den Spuren der beiden selber in der Arktis. Ludger ist mittlerweile ein Freund von mir. Wir haben das Buch zusammen gemacht.«

»Hört mal, dann müsst ihr morgen unbedingt einen Freund von uns besuchen. Pentti. Mit ihm habe ich auch den Verein der unterdrückten Männer gegründet. Er hat ein arktisches Museum.«

»Wie? Der hat ein arktisches Museum?«

»Das hat er gegründet. Nanoq.«

Ich bin platt! »Nanoq, das ist der Inuit-Name für Eisbären.«

»Genau, und sein Museum heißt so. Es liegt in Pietarsaari, nicht weit von Kokkola. Pietarsaari oder, auf Schwedisch, Jakobstad. Liegt also auch in Mittel-Ostbottnien.« Ilse wirft ein: »Ostbottnien, das klingt ja fast wie Ostwestfalen.«

Hajo hat schon den Hörer in der Hand: »Ich rufe Pentti an. Wenn er Zeit hat, führt er euch selber.«

Und kaum noch ein Wunder, er erreicht ihn und kündigt uns für den folgenden Morgen an. Dann machen die Damen noch eine letzte Runde mit dem Hund. »Rosa, hopi-hopi«, befiehlt Ilse perfekt ostbottnisch und wird sofort verstanden. Hajo staunt. »So schnell gehorcht die bei mir nicht immer!«

Am nächsten Morgen wird zuerst Ilses Auge begutachtet. Noch nicht viel besser, aber immerhin auch keine Verschlechterung. Sie bekommt Salbe mit auf den Weg. Nach einem leckeren Frühstück verabschieden wir uns mit großem Dank und den besten Wünschen.
»Ich habe auch die Krankenkassenkarte mit«, sagt Ilse.
»Lass mal«, sagt Anna Maj, »das ist unser Willkommensgeschenk.«
»Wenn es uns nach Ostwestfalen treibt, kommen wir bei euch vorbei«, verspricht Hajo.
»Und wenn ihr noch neue Mitglieder für den Verein der unterdrückten Männer braucht …«, sagt Hermann.
»Die Warteliste ist lang«, zwinkert Hajo.
»Grüßt Pentti von uns«, ruft Anna Maj uns noch zu. Dann rollen wir Richtung Pietarsaari.

Ein großer Teil der finnischen Museumslandschaft entspringt den Sammelleidenschaften Einzelner. Der Finne ist in dieser Beziehung etwas verrückt. Geradezu manisch. Natürlich gibt es berühmte staatliche Museen, in Helsinki das Kiasma, das Museum für moderne Kunst, in Inari das Siida, das Museum für nordische Natur und samische Kultur. Aber es gibt auch echte Perlen zu entdecken, mitten in der Provinz, die allein dem ganz persönlichen Spleen Einzelner zu verdanken sind. So ein Museum ist das Nanoq.
Wir sind im womöglich einzigen privaten arktischen Museum der Welt verabredet. Pentti Kronqvist begrüßt uns herzlich.

Pentti ist genauso alt wie meine Mutter, Jahrgang 1938. Also über 70. Ein sportlicher, schlanker, großer Mann. Drahtig. Graue Haare, grauer Schnurrbart. Die Begeisterung blitzt ihm aus den Augen. Er ist früher ein echter Haudegen gewesen. Ein Finne, wie er im Buche steht. Abenteuerlustig, naturverbunden. Im Hauptberuf Feuerwehrmann, im Nebenberuf Abenteurer und Expeditionsleiter. Der ambitionierte Taucher war vor allem auch ein Extremsportler, den ganzen Winter über auf Skiern unterwegs. Irgendwann packte ihn der Ehrgeiz, und er überquerte im Winter 1966 den zugefrorenen Bottnischen Meerbusen von Finnland nach Schweden auf Skiern. Das war der Anfang verschiedener extremer Reisen, die er auch für das finnische Fernsehen dokumentierte. Die Filme können im Museum in der hauseigenen Mediathek betrachtet werden. Dafür reicht unsere Zeit heute nicht. Wir schauen nur einen kleinen Ausschnitt und staunen über arktisches Wetter, den Willen und das Wirken dieses Mannes.

Er erzählt mit Zurückhaltung und trotzdem großem Enthusiasmus. 1973 hatte Pentti die kanadische Insel Baffin Land das erste Mal besucht, dort auch Pangnirtung, einen Ort, den ich selbst gut kenne. Ich berichte ihm von meiner Reise auf den Spuren von Franz Boas. Pentti fragt interessiert nach allen Reisestationen und erzählt dann von seinen Fahrten, vom Kampf mit der Natur.

»Der ist wenigstens rumgekommen«, sagt Ilse.

Hermann kontert: »Wenn du gewollt hättest, dass ich auch eine Arktis-Expedition mache, hättest du das eben sagen müssen!« Verschmitzt fügt er noch dazu: »Aber manchen Winter war es auf den Baustellen in Deutschland mindestens genauso kalt wie bei Pentti auf seinen Reisen!«

Pentti war auch viel zu Fuß in der Arktis unterwegs, 1981 stellte er mit seinem Team den Weltrekord für eine Grönland-Durch-querung auf. Das erste Mal hat er die Insel 1971 besucht, und 1976 ist er dann auf Skiern von Grönland, von der Thule Airbase über die Packeisfläche nach Kanada, ins heutige Nunavut ge-laufen. Auf diesen Wanderungen kam Pentti immer wieder mit Inuit in Kontakt. Er war fasziniert von den arktischen Völkern und ihren Lebensumständen. Er sammelte Artefakte, Stücke aus der Lebenskultur der Inuit, aber auch Expeditionsausrüs-tungen, Kleidung, Werkzeuge. Boote, Angeln, Netze. Er geht mit uns durch die Ausstellung und erklärt uns die Exponate. Ob er weiter dorthin reist, möchte Ilse wissen. Er nickt. Immer wieder fährt Pentti zu seinen Freunden in die Arktis, kürzlich nach Spitzbergen. Natürlich ist er Ehrenmitglied im Finnischen Ark-tis-Club, der wiederum seine jährlichen Versammlungen im Mu-seum Nanoq abhält.

Genauso interessiert ihn aber auch die finnische Kultur selbst. Er tritt mit uns nach draußen. Das Nanoq beherbergt auch ein Museumsdorf mit typisch finnischen Behausungen, mit Gras-sodenhäusern und mit einer original Rauchsauna. Die wird oft vermietet, gerade auch für Geschäftstreffen, und ist so etwas wie die Grundlage für das Fundraising, das Spendensammeln, für dieses Museum.

»Das wär doch 'ne Idee für den Kutenhauser Schützenverein«, sagt Ilse, »aber von uns geht ja keiner in die Sauna.« Und schon wieder müssen meine Eltern einem staunenden, weitgereisten Finnen erklären, warum sie jede Sauna meiden.

Auf dem Gelände stehen finnische Jagdhütten, arktische Torf-häuser und Nachbildungen von Inuit-Gebäuden, unter anderem des nördlichsten Hauses und der nördlichsten Kirche der Welt, die in Uummannaq im Nordwesten Grönlands zu finden ist, er-baut im Jahr 1909. Außerdem ist eine ständige Ausstellung von

197

Wladimir Goichmann zu sehen, einem russischen Künstler, mit unzähligen arktischen Motiven aus Svalbard, Spitzbergen.

Das Nanoq verfügt über eine Fülle an Objekten aus der Lebenswelt der Inuit und an Relikten großer Expeditionen. So hat Pentti eine große Sammlung von Ulus, dem Allzweckmesser der Inuit-Frauen. Und es gibt eine Kamera des deutschen Meteorologen und Polarforschers Alfred Wegener zu sehen, dazu einige seiner Expeditionsgegenstände und Schlitten. Mit Hilfe vieler Spender und der Unterstützung von unzähligen Freiwilligen hat es Pentti geschafft, hier diesen Ort des Erinnerns zu schaffen. Verrückte Finnen!

Aki Kaurismäkis Hund kotzt

Es ist Dienstag, früher Nachmittag. Das Museum Nanoq haben wir erfolgreich »weggekuckt«, Ilses Auge scheint auf dem Wege der Besserung zu sein. Es gibt erste Gelbfärbungen. Unser Weg zurück nach Lahti führt uns über Tampere. Auf der kleinen Stadtumfahrung herrscht plötzlich ein beträchtlicher Stau. Eigentlich sehr ungewöhnlich. Da sich der Verkehr in diesem Teil Finnlands selten staut, kennt offensichtlich niemand Prinzip und Funktionsweise des Reißverschlussverfahrens. Ich rolle einsam auf der rechten Spur an allen vorbei und fahre dann auf einer Parallelstraße um die Baustelle herum. Es lebe der Überblick dank Navigationsgerät. Niemand außer uns wählt diesen Weg. Scheinbar nutzt der Finne die seltene Gelegenheit, sich durch den Verkehr auch mal aufhalten zu lassen.

Wir suchen uns ein Hotel für die Nacht in der Nähe vom Dom. Dann fahren wir weiter zum Museum Amuri und lassen uns durch die Geschichte Finnlands führen. 150 Jahre finnische Zivilisation bis in die Gegenwart werden gezeigt. Ein Stadtquartier mit verschiedenen Häusern, ähnlich einem kleinen Museumsdorf. In jedem Zimmer ein neues Stück finnischer Sozialgeschichte. In den ersten Räumen sind die Zimmer nur beplankt, die Wände aus Brettern, noch ungehobelt. Dann kleben Zeitungen an den Wänden, dann erste Tapeten, im Hauszentrum die ersten Gemeinschaftsküchen, die von allen Bewohnern genutzt wurden. Ein kluges Museumskonzept. Für jedes Zimmer hat man eine Geschichte möglicher Bewohner konstruiert, Familien, Alleinstehende, Junggesellen-Wohngemeinschaften. Wir sehen Möbel und Hausrat, Teppiche und Bekleidung. Ein stetig wachsender Individualismus. Elektrizität verändert die Zimmerwelten: Kerzen werden durch Glühbirnen ersetzt. Haushaltsgeräte kommen hinzu. Wandschmuck. Ein Marx-Porträt.

Die Museumsmitarbeiter tragen historische Kleidung. Eine Frau spricht uns an.

»Sie sind aus Deutschland?«

»Ja. Sie auch? Sie sprechen hervorragend, ohne jeden Akzent!«

»Ich habe ein paar Jahre mit meinen Eltern in Deutschland gelebt.«

Wir stellen uns vor. Paula ist Studentin, und die Arbeit hier im Museum ist ihr Sommerjob. Sie führt uns durch die Räume und zeigt uns die außergewöhnlichsten Stücke. In der Wäscherei finden wir eine alte Heißmangel, aus Deutschland. In der Bäckerei steht eine geheimnisvolle Maschine, die Mehlsäcke ausklopft, damit auch wirklich nichts verlorengeht. Auch diese Maschine stammt, wie die ebenfalls in der Bäckerei aufgestellte Rattenfalle, aus Deutschland. Dann sind wir in den sechziger Jahren angekommen und stehen in einem Laden, der – es ist wie ein kleines Wunder – fast so aussieht wie der Milchladen, in dem Ilse früher gearbeitet hat. Finnland und Ostwestfalen!

Paula empfiehlt uns das schöne Museumscafé im Innenhof des Amuri. Ob wir sie als Dank einladen können? »Gerne.« Ich hole Kaffee.

»Wir haben heute einen besonderen Gast im Museum«, strahlt sie.

»Wen?«

»Seela Sella. Sie ist eine der berühmtesten finnischen Schauspielerinnen. Sie ist genau in diesem Quartier, in einem der Häuser aufgewachsen. Sie wird über ihre Jugend erzählen.«

Die Sonne strahlt mit Paula um die Wette.

»Spannend. Aber sie redet natürlich finnisch. Da verstehen wir kein Wort.«

Hermann sagt: »Da hätten wir Axel und Viivi als Übersetzer mitbringen müssen.«

Paula hat ein gutes Argument für uns, zu bleiben: »Meine Mama kommt auch. Die spricht Deutsch. Und meine Tante. Die wohnt sogar in Deutschland.«

»So? Wann geht das denn los?«

»In einer Stunde. Oh, da sind die beiden schon. Das ist meine Mama Marja-Riitta. Und das ist Telle, ihre Cousine.«

Wir stellen uns vor. Eltern und Sohn der Mutter der Tochter und ihrer Cousine. Und wieder werden wir von eigentlich fremden Finnen behandelt wie alte Freunde.

»Was macht ihr in Finnland?«, fragen sie.

»Mein Bruder lebt hier. Wir drei besuchen ihn.«

»Hast du keine Frau?«, fragt Telle. Der Finne kann auch sehr direkt sein! Und die Finnin scheinbar noch mehr.

»Nein, nur meine Eltern.« Ich grinse. »Irgendjemand muss mich doch versorgen. Kochen. Waschen. Am besten macht das meine Mutter, oder?«

Telle lacht. »Du machst nicht den Eindruck, als ob du ein Mama-Kind wärst!«

Ich lache auch. »Nein, es ist mein erster Urlaub mit den beiden seit 35 Jahren.«

Wir stellen fest, dass wir drei etwa im gleichen Alter sind. Ich habe bei den beiden Frauen offensichtlich sofort einen ziemlichen Stein im Brett, weil ich meine Eltern nicht habe allein fahren lassen.

Paula ruft uns, die Veranstaltung beginnt. Etwa 120 Zuhörer haben sich auf den Bänken im Innenhof versammelt, die meisten sind über 70 Jahre alt. Und dann betritt eine schlanke, charismatische Blonde den Hof. An Ruhm und Popularität gemessen quasi die Hannelore Elsner von Finnland. Eine faszinierende, auratische Gestalt. In den folgenden anderthalb Stunden verstehen wir kein Wort. Es ist so leise im Innenhof, so konzentriert, dass wir während des Vortrags nicht wagen, flüsternd nach Übersetzungen zu fragen. Seela Sella füllt den Raum, und wenn sie redet, spricht ihr ganzer Körper. Mich faszinieren besonders ihre Hände und Finger, mit denen sie ihr Auditorium regelrecht wie an Marionettenfäden durch ihre Erzählungen und Erinnerungen führt. Sie ist sehr fröhlich, und es wird viel gelacht. Das Publikum beteiligt sich rege, und wir erfahren später, dass einige der Zuschauer früher selbst hier gelebt haben und Seela Sella aus dieser Zeit noch persönlich kennen. Am Ende gibt sie kleine Teile aus ihrem in Finnland legendären Soloabend zum Besten. Sehr herzlicher, intensiver Applaus begleitet die Künstlerin am Ende. Nach dem Vortrag gehen wir alle zurück ins Café, und die drei Damen erklären uns einiges.

»Und, wie gefällt euch Finnland?«, fragt Telle dann. Ich erzähle von unserer bisherigen Begeisterung einerseits, den Begegnungen mit Viivi, Matti und Kati, von unseren Tagen in Lahti, am *mökki* und in Kokkola, und unserer immer noch großen Neugierde auf Land und Leute andererseits. Dass ich gerne mehr wüsste, als ich an Finnland-Bildern in mir trage. Marja sagt sehr charmant, sie könnten uns gerne etwas aus ihrer Sicht über das

Land erzählen, was mein bisheriges Bild denn sei? Ob ich überhaupt zum ersten Mal in Finnland sei?

»Ja, das ist meine erste Reise hierher, und die meisten Bilder über das Land habe ich aus den Filmen von Aki Kaurismäki.«

In diesem Moment platzt es aus Paula heraus: »Mama, du warst doch mal mit Aki Kaurismäki zusammen!«

»Was?«, sage ich überrascht, meinem zeitweisen Regie-Idol nun plötzlich so nah gekommen.

»Nein, Paula. Ich war nicht mit ihm zusammen«, wehrt Marja energisch ab. »Wir waren nur zusammen in der Schule.«

»Ich dachte, ihr seid mal miteinander gegangen!«

»Wir haben am Schulabschlussball zusammen getanzt. Wir haben auch ganz lange zusammen getanzt. Aber als es vielleicht mehr hätte werden können, da musste er plötzlich nach Hause.«

»Er musste nach Hause? Warum musste er nach Hause?«, frage ich.

»Er sagte, er müsste nach Hause, weil sein Hund kotzt.«

Wir sechs lachen uns kaputt. Ich fühle mich in diesem Moment in Tampere plötzlich selbst wie in einem der skurril komischen Kaurismäki-Filme.

»Er musste nach Hause, weil sein Hund gekotzt hat?«, wiederholt Paula ungläubig.

»Hat er gesagt.«

»Mama, und dann?«

»Kaum war er weg, kam dein Vater und fragte, ob er nun mit mir tanzen könne, wo Aki endlich weg sei.«

»Und dann?«

»Dann hat mir dein Vater gesagt, dass er mich sehr schön findet und interessant und er sei der Meinung, er und ich würden sehr gut zueinanderpassen.«

Marja sieht mich an und sagt: »Und dann war ich die nächsten 30 Jahre mit ihm zusammen. Bis zu seinem Tod.«

Ups! Ich umgehe erst mal die Schwere der Information.

»Ihr wart alle zusammen in einer Klasse?«, frage ich.

»Es waren viele talentierte Menschen in der Klasse. Irgendwie eine sehr besondere, glückliche Zusammenstellung. Einer wurde zum Beispiel ein großer Arbeiterführer in einer Gewerkschaft. Es waren politische Jahre. Wir wollten die Welt verändern. Aber Aki war noch mal anders. Er kam im letzten Highschool-Jahr mit seinen Eltern nach Tampere. Wir anderen hatten alle gearbeitet in den Semesterferien, das machte man damals und auch heute noch so in Finnland, und Aki kam in unsere Klasse, und ich fragte ihn, wo er denn gearbeitet habe. Er sagte, er habe nicht gearbeitet, er sei den ganzen Sommer über in Paris gewesen und habe einen Film nach dem anderen gesehen. Und mit leuchtenden Augen erzählte er von Godard, von Chabrol, von Truffaut. Mir sagten diese Namen damals überhaupt noch nichts.«

»Gibt es noch Kontakt zwischen euch?«

»Wir hatten gerade ein Klassentreffen, und er hat uns alle aus seinem Domizil in Portugal grüßen lassen.«

Paula war wieder zu einer Führung in das Museum gegangen.

»Woran ist dein Mann gestorben?«, frage ich.

Meine Mutter wirft mir einen Blick zu, der besagt, dass man so was besser nicht fragen sollte.

»Alkohol«, sagt Marja.

Wie zur Erklärung fügt Telle hinzu: »Es gibt Moll-Völker und Dur-Völker. Die Finnen sind ein Moll-Volk. Finnische Männer leiden. Dann greifen sie zum Trost zu Alkohol und Zigaretten.«

Es gebe auch viele Suizide. Ungarn, Esten, Japaner und Finnen führten die Selbstmordstatistiken an. Es sei doch bemerkenswert, dass dabei zumindest die Ungarn, die Esten und die Finnen sprachlich verwandt seien.

Ob sie eine Erklärung hätten dafür? Letztlich nicht. Und größtenteils seien es Männer, die sich selbst töteten.

Darüber habe sie eine Vermutung, sagt Telle. Frauen seien vor allem agiler. »Wenn Frauen keine Arbeit bekommen, dann gehen sie weg. Darum sind in den sechziger, siebziger und achtziger Jahren so viele Finninnen beispielsweise nach Berlin gegangen.« Männer würden viel stärker verharren und dann eben manchmal resignieren. Das würde sie an den Deutschen so schätzen, die diskutierten viel mehr. Die würden keine Konflikte vermeiden, sondern eingehen. Die Finnen seien da anders.

»Die Ausnahme ist deine Familie«, wirft Marja ein.

»Ja, wir sind eben Karelier. Die sind lebendiger!«, lacht Telle. »Es gibt Finnen, die fahren 20 Jahre lang immer zusammen in den Urlaub und verbringen dort zwei Wochen ohne zu reden.« Sie würden freundlich glücklich schweigen. »Das hat schon Bertolt Brecht gesagt: Die Finnen sind ein Volk, das in zwei Sprachen schweigt, auf Finnisch und auf Schwedisch.«

Marja pflichtet ihr bei. Die Franzosen würden oft repetieren, wiederholen, was der andere gesagt habe, aber keine Konversation betreiben. »Wir Finnen reden nur, wenn wir große Sachen zu besprechen haben.«

Wieso Brecht denn die Finnen so gut gekannt habe, frage ich.

Er sei doch hier über ein Jahr im Exil gewesen. Ob ich nicht das Stück »Herr Puntila und sein Knecht Matti« kennen würde?

Ja, schon.

Das habe er zusammen mit der Finnin Hella Wuolijoki geschrieben. Die Tantiemen würden bis heute zwischen beiden Familien geteilt, auch wenn Brecht als der eigentliche Autor gelte. Die erste Fassung des Stückes aber stamme von ihr. »Die

Sägespäneprinzessin« war der Titel. Später saß sie im Reichstag, war die Vorsitzende der Linkspartei »Demokratische Union des Finnischen Volkes« und war Direktorin des Finnischen Rundfunks.

Telle schüttelt die Fakten aus dem Ärmel, frauenbewegt und national- und traditionsbewusst, wie sie ist. Telle lebt inzwischen in Neuruppin, ist Lehrerin an einer berufsbildenden Schule und arbeitet mit Schülern mit Handicap. Sie bietet dort auch Sprachkurse an, auf Schwedisch und Finnisch. »Wenn meinen Schülern die finnische Grammatik zu schwer war, wollten sie stattdessen immer mit mir finnische Lieder singen. Didaktisch ist ja auch das ein guter Weg zum Spracherwerb. Darum habe ich mich manchmal erweichen lasen. In einem Kurs haben meine Schüler 14 Lieder gelernt.« Wieder lacht sie aus vollem Hals.

Ich sage, dass wir Deutschen immer zu Finnland aufschauen würden, wegen der guten Ergebnisse im PISA-Test, wegen des guten Bildungssystems.

»Dazu erzähle ich euch mal einen Witz«, erwidert Telle: »Die Ungarn und die Finnen kamen vom Ural an die Ostsee. Dort standen zwei Schilder. Eines zeigte nach Süden, darauf stand: ›Fruchtbares Land, viel Sonne, warm.‹ Das andere zeigte nach Norden, es hatte die Aufschrift: ›Karges Land, ein halbes Jahr lang ist's dunkel, ein halbes Jahr hell. Mücken. Kalt.‹ Alle, die lesen konnten, sind nach Süden gezogen. Und deshalb schneiden die Finnen bei den PISA-Studien jetzt immer so gut ab. Sie sagen sich: ›Das passiert uns nicht noch einmal!‹«

Plötzlich sieht Marja auf die Uhr. »Telle, wir müssen los.« Zu uns gewandt sagt sie: »Telle reist morgen ab. Wir wollen noch mal zu Marimekko.« Marimekko ist *die* legendäre finnische Design- und Damenmode-Marke.

»Ja, ich möchte noch mal kurz shoppen gehen«, sagt Telle.

»Ich gebe heute ein kleines Abschiedsessen. Bernd, Hermann, Ilse. Habt ihr nicht Lust, dazuzukommen? Ich lade euch herzlich ein.«

Wir sind überrascht. Ilse und ich sehen uns an. »Immerhin brauchen wir keine Bettwäsche«, raune ich ihr zu, »wir haben ja unsere Zimmer.«

Um die Scheu und Zurückhaltung meiner Eltern wissend, sehe ich Telle fragend an: »Du lebst in Deutschland. Können wir das annehmen?«

Energisch sagt Marja: »Natürlich! Wir Finnen sagen nur, was wir meinen. Wir gehen Auseinandersetzungen zwar aus dem Weg, aber wir sind nicht unnötig diplomatisch.«

»Okay, wann?«

»Um sieben?«

»Um sieben!«

Ilse sorgt sich: »Das kann man doch eigentlich nicht machen. Einfach so zu fremden Leuten.«

»Ich finde das spannend«, sage ich. »Und sehr nett! Und wir sind nur einmal im Leben hier. Und wenn uns da jemand in sein Haus bittet, ist das doch großartig.«

»Aber wir lassen dann vielleicht den zweiten Sohn auch noch in Finnland«, gibt Hermann verschmitzt zu bedenken.

Als ob sie es gehört hätte, meldet sich mein Handy mit einer SMS von Isabel.

»Was machst du?«

»Gehe essen zu Marja und Telle.«

»Telle. Komischer Männername.«

»Das ist kein Männername.«

»Du gehst zu zwei Frauen?!?«

»Aber mit meinen Eltern!«

»Ich hasse dich! Am Ende bleibst du noch in Finnland.«

»Das fürchtet mein Vater auch.«

Hinter dem Rücken Gottes

Wir versuchen, in Tampere ein adäquates Gastgeschenk aufzutreiben. Es wird der Klassiker – Blumen und Wein. Den Wein gibt es natürlich im Alko. Langsam kommen wir klar mit dem finnischen Way of Life.

Wir sind pünktlich. Marja hat vor kurzem eine Neubauwohnung bezogen mit Blick auf einen kleinen Seitenarm des Pyhäjärvi-Sees. Wir bekommen eine Führung. Ich frage Marja nach der Kunst an den Wänden. Es sind Arbeiten junger Finnen, manche Bilder stammen auch von Marjas Freunden. Natürlich ist auch in dieser Wohnung eine kleine, aber feine Sauna integriert.

Wer ist eigentlich unsere Gastgeberin? »Marja, was machst du genau?«

»Ich betreue regionale Entwicklungsprojekte.«

Marja koordiniert verschiedene Bildungsprojekte, national und international. Sie erzählt uns von einem: »Vor zehn Jahren schon fuhr in Finnland der erste Internet-Bus, *netti-nysse*, der erste in Europa. Er fuhr in Landesteile, die noch nicht vernetzt waren. Der Bus kam, und auch alte Leute konnten üben.«

Ich frage nach den Bibliotheksbussen. Klar, das sei eine alte und lange Tradition in Finnland, dass Bücherei-Busse über Land fahren, Bücher ausleihen und natürlich auch immer wieder Kommunikation schaffen. Inzwischen gebe es auch einen »Ladenbus«, als Reaktion auf das Ladensterben in den ländlichen Regionen, gerade im Norden des Landes. Ein anderes wichtiges Projekt ist die Gesamtversorgung Finnlands mit Internet-Netzen, auch die letzten fünf Prozent des Landes, in entlegenen Regionen Lapplands, sollen angeschlossen werden, selbst wenn das für die Anbieter wirtschaftlich jenseits jeder Rentabilität liegt. Der Gleichheitsgedanke ist Anlass, hier für alle die selben Bedingungen schaffen zu wollen, Zugang zu Kommunikation und Daten.

Telle und Marja stehen an den Kochtöpfen, und angesichts der Schalen und Schüsseln, die schon mit Köstlichkeiten den Tisch bedecken, nehme ich an, dass außer uns noch mindestens ein Kleinbus mit Gästen erwartet wird. Vielleicht macht der Bibliotheksbus hier noch halt. »Wir haben gedacht, wir kochen euch etwas typisch Finnisches. Ich erkläre gleich die einzelnen Speisen, die Kartoffeln brauchen noch etwas.«

Wir werden zu Tisch gebeten. Telle hält uns eine Schale mit kleinen Rüben hin. »Dies ist vergleichbar mit den Teltower Rübchen. Ihr müsst sie mit dem Messer auskratzen, also hineinstechen und dann kreisförmig aushöhlen.« Handwerklich nicht ganz anspruchslos, aber sehr lecker!

Hermann sagt: »Das ist ein bisschen wie Löcher stemmen!«

»Das erste Mal seit langem, dass du wieder arbeiten musst, um etwas zu essen zu bekommen«, feixt Ilse.

Dann wird regelrecht aufgefahren. Die beiden Frauen erklären uns den Reichtum der finnischen Küche. Es gibt Kartoffeln mit Dill, mit einer grandiosen Butter-Zwiebel-Soße. Dazu wird warm geräucherter Lachs gereicht, kalt geräucherten gibt es nur bei Außentemperaturen unter 20 Grad, und da liegen wir in diesem finnischen Jahrhundertsommer weit drüber. Daneben steht »graved« Lachs, der in einer Lake eingelegt ist. Außerdem schmale, kleine Fische, »kleine Aale«. Und Waldpilzsalat. Aus selbstgesuchten Pilzen. Natürlich! Außerdem geräucherter Rentierschinken mit Melone. Käse. Salat.

»Kerl, ganz anders als bei uns«, stellt Hermann kauend fest.

»Finnen und Deutsche haben aber auch Parallelen«, sagt Marja, »Wir haben beide eine Regierungschefin.«

Ich nicke: »Ihr habt sogar eine weibliche Doppelspitze. Das hat sich Deutschland bei der letzten Bundespräsidentenwahl noch nicht getraut.«

»Ja, wir haben eine Ministerpräsidentin aus der Zentrumspartei und eine Präsidentin. Anders als bei euch in Deutschland ist sie damit eine Art ›Hauptminister‹. Unsere Präsidentin ist auch Chefin der Armee und die Verantwortliche für die Außenpolitik.«

Telle ergänzt: »Früher war Urho Kekkonen unser Präsident. Er machte alle Geschäfte, besonders mit den Russen, in der Sauna. Er leistete viel für unser Land, und alle mochten ihn. Kekkonen war schon Präsident, als ich noch ein kleines Kind war. Er war so lange im Amt, dass ›Kekkonen‹ und ›Präsident‹ zu identischen Begriffen wurden. Die Finnen hatten damals große Angst, den gleichen Weg wie die baltischen Länder zu nehmen. Sie wollten nicht in das riesige System der Sowjetunion integriert werden. Stalin wollte aber auch Leningrad schützen. Die Finnen haben für ihre Unabhängigkeit einen hohen Preis bezahlt. Kekkonen war russenfreundlich.«

»Er war ein Schlitzohr«, wirft Marja ein.

»Ja, in gewisser Weise auch fast ein Diktator. Aber geschätzt und geliebt.«

»Wir Finnen mussten hohe Reparationszahlungen an die Russen entrichten.«

»Ja, aber sie wollten Waren. Sie wollten kein Geld.«

»Und sie wurden unser wichtigster Handelspartner.«

»Deshalb kam es nach dem Zerfall der Sowjetunion hier in Finnland auch zur großen Wirtschaftskrise, Anfang der Neunziger. Textilien, Gummistiefel, Papier, das ging vorher ja fast alles als Export in die Sowjetunion.«

»Wusstet ihr, dass Nokia als Unternehmen einmal mit Gummistiefeln begonnen hat? Im Gegenzug für unsere Waren bekamen wir Gas und Öl.«

»Und den Moskwitsch und den Lada!«

»Mein Vater hatte einen Lada«, sagt Telle. »Weißt du, Bernd, ich bin hinter dem Rücken Gottes geboren. Danach kam nichts mehr. Nur noch Gegend. Landschaft. Davon aber ganz viel. Einmal sind wir mit dem Lada 200 Kilometer weit zu euch, Maikki, nach Kemi gefahren.« Telle nennt ihre Cousine Marja oft geradezu zärtlich »Maikki«. »200 Kilometer für eine Strecke. Und wir hatten keine Heizung in diesem Auto. Und dann wieder zurück nach Hause. Was haben wir gefroren! Ab da hatten wir auf jeder Autoreise Wickelfilzschuhe dabei. Kennt ihr Wickelfilz? Das sind diese gefilzten Schuhe aus Lappland.«

Ich probiere den eingelegten Fisch. Wunderbar! Ilse schaut mir misstrauisch zu. Ich erzähle, dass sie keinen Fisch isst und nicht in die Sauna geht. Telle zieht die Augenbrauen hoch. »Ihr Deutschen könnt komisch sein. Es gibt nichts Besseres als Fisch und Sauna! Ilse, sollen wir die Sauna anheizen? Maikki hat eine in der Wohnung.«

»Für mich nicht!«, antwortet Ilse energisch.

Telle schaut kurz zu Ilse und fragt mich dann fast verschwörerisch leise: »Weißt du, wie man im Winter in Lappland fischt?«

»Du meinst das Eislochangeln? Man bohrt mit dem Handbohrer ein Loch in das Eis und lässt dort die Angelschnur hinein.«

Sie lacht schelmisch. »Ja. Aber was ist mit dem Köder?«

Ich zucke mit den Schultern.

»Es ist kalt. Eisig. Alles friert! 20 Grad, 28 Grad unter null.«

»Ich weiß nicht«, sage ich.

Triumphierend erklärt sie: »Man nimmt zum Eisangeln den Wurm im Mund mit. Man trägt ihn unter der Zunge!«

»Was?«

»Bah!«, entfährt es Ilse.

»Aber nur die Härtesten der Harten haben das gemacht. Und man nimmt nur einen Wurm mit.«

»Reicht der denn zum Angeln?«, frage ich.

»Man drückt dem ersten Fisch, den man fängt, die Augen aus und nimmt dann diese Augen als Köder!«

Ich schaue etwas skeptisch auf meinen Fisch auf meinem Teller. Wir essen *nahkiainen*, Flussneunauge. Lampetra fluviatilis, wie Telle erzählt. »Geräuchert und in Essig eingelegt! Kaufst du am besten in der Markthalle in Tampere beim Fischhändler Nygren! Bei Wigren holen wir das Fleisch.«

Ich gucke den beiden Finninnen zu, trenne wie sie den Fisch-kopf vom Körper und stecke den Fisch mitsamt Gräten in den Mund. Ich kaue. Und entspanne mich.

»Ist total lecker!« Ich bin begeistert.

»Kann ich mir nicht vorstellen«, sagt Ilse.

Hermann isst still und vergnügt weiter. Dann bieten uns die Da-men einen »Selbstgebrannten« an. »Original aus Lappland. Von der Familie!«, sagt Marja.

Telle erzählt weiter: »In Finnland macht man üblicherweise Schnaps aus Kartoffeln und Getreide. Das ist ganz normal hier.«

»Wie bei uns in Deutschland«, erzählt Ilse. »Vor allem früher haben wir aus allem Möglichen und Unmöglichen Schnaps ge-macht. Damals, als Opa aus dem Krieg zurückgekommen war, hat er immer zusammen mit seinem Nachbarn Vieze Schnaps gebrannt.«

»Opa hat schwarzgebrannt?«, frage ich so ungläubig wie abenteuerhungrig über diese ungeahnte Familienepisode.

»Das war ganz normal«, sagt jetzt auch Ilse.

Telle lacht: »Sag ich doch.«

»Und wie hat Opa das gemacht?«

»Mit einer selbstgebastelten Apparatur, wo von einer Milchkanne das Zeug irgendwie in eine andere lief. Ich weiß auch nicht, wie das funktionierte. Aber die hatten beide keine Angst, die spuckten nicht ins Glas. Gerade der Vieze, dem war nicht bange vor dem ersten Schluck.«

»Nee, kann man nicht sagen«, bestätigt Hermann.

»Wir hatten im Hof damals drei Pflaumenbäume. Und jeden Tag ließen wir die Schweine raus. Die schubberten sich an den Stämmen, und immer fielen dabei Pflaumen herunter. Abends wurden die Schweine wieder in den Stall gescheucht. Und ich musste dann raus, die Pflaumen einsammeln. Die kamen auch mit in den Brand. Oder unsere Birnen. Ja, das kam alles mit rein.«

Telle setzt sofort einen drauf. »Es hieß, sie hätten, wenn nichts anderes da war, manchmal sogar die Gülle gebrannt. Ich weiß nicht, ob das überhaupt geht, ob Gülle sich überhaupt destillieren lässt. Aber angeblich hat dieser Schnaps hervorragend geschmeckt. Nur wenn mal so ein Tropfen danebenging …«, sie macht eine bedeutungsvolle Pause, »dann hat man nach Scheiße gerochen!« Wir brechen in schallendes Gelächter aus.

»Telle, kann es sein, dass finnische Geschichtenerzählerinnen manchmal auch so was wie Seemannsgarn spinnen?«

Sie tut so, als ob sie mich nicht versteht, und legt nach: »Wusstest du eigentlich, dass Kaffee aus Finnland stammt?«

Ich schüttele den Kopf.

»Nur aus klimatischen Gründen müssen wir ihn woanders anbauen!«

Gekonnt die Pointe gesetzt! Was für ein wunderbares Abendessen. So schöne Geschichten. Und der Finne ist angeblich verschlossen? Nein, der Finne ist ganz anders!

Ich nehme vom kaltgeräucherten Rentierschinken. Inzwischen hat Marja ganz nebenbei noch eine Riesenschale Erdbeeren auf den Tisch gestellt. Man muss Telle nur leicht anstoßen, und sie sprudelt wie eine frische Bergquelle. Wie war das damals, das Aufwachsen hinter dem Rücken Gottes? Und sie erzählt: Es gab viel Arbeit, und der Vater erwartete einfach, dass man mithalf. Zum Beispiel von Mitte Juli bis Mitte August in der Moltebeeren-Saison. Das war über Jahrzehnte und ist für viele bis heute eine gute Geldquelle. »Das Beerensammeln wird gut bezahlt.« Moltebeeren sind das Gold des Nordens. Sie sind selten und teuer. Die Familien verraten die Fundstellen nie. Im späten Frühjahr geht man schon in den Wald, in die Tundra, und sucht die Stellen, wo Moltebeeren blühen. Manche brechen extra morgens um vier oder fünf Uhr auf und gehen die Wege am See oder am Fluss ab. Inzwischen, erzählen die beiden Frauen, gibt es für diese Arbeit thailändische Erntehelfer, die jährlich für die Erntesaison eingeflogen werden.

»Ähnlich wie Polen nach Deutschland zur Spargelernte kommen?«

Marja nickt. »Sie arbeiten unter harten Bedingungen. Im Moor gibt es Myriaden von Mücken.«

»Die Mücken haben sich in Finnland gehalten«, sagt Telle ironisch, »egal wie sich Politik, Gesellschaft oder Technologie entwickelt haben.«

»Und wie war das damals mit der Ernte?«

»Eigentlich nicht anders als heute. Manchmal läufst du von einer Moltebeere zur anderen, 500 Meter entfernt, und du findest keine einzige dazwischen. Manchmal findest du ein Mooskissen, das mit vielen bewachsen ist. Es ist letztlich eine Sache der Erfahrung. Wenn man unterwegs ist, wird nicht viel gesprochen. Man trinkt mal einen Schluck Wasser und geht weiter. Manchmal findet man eine Fläche von vielleicht fünf mal zehn Metern, die dann wie eine Wiese mit Moltebeeren bestanden ist.«

Die Sammler sind mit Eimern unterwegs. Und die Eimer werden richtig schwer. Wenn die Beeren reif sind, sind sie sehr, sehr saftig. Sie müssen schnell verarbeitet oder eingefroren werden.

Wo sie überhaupt wachsen, frage ich.

»Auf den offenen Mooren werden die Beeren nie ganz groß. Die besten Orte sind die Regionen zwischen Moor und Wald. Aber sie sind schwer zu finden. Und Moltebeerenpflücker verraten ihre Stellen nicht. Und niemand pflückte wie mein Vater. Was mein Vater mitbrachte, war immer von vornherein so sauber, man musste praktisch nichts nacharbeiten.«

»Wie? Sauber?«

»Frei von Blättern, Zweigen, Moos. Wenn wir Preiselbeeren pflückten, habe ich immer viel Laub dazwischen gehabt. Dann haben wir die, bevor wir sie weiterverarbeiteten, auf ein Backblech gelegt und die Beeren mit einer Auerhahn-Feder heraussortiert.«

»Mit einer Vogelfeder?«

»Wie könnte es einfacher gehen?«

Wir Ostwestfalen fühlen uns wie in einer finnischen Märchenstube. Telle erzählt Geschichte auf Geschichte: »Unsere Uroma kommt aus Karelien. Sie ist in einem Dorf namens Kalevala geboren. Und sie konnte Zither spielen. Wir weinen viel und wir lachen viel. Aber vor allem sind wir weise und kluge und schöne Frauen in unserer Familie.«

Sie blitzt mich mit lachenden Augen an. »Kennt ihr Tapio?«

»Nie gehört, Telle.«

»Tapio ist ein alter finnischer Waldgott. Oder Waldgeist. Eigentlich der König des Waldes, auch über ihn wird in den Büchern geschrieben. Und Tellervo, das ist mein eigentlicher Name, alle nennen mich aber immer nur Telle, Tellervo ist die entzückende Tochter des Waldgottes Tapio.« Wir applaudieren begeistert. Vor uns sitzt eine Vortragskünstlerin, die Seela Sella in nichts nachsteht.

Telle erzählt von Kanteletar, dem großen Volksdichtungsepos, Liedern, Gedichten und Balladen, gesammelt von Elias Lönnrot. Das Kanteletar wird als Schwesterepos zur Kalevala betrachtet, der großen Sammlung von Heldensagen und Mythen. »Sie hat den gleichen Namen wie Omas kleines Dorf.«

Telle erinnert sich: »Wenn Vater erzählte, war das toll und wunderbar. Und er konnte mit seinen Händen Schattenbilder an der Wand machen, die seine Geschichten untermalten. Bäume, Blumen, Tiere, das alles wirkte absolut lebendig. Und dann erzählte er uns unglaubliche Dinge. ›Stell dir vor, Telle, was heute passiert ist! Ich habe den ganzen Kofferraum voll mit Wild, aber ich habe keinen einzigen Schuss abgegeben. Ich ging durch den Wald, und da lief ein Auerhahn an mir vorbei, und er lief genau vor einen Baum. Und fiel um. Da packte ich ihn und hatte meine erste Beute. Dann habe ich Pause gemacht. Ich habe auf einem Baumstumpf gesessen und gegessen. Plötzlich läuft ein Hase an mir vorbei. Sehr schnell. Aber ich habe mich noch schneller auf ihn draufgesetzt. Das war schon meine zweite Beute. Und als ich dann auch noch ein Birkhuhn hatte, bin ich nach Hause gekommen!‹ Solche Geschichten erzählte mein Vater.«

»Bei uns in Deutschland nennt man das Jägerlatein.«

Wir drei Ostwestfalen staunen und sind zutiefst berührt von dieser Offenheit, von der Gastfreundschaft der beiden Frauen. Wir räumen gemeinsam den Tisch ab und trinken noch einen Kaffee. Wir naschen von den Erdbeeren.

»Kennt ihr M. A. Numminen?«, fragt Telle.

»Ja, der macht doch alles Mögliche. Singt sehr witzige Lieder.«

»Genau. Bücher schreibt er auch. Er hat Filme gemacht und für Kinder gearbeitet.«

»Ich habe eine CD von ihm. Mit seinem verrückten Wittgen-stein-Lied. ›Wovon man nicht sprechen kann, darüber muss man schweigen!‹«

»Kennst du auch ›Ich mit meiner Braut im Parlamentspark‹?«

Ich schüttele den Kopf.

Telle lacht fast Tränen: »Das Lied wurde verboten.«

»Warum das denn?«

»Es hieß, das Lied verführe zum Alkoholtrinken in der Öffent-lichkeit und sei eine Verleumdung des finnischen Parlaments. Numminen hat auch gesagt: Der finnische Tango ist eine Mi-schung von deutschen Märschen und russischer Romanze, und es ist ein Geh-Tango, extra gemacht für die finnischen Män-ner, die nicht so feurig tanzen können wie argentinische Männer. Sie gehen den Tango in eine Richtung, bis ein Hindernis kommt. Dann drehen sie sich um und schieben in die andere Rich-tung.«

»Hermann und Ilse tanzen auch Tango. Sehr gut sogar.«

»Wir sind hier im Land des Tango. Dann müsst ihr zum Tanzen gehen. Die Finnen tanzen so gerne.«

»Telle, ich fürchte, mein Bruder hat da sogar schon was ge-plant!«

Nie allein ins Wasserloch!

Wir übernachten in Tampere und hängen noch einen Kulturtrip durch die Stadt an. Das heißt, ich mache einen Kulturtrip. Meinen Eltern ist das so nicht zuzumuten. Also vertreiben sie sich den Tag am Wasser, und ich laufe allein zum *muumi*-Museum, ins Kunstmuseum Tampere und das Museumszentrum Vapriikki. Im Kunstmuseum lerne ich Susanne kennen. Als wir das dritte Mal nebeneinander vor denselben Exponaten stehen, sagt sie plötzlich: »Wir haben uns gestern Abend schon einmal gesehen.« Auch ich erinnere mich. An der alten Papierfabrik waren wir uns begegnet. Ich hatte mit meinen Eltern nach dem üppigen Abendessen noch einen nächtlichen Spaziergang gemacht, und sie kam uns entgegen. Schöne Frau, hatte ich gedacht. Und: Kann man ja nicht einfach so ansprechen. Jedenfalls nicht, wenn man mit Eltern unterwegs ist. Nun trafen wir uns wieder.

Susanne stammt aus München, fährt regelmäßig nach Finnland und ist besonders an finnischer Gegenwartskunst interessiert. Ich plötzlich auch. Außerdem mag ich junge Frauen mit grauen Haaren. Die nächsten Museen besuchen wir gemeinsam. Bald ist es früher Nachmittag, und sie will in die Sauna. Wie an jedem ihrer bisherigen Tampere-Nachmittage. Wir kennen uns erst wenige Stunden, und trotzdem fragt Susanne mich, ob ich mitkäme. Bitte? Ich bin perplex. Sie fühle sich bereits als Stammgast und wolle auf ihr tägliches Schwitzen nicht verzichten. Manche Finnen dort würden bereits mit ihr reden, sagt sie, vier hätten sie gestern sogar gegrüßt. Die ganze Anlage sei zauberhaft gelegen und rundherum ein Erlebnis. Ob ich hier schon mal in der Sauna gewesen sei?

»Klar, am *mökki*!«

Das hier sei etwas ganz anderes. Wenn ich etwas über die Finnen erfahren und in Tampere etwas Typisches erleben wolle, sei das unbedingte Pflicht. Ob ich schon mal Menschen in der Sauna mit Mütze gesehen hätte?

»Mit Mütze?«

»Mit Mütze!«

»Aber meine Eltern …«

»Wir könnten ihnen Bescheid sagen.«

»Ich finde, es ist zu früh, dass du meine Eltern kennenlernst. Nicht mal Isabel kennt die.«

»Isabel?«

»Äh. Das dauert jetzt zu lange.«

»Also, was ist nun mit der Sauna?«

Ich denke nach. Ich suche eine Antwort. Und vorher eine Entscheidung. Ich bin ein Kind der wilden späten Siebziger. Ich bin groß geworden mit Pille, Spirale und all den Unbeschwertheiten langer Jahre ohne Aids-Gefahr. Trotzdem ist mir ein Saunabesuch, nach so kurzer Zeit des gegenseitigen Kennenlernens, ein wenig, sagen wir, zu forsch. Zu früh. Irgendwie zu intim. Zu persönlich geradezu. Auch figürlich bin ich seit einiger Zeit nicht ganz zufrieden mit mir. Bizeps und Bauchumfang stehen in einem ungünstigen Verhältnis. Es gibt Zeiten, denke ich, da sollte man sich eine erste Nacktheit füreinander noch aufsparen.

»Du brauchst allerdings eine Badehose. Es ist eine öffentliche Sauna. Gemischt«, unterbricht sie meinen inneren Dialog.

»Badehose hab ich im Auto«, sage ich. Manchmal rede ich schneller, als ich denke. Aber so bin ich schließlich überhaupt erst mit meinen Eltern nach Finnland gekommen.

»Super, dann los!«

»Wie? Sofort?«

»Ich hab alles dabei«, grinst sie mich an. Junge Frauen in Grau sehen toll aus!

»Erst müssen wir noch zu meinen Eltern.«

»Also doch?«

Minuten später schütteln sich Susanne, Hermann und Ilse die Hände. Hermann flüstert mir zu: »Dich kann man nicht alleine losgehen lassen.«

Ilse ist entsetzt: »In die Sauna? Schon wieder? Da warst du doch grade.«

»Aber hier haben die Mützen auf.«

»Mützen?«

»Wollmützen«, erklärt Susanne.

»Mach doch, was du willst. Wir haben nichts vor. Ist ja Urlaub. Wir sitzen hier schön am Wasser.«

»Dann kommt doch mit«, schlägt Susanne vor.

»In die Sauna?« Hermann stöhnt auf. »Das ist nichts für uns.«

»Aber da ist auch ein Strand. Ganz schattig, mit Bäumen«, wirbt Susanne.

So kommen wir alle zum *rauhaniemen kansankylpylä*, wörtlich übersetzt: dem Badeplatz des Volkes, der Volksbadeanstalt von Rauhaniemi. Wundervoll gelegen, in einer baumumstandenen Bucht, mit Sandstrand rechts und flachen Felsen links der Sauna. Meine Eltern legen sich mit Decke und Sudoku ans Wasser.

»Nicht so nah«, sagt Hermann.

»Du hättest man in der Wüste groß werden sollen. Da hättest

du dich wohl gefühlt«, sagt Ilse. »Immer diese Angst vorm Nasswerden!«

Susanne und ich verabschieden uns. Die Sauna liegt auf einem kleinen Felsvorsprung. Daneben reckt sich stolz ein Zwei-Meter-Sprungturm über den Näsijärvi. Ein Baudenkmal, wohl geschaffen in den frühen Sechzigern des vorigen Jahrhunderts, massiv und doch in finnisch schlankem Design, aus *betoni*, Beton. Der Turm ragt in den See, wie sich andernorts der Herkules über Kassel erhebt oder das Hermannsdenkmal über den Teutoburger Wald, und wartet in den Sommermonaten auf die zumeist jugendlichen Springer.

»Los, umziehen!«, reißt mich Susanne aus meinen Gedanken.

Sprungtürme faszinieren mich seit meinen Kindertagen, und gleichzeitig machen sie mir Angst. Das Mannbarkeitsritual damals, vom »Dreier« zu springen, war für mich wie ein Lauf auf glühenden Kohlen. Einmal in meinem Leben war ich auf den »Fünfer« im Mindener Melittabad gestiegen, ohne zu bedenken, wie gut man dort oben zu sehen ist. Vor allem, wenn man dann letztlich doch nicht springt!

»Los, Sauna«, bringt mich Susanne zurück, und ich bin plötzlich froh, nur meinen Körper zeigen und nicht springen zu müssen.

Nachdem man sich umgezogen hat, können die Damen ihre Wertsachen in Schließfächern unterbringen, Männer geben ihre Uhren und Brieftaschen an der Kasse ab. Die junge Dame dort, Sari, gibt einem eine Pappschachtel, da kommt alles rein, und dann sagt sie: »Nummer merken!«

»Du sprichst Deutsch?«

»Ja. Ein bisschen. Hab ich in der Schule gelernt.«

»Das ist aber mehr als ein bisschen. Das ist jetzt schon weit mehr, als ich Finnisch spreche.«

»Dann musst du dir jetzt Schachtel drei merken, *kolme*. *Kolme* heißt drei. Okay?

Sie lächelt und schaut dabei erwartungsvoll.

»*Kolme*«, wiederhole ich.

»Sehr gut!«, lacht sie.

Susanne zeigt mir die Holzbretter, auf die man sich hier statt eines Handtuchs in der Sauna setzt. Nach dem Durchgang spült man sie ab und hängt sie wieder auf für den Nächsten. Drei Sitzreihen, rechts und links emporsteigend, in der Mitte der gewaltige Saunaofen. Die Finnen haben Ferien, und die Sauna ist gut gefüllt, aber nicht überlaufen. Einige kommen täglich nach Feierabend. Männer, Frauen und Kinder. Finnen von vier bis 84. Unglaublich. Susanne geht auf die zweite Stufe. Ich gehe mit, denn ich fühle mich alleine. Aber ich bleibe nicht lange. Draußen ist der heißeste finnische Sommer seit Jahrzehnten. Mir ist sowieso schon warm. Sehr warm. Schon vor der Sauna war mir warm. Und dann das hier. Ich steige ab. Auch in den Augen der anderen wahrscheinlich. Die unterste Reihe. Niemand sitzt so tief wie ich. Selbst die Vierjährigen sitzen höher. Gott sei Dank kennt mich hier keiner, denke ich. Wasser strömt an mir herunter. Die Niagarafälle sind nichts dagegen.

»Und?«, fragt Susanne.

»Muss!«, zucke ich mit den Schultern.

»Deutsch?«, fragt der Herr von gegenüber.

Ich nicke. Sprechen kann ich nicht, dafür würde ich atmen müssen. Aber es ist zu heiß, um zu atmen.

»Sie kommen öfter, nicht wahr?«

Zu viel der Ehre. »Sie kommt öfter.« Ich zeige auf Susanne.

»Ja, ich habe Sie schon gesehen«, sagt er und ein munteres Gespräch entspinnt sich, in das noch zwei weitere Männer und eine Finnin auf Deutsch einsteigen. Der dem Ofen am nächsten sitzt, macht die Aufgüsse, jeweils nach Bitten irgendeines der Sauierenden. Und sie bitten häufig. »Bisschen kalt hier drin. Kannst du mal heizen?«, fragen sie dann.

Susanne amüsiert sich prächtig. Ich hauche Sätze in den Saunanebel, wenn ich gefragt werde. Meine Worte verdampfen. Ich glänze nur mit Schweiß. Dann gehe ich raus, und meine Saunaführerin folgt mir solidarisch. Trotzdem wüsste ich gern, welch leidenden Blick sie den Finnen und welch mitleidigen die Finnen ihr angesichts dieses Opfers zuwerfen. Erst spülen wir die Bretter ab, und dann kommt etwas wirklich ganz, ganz Einzigartiges. Über einen Felsen steigen wir in das Wasser des Näsijärvi. Kühl, nass, erfrischend. Ich stecke den Kopf unter Wasser, tauche auf und sehe Susanne an, die mir zuwinkert und mit kräftigen Stößen vorbeischwimmt.

»Na?«, fragt sie.

»Acht Kilo leichter!«, sage ich.

Vor Lachen schluckt sie beinahe Wasser. Ich schwimme hinter ihr her und weiß nicht, ob ich mich vielleicht nicht ernst genug genommen fühlen sollte.

Zweiter Saunagang. Und wenn auch nur für zwei Minuten, ich setze mich nach ganz oben. Der nächste Aufguss. Ich halte mir die Hände vor das Gesicht. Die Hitze umhüllt mich in Wellen. Ich bekomme keine Luft. Eine Minute und siebenundfünfzig Sekunden. Ich gehe wieder auf Stufe zwei. Ich bewundere die Kinder zwischen vier und sechs, die beständig reinkommen und rausgehen. Dann stößt mich Susanne an. Ich unterdrücke ein Lachen. Gegenüber nehmen zwei Herren Platz. Beide tragen Wollmützen. Bei 110 Grad. Wieder stößt mich Susanne an. Links von uns, direkt hinter der Tür, sitzen zwei Frauen, beim Reinkommen habe ich sie nicht bemerkt in meiner tiefen Konzentration, meiner Fixierung auf mein Ziel, die oberste Sitzbank zu

erreichen. Die Blonde trägt eine Filz-, die Brünette eine Wollmütze. Ich schaue von der einen zur anderen und zurück. Ein
Menschheitsrätsel will gelöst werden.

»Äh, darf ich was fragen?«

Sie nicken alle.

»Warum tragt ihr Mützen in der Sauna?«

Ich bekomme vier verschiedene Antworten. Die erste gibt die
sehr blonde Frau mit der Filzmütze: »Weil sonst die Haare brechen! Durch die Trockenheit.« Fast hätte ich gelacht, aber wohl
nur allein. Ich merke es früh genug. Ein Herr erklärt uns, dass
der Kopf die Hitze mit Wollmütze besser vertrage. Es sei einfach
nicht so heiß an der Kopfhaut. Der Kopf werde draußen im Winter zu kalt, wenn man sich abkühlen ginge, und wenn man die
Mütze im Winter trage, könne man sie auch im Sommer aufbe-
halten, war die dritte Antwort. Dann kommt die vierte Erklärung
von einem älteren, schmalen Mann: »Ich stamme aus Lappland.
Wenn du bei uns nach der Sauna ohne Mütze in den See steigst,
stechen dir die Mücken den Kopf kaputt!« Alle lachen, bestäti-
gen aber die Geschichte. Eine fröhliche Runde, die ich leider
wegen Hitzewallungen schon wieder verlassen muss.

Als ich aus dem Wasser heraussteige, entdecke ich ein Thermo-
meter, eine Kreidetafel und daneben ein Schild. Auf die Tafel
hat unsere Bademeisterin Sari geschrieben: *vesi* (Wasser) 24°,
ilma (Luft) 32°. Es ist mittlerweile 18 Uhr!

Daneben das Schild mit drei Zeilen in drei Sprachen: »*Älä mene
yksin avantoon!*« Darunter die deutsche Übersetzung: »Nie allein
ins Wasserloch!« Außerdem auf Englisch: »Don't swim allone in
winter!« Und ich denke nur: Sehr wahrscheinlich sind die Sommer in Finnland zu kurz, als dass es sich lohnen würde, das
Schild abzuhängen.

32 Grad. *Älä mene yksin avantoon*. Ich erhöhe noch mal um

78 Grad, denn das Saunathermometer zeigt 110. Letzter Gang.

»Und?«, fragt Susanne anschließend.

»14 Kilo leichter«, sage ich.

Ich gehe, trocken und umgezogen, zur Bademeisterin. Nun fragt auch die: »Und?« Ich verstehe nicht gleich. Sie zeigt mir die Pappschachtel mit meiner Brieftasche und deutet auf die aufgemalte Drei. Mist. Drei auf Finnisch! Von hinten flüstert Susanne: »*Kolme*.«

»*Kolme!*«

»Vorgesagt!«, straft mich Sari und übergibt meine Papiere an Susanne. Wir gehen zum Auto. »*Kolme*«, sage ich noch mal und bekomme meine Brieftasche. »Okay«, sage ich, »ich zahle noch einen Kaffee für alle.« Wir versorgen uns am Kiosk und setzen uns zu meinen Eltern.

»Und?«, fragt mein Vater.

»Die haben tatsächlich Wollmützen auf!«

»Ich kann dir gerne auch eine stricken«, bietet mir Ilse an.

»Nee, lass man.«

Hermann schüttelt den Kopf: »Bei der Hitze auch noch Wollmützen? Die spinnen, die Finnen.«

Das Geheimnis der Musik

Es ist Mittwoch. Wir sind zurück in Lahti. Unser Tourguide Akseli hat einen ganz besonderen Programmpunkt für uns ausgesucht. Er schickt uns in das *Suomen Harmonikka Museo*, das Akkordeonmuseum in Sysmä. Tauno Ylönen steht freundlich lächelnd vor der Tür. Tauno ist schlank, hager regelrecht, etwa im gleichen Alter wie meine Eltern. Ein grauer Haarkranz wächst um den Schädel. Er lächelt einladend. Man gibt sonst nicht unbedingt dem Direktor des Museum Ludwig in Köln beim Eintritt die Hand, aber hier ist erstens alles kleiner und sehr viel persönlicher, und zweitens sind wir in Finnland. Und der Finne ist anders. Das bestätigt sich nun erneut. Wir werden mit freundlichem Händeschütteln begrüßt. Tauno spricht Finnisch. Fließend. Und ausschließlich. Das ist ein kleines Problem für uns.

Das *Suomen Harmonikka Museo* befindet sich im Erdgeschoss eines kleinen Einfamilienhauses. Alles ist voll und dicht gedrängt mit Musikinstrumenten. Das ist so berührend wie charmant. Im ersten Stock, dem Dachgeschoss, lebt Tauno mit seiner Frau. Ebenfalls dicht gedrängt, stelle ich mir vor. Und werde sofort bestätigt. Dort oben habe er noch mehr Harmonikas beziehungsweise Akkordeons, wie er uns versichert. Die Verständigung ist schwierig, und zwischendrin greift er immer wieder zum Handy. Im Hintergrund klingt aus einem kleinen Lautsprecher leise Akkordeonmusik. Wir stehen vor Vitrinen, die oft nur schmale Gänge frei lassen, und bestaunen darin Instrument neben Instrument. Tauno führt uns und zeigt und erklärt, und wir verstehen kein Wort und bewundern die ersten Akkordeons, lesen Namen und Hersteller und Produktionsjahre finnischer Instrumente.

»Kiek eis, Lahti«, zeigt Ilse auf eine kleine Texttafel, und Tauno nickt. Wir rätseln und entschlüsseln langsam die Begrifflichkeiten. *Aika* heißt Zeit und meint hier das Baujahr. *Paikka* heißt Ort, Platz oder Stelle und meint hier den Produktionsort, und der *valmistaja* ist der Hersteller. Wir stehen also vor einem Akkordeon, gebaut in Lahti von Taavi Kaplas im Jahr 1935. Daneben ein Hohner-Akkordeon, hergestellt in Trossingen, *Saksa*. Deutschland. Gebaut 1900. Das Instrument hat den schönen Namen *lumikki*, Schneewittchen.

An den Wänden die Fotos berühmter finnischer Instrumentalisten. Wir lesen: Viljo Vesterinen, Jorma Juselius, Jussi Homan. Von Esko Könönen stehen hier Pokale und Medaillen, Auszeichnungen für diesen Virtuosen aus den Jahren 1947 bis 1965.

Dann kommt ein neuer Museumsgast und begrüßt erst Tauno sehr herzlich, dann uns. Pauli. Pauli Rellman. Kein Gast, sondern ein Freund vom Chef. Per Handy hergebeten, um für uns zu übersetzen. »Versuche deutsch zu sprechen«, sagt er.

»Schon jetzt besser als wir finnisch«, sagt Hermann und schüttelt ihm die Hand.

Auch Pauli ist im fortgeschrittenen Rentenalter. Ein fröhlicher, etwas untersetzter Herr mit Bauch. Rundherum sympathisch, erinnert er Ilse und mich sofort an Mircea Krishan, den langjährigen Sketch-Partner von Rudi Carell. Pauli übersetzt ab nun Taunos Ausführungen und erklärt uns die Entstehungsgeschichte des *Suomen Harmonikka Museo*. Sein Deutsch ist gut, nicht perfekt, aber gerade durch die kleinen Grammatikfehler absolut zauberhaft.

Das finnische Akkordeonmuseum ist eine private Sammlung, entstanden aus einer Mischung aus Leidenschaft und Sammeltrieb. Pauli erzählt Taunos Geschichte wie ein klassisches Märchen und beginnt mit: »Es war einmal ein junger Mann, eher noch ein Kind ...« Dieses Kind träumte davon, Akkordeon zu spielen. Aber es hatte kein Geld. Seine Eltern waren zu arm, ihm ein Instrument zu kaufen. Tauno durfte aber bei den Nachbarn spielen, und seine Sehnsucht nach einem eigenen Instrument wurde dadurch nur immer noch größer. Diesen Traum vom persönlichen Akkordeon hat sich Tauno inzwischen mehr als erfüllt. »Nun besitze ich 200«, sagt er lachend. Sogar noch mehr, denn das sind nur die ausgestellten. Weitere 100 sind in anderen Räumen des ohnehin kleinen Hauses verteilt. Viele stammen aus Finnland, viele aus Italien, die meisten aus kleinen Fabriken, die längst nicht mehr existieren. Vor 20 Jahren endete die große Zeit des finnischen Instrumentenbaus, und 1995, erzählen die beiden Herren in verschiedenen Sprachen, wurde das letzte Akkordeon in Finnland in Handarbeit gebaut. Sie zeigen auf einige der Instrumente in den Vitrinen. Die sind alle in Deutschland hergestellt worden.

»Aber die Namen auf den Instrumenten sind doch finnisch.«

Tauno lächelt: »Ja. Die Händler haben sich das so gewünscht und angeordnet. Sie wollten die Instrumente für den finnischen Markt mit finnischen Namen.«

Wir stehen vor einem Akkordeon, gebaut von Hermann Buttstädt, *Saksa*, Gera. Also aus Deutschland, Gera, um 1900. Es hat den Namen *kaiutar*. Hier wird die Übersetzung selbst für Pauli schwierig. Wir einigen uns schließlich auf »weibliches Echo«.

Zu den besten Zeiten wurde in Kouvola, dem Zentrum des Akkordeonbaus, in einer Manufaktur mit 20 Mitarbeitern täglich ein Instrument fertiggestellt, etwa 30 Stück wurden im Monat gebaut. Natürlich sind wir besonders interessiert an der Akkordeongeschichte Lahtis, und Tauno schüttelt Zahlen und Daten nur so aus dem Ärmel. In Lahti gab es bis 1938 drei Fabriken. Dann kam der Winterkrieg mit der Sowjetunion. Der wurde auch für diesen kleinen Industriezweig zum Problem. »Towarischtsch kam und nehme alles!«, sagt Pauli. Er erzählt, dass damals viele Musiker im Krieg waren, viele Soldaten hatten ihr Instrument mitgenommen. Lachend und gestenreich, fast spitzbübisch beschreibt Pauli, wie die Soldaten sich im Winterkrieg immer zuerst das Instrument auf den Rücken geschnallt hätten und dann erst die Waffe. Und er berichtet vom Fronttheater. »Die Männer im Krieg waren erschöpft und müde. Dann kamen die Sänger, Musiker, Tänzer, das Varieté und heiterten sie auf. Die Menschen vergaßen ihre Melancholie und dachten einige Momente lang nicht mehr an den Krieg.«

»Du spielst auch?«, frage ich.

Pauli grinst, greift in die Hosentasche und zieht sein handliches Instrument hervor. »Ich spiele Mundharmonika.« Er bläst kurz hinein und erzählt dann vom jährlichen Treffen »Mundharmonika Live« in Klingenthal im Vogtland. »Letztes Jahr bin ich hingefahren, mit zwei Kameraden, mit einem Wohnwagen. Über 4000 Kilometer. Via Baltika und zurück. Und abends immer Musik gemacht. Wir waren fünf Finnen in Klingenthal. Wir spielten an vielen verschiedenen Plätzen. Aber deutsche Musik ist anders. Finnische Musik ist sehr melancholisch. So viel aus Russland. Moll. Immer Moll. In Deutschland spielen alle Dur.«

Wir stehen vor einem Bandoneon, »L'armonica Stradella Special Italika« mit wunderschönen Intarsien aus dem Jahr 1920. Dann erzählt Pauli von Horst Soyeaux: »Mein guter Freund aus

Rostock.« Er und seine Frau haben dort eine Bierstube, die »Feuchte Geige«. Hermann, Ilse und ich prusten los vor Lachen, und die anderen Finnen im Museum drehen sich erstaunt zu uns um. »Wenn 20 Menschen kommen, alles voll. Viel zu klein!« Er lacht und man sieht ihm die Erinnerungen an zahlreiche fröhliche Stunden dort an. »Heißt eigentlich ›Zur Gemütlichkeit‹.« Wir lachen schon wieder. Entertainer Pauli setzt gekonnt die Schlusspointe: »Adresse ist die ›Faule Straße Nummer 7‹.«

Es sei eine Bierstube, komplett vollgestellt mit Mobiliar und Gegenständen aus der DDR, alles selbst gesammelt. Der Horst sammele überhaupt alles und jedes. Pauli zeigt auf eine Vitrine. Mundharmonikas, Akkordeons, in der DDR gebaut, Meteor Knopfakkordeons, Einreiher, Zweireiher, Dreireiher und Fünfreiher, gebaut zwischen 1960 und 1970. »Hat alle Horst dem Museum geschenkt!«, sagt er.

Dann tauchen wir wieder ein in finnische Welten. Die älteste Ziehharmonika hier ist von 1846. Inzwischen steht Tauno zwischen den Vitrinen und spielt auf einem sehr alten Instrument. Er zeigt uns die Mulden, wie ausgetretene Treppenstufen, die die Finger hier in ungezählten Spielstunden in die Holzleiste gedrückt haben. Wir hören zu. Ich zeige auf Ilse: »Sie spielt auch.«

»Ewig oll nich mehr«, sagt sie sofort abwehrend. Ewig nicht mehr.

Schon hält ihr Tauno das Instrument hin. Aber sie will nicht. »Ich möchte mich nicht blamieren!«, sagt sie energisch.

In diesem Fall nützt auch Taunos Altherrencharme nichts. Pauli übersetzt, und Tauno spielt lächelnd weiter. Ilse zischt mir zu: »Härst du man gor nix e secht!« Hättest du bloß nichts gesagt!

Pauli zeigt auf Fotos von einem finnischen Instrumentalisten, dem seit Geburt an den Händen je zwei Fingerglieder fehlten.

»Er ist sehr gut, er spielte und sang schon als Fünfjähriger«, sagt er. Und dann sieht er uns an, wird ganz ernst, zeigt auf seine Brust und beschreibt ein Mysterium mit den Worten: »Das Geheimnis der Musik war gleich in ihm drin.«

Wir stehen vor italienischen und russischen Instrumenten, vor Reparaturtischen und Werkzeugen, vor Urkunden und Noten, ein unglaublich liebevolles Sammelsurium. 1993 hat dieses Museum geöffnet. Wie finanziert man das? Die Stadt Sysmä berichtet gern über »ihr« Akkordeonmuseum, aber es war über Jahrzehnte nur die Sammelleidenschaft von Tauno, seine Spiellust, seine Faszination gegenüber dem Instrument, gegenüber der Musik, die all das ermöglichte. Er fuhr Autos, LKWs, Traktoren und Straßenbaumaschinen und über 30 Jahre lang Taxi. Lachend sagt Pauli: »Ein großer Chauffeur! Er fährt alles. Alle Fahrzeuge. Alle Maschinen.« Nachdem es in seiner Jugend lange nicht für ein eigenes Instrument gereicht hatte, steckte er nun alles Geld, das er verdiente, in immer neue Instrumente. Es sprach sich herum, dass Tauno interessiert war. Wenn Familien ein Akkordeon erbten und niemand spielte, dann fuhr man zu Tauno und fragte:»Willst du es?« Und Tauno konnte gar nicht anders, als zu antworten: »Ja, ja. Doch, doch!« Heute hat er auch die Instrumente berühmter Interpreten in seiner Sammlung, Instrumente aus vielen Nationen.

Mitstreiter Pauli ist in Russland geboren, in Karelien, und gehört zu den Finnen, die nach den Gebietsabtretungen an Russland umsiedeln mussten. Nach dem Krieg kam er nach Sysmä.

»Und dein Deutsch?«, frage ich. »Du sprichst super.«

»Habe ich hier in der Schule gelernt.«

»Und nach der Schule?«

Pauli ist Journalist geworden, seit einigen Jahren ist er Rentner. »Jetzt helfe ich Tauno im Museum.« Die Mundharmonika ist

seine Leidenschaft. Natürlich besitzt er selbst etliche Instrumente. »Es gibt gute Musikanten, die vom Papier spielen können. Ich spiele nur aus Kopf. Ich verstehe keine Noten.«
»Ich kann ganz gut pfeifen«, sagt Hermann. »Brauch ich auch keine Noten für.«

Für uns wird es Zeit zu gehen. Wir schütteln beiden die Hand. Während wir uns noch von Tauno verabschieden, greift Pauli plötzlich in die Tasche, zieht die Mundharmonika heraus und beginnt zu spielen. Kennt irgendjemand auf der Welt dieses Lied nicht? Wir gehen zur Tür. In diesem Moment setzt auch Tauno mit dem Akkordeon ein, und plötzlich, im Hinausgehen, beginnt meine Mutter ganz leise mit dem Text: »Vor der Kaserne, vor dem großen Tor, steht eine Laterne und steht sie noch davor …« Und ich schlucke und bin ganz gerührt und weiß gar nicht warum und will das eigentlich auch nicht sein, denn ich war doch »nur« mit meinen Eltern in einem Akkordeonmuseum in Finnland …

Meiner Rührung setze ich Technik entgegen. Wir halten auf der Rückfahrt in Niemi, einem von drei Häfen Lahtis, vor einem frisch renovierten Flachbau. Auch dies war ein Kultur-Tipp von Axel. *Suomen Moottoripyörämuseo* steht an der Wand. Hier eröffnete vor kurzem Finnlands erstes und einziges Motorradmuseum.
Ilse mag Motorräder, ist aber leider ohne eigenen Führerschein. Als ich vor Jahrzehnten meinen Führerschein machte und mich nur für Klasse 3 angemeldet hatte, sagte sie: »Du bis verrückt. Mien Lirve lang woll ick Motorrad führn. Un getz moackest du den Schien nich.«
»Mein Geld reicht nicht.«

»Das kriegen wir schon hin!«

Das hieß: Ich geb dir was dazu. Großartige Mutter! Als ich den »Lappen« hatte, lieh ich mir oft Motorräder von anderen. Irgendwann stand dann meine erste eigene Enduro auf dem Hof.

»Und wän siene is datt getz?«, fragte Ilse.

»Das ist meine.«

Sie sagte nichts. Ilse war Sportschützin. Als sie am Abend zum Training wollte, fragte sie: »Führst du mie hän?«

»Nur mit dem Motorrad.«

»Over ick sette kein Helm up! Ick bin bien Friseur wäsen!«

Nun gingen wir durch ein nagelneues Museum, vollgestellt mit wunderschönen Motorrädern. Verschiedene Harley-Davidsons bilden eine eigene Abteilung, genau wie mehrere Exemplare der legendären Indian. Yamahas, Hondas, Kawasakis. Eine MZ ES 125 von 1963 aus der DDR. Straßenmaschinen und Enduros. Motorräder mit Ski-Kufen. Die Ausstellung ist ein einziger Wettbewerb um das schönste Schutzblech. Allein das unterschiedliche Rückspiegel-Design! Englische BSAs. Motocross-Maschinen. Und hier zeigt sich, dass eine hellblaue deutsche Zündapp KS 50 Sport Combinette von 1961 an Schönheit durchaus mit mancher amerikanischen Harley mithalten kann. Alle Fahrzeuge sind aufs feinste restauriert, alle fahrbereit.

Das Prinzip des Museums ist es, jährlich etwa 70 Prozent des Bestands auszutauschen. Die meisten Maschinen gehören Privatpersonen, die den Museumsmachern mit großer Freude ihre Lieblinge leihen, um sie dem zahlreichen Publikum zu präsentieren. Etwa 400 Sammler zählen zu diesem Pool, fast 100 Motorräder sind aktuell zu sehen. Das Museum wurde schon im ersten Sommer ein echter Publikumsmagnet, zumal es einige absolute Raritäten ausstellt: eine japanische Rikuo, in Lizenz der Harley-Davidson-Werke gebaut im Jahr 1935. Historische Militärmaschinen von Harley-Davidson. Nie gekannte Fabrikate und vergessene Legenden stehen neben den Klassikern. Eine Panther M 100 von 1950. Eine Tunturi Sport 50 von 1961 und eine Csepel 4 von 1952. Motoren, Design, Antrieb, Funktionales. Fachmann oder Fan, hier findet jeder seine Lieblinge und entdeckt Überraschungen. Eine Peugeot 350, gebaut 1911, eine weinrote Jawa 350 von 1960, eine Lambretta Vega 75 in Ocker, die legendäre Kawa Z1 900, gebaut 1979.

Daneben Rennmaschinen und Speedway-Motorräder. Die Museumsmacher haben ein spezielles Haltesystem für die Wände entwickelt, um auch dort, übereinander, Motorräder präsentieren zu können. Das ermöglicht einen exklusiven Blick auf die Maschinen. Längst interessieren sich andere Museen für dieses System.

Und wieder ist es eine Einzelperson, ein Verrückter, ein manischer Finne, der seinen Lebenstraum und seine Leidenschaften hier umgesetzt hat: Riku. Ein Lockenkopf mit entwaffnendem Lächeln, Chef und Gründer von Riku Motor, dem Motorrad- und Rollerladen in Lahti. Zusammen mit Freund Juha, hauptberuflich Leiter eines großen internationalen Unternehmens, baute er an seinem Traum, dem *Suomen Moottoripyörämuseo*. Riku pendelt ständig zwischen seinem Motorradladen und dem Museum. Als wir durch die Ausstellung gehen, spricht er uns an.

»Woher kommt ihr?«

»Aus Deutschland.«

»Dann seid ihr heute meine weitest angereisten Besucher.«

Wir trinken Kaffee im angeschlossenen »Ace Cafe«, und Riku setzt sich zu uns.

»Wie kommt man auf die Idee, ein Museum zu gründen?«

»Ich bin ein manischer Sammler!«

Seine Leidenschaft für Motorräder begann sehr früh, schon als Vierzehnjähriger kaufte er sich sein erstes Motorrad.

»Aber du durftest das doch noch gar nicht fahren.«

»Nein, aber ich wollte es besitzen.«

»Wie hast du das denn bezahlt?«

Er lacht: »Ich habe gearbeitet. Ich habe Altmetall gesammelt und an Schrotthändler verkauft. Auf dem Truppenübungsplatz habe ich monatelang die abgeschossenen Patronen gesammelt. Fährst du Motorrad?« fragt er mich.

Ich nicke. »BMW.«

»Ich mag lieber die englischen Einzylinder. Die Coffee Racer.«

»Die Klassiker also.«

Er nickt. Neben seinem Geschäft organisiert Riku Motorrad-messen in ganz Finnland, in Lahti, in Helsinki. Die größten in Skandinavien. Aber hier steht kein protziger Unternehmer, sondern jemand, der sich mit größtem Enthusiasmus an den Erfolgen freut. »Ich träume davon, hier einen Platz zu schaffen für die finnischen Motorradfreunde, für Motorradfahrer aus ganz Europa. Ich bin ein bisschen verrückt, weißt du? Ich könnte ja auch jedes Wochenende nur mit der Familie zum *mökki* fahren, aber ich will was aufbauen. Ich sammle seit vielen Jahren Motorräder. Ich besitze sogar eine nagelneue MZ aus der DDR, die noch keinen Kilometer gefahren ist. Und amerikanische Maschinen. Ich habe Motorrad-Freunde in Amerika. Ich bin befreundet mit dem Rennfahrer Giacomo Agostini. Sie alle helfen mir. Und ich habe Motorrad-Freunde in Russland. Ich war siebzehn, als ich das erste Mal mit Motorrädern zwischen Leningrad und Finnland gehandelt habe. Ich besitze seltene russische Motorräder. Die Rikuo, eine Rarität aus Japan. Das wollte ich zeigen und mir nicht allein die Dinger in der Garage ansehen.«

Er ist eine Mischung aus Workaholic und Familienmensch. In

seiner Begeisterung erinnert er uns an Pentti vom Nanoq und Tauno mit seinen Akkordeons.

»Ich habe jede Menge Kram gesammelt in all den Jahren. Die Motorräder natürlich, aber auch alte Helme, Schilder. Genau wie Sakke. Kennst du Sakke von den Leningrad Cowboys?«

Ich nicke. »Natürlich nicht persönlich.«

»Sakke hatte in Lahti einen Motorradladen. Inzwischen hat er die Harley-Niederlassung in Helsinki. Bei ihm habe ich lange gearbeitet. Auch Sakke ist hier in Lahti geboren.«

Inzwischen ist auch Juha Hellgren mit seinen Kindern zu uns gestoßen. Nach fast zwei Wochen Finnland wundern wir drei Deutschen uns kein bisschen mehr, wenn wir mit Finnen ins Gespräch kommen und plötzlich wie Familienmitglieder mit ihnen am Tisch sitzen.

»Gefällt euch unser Ace Cafe?«, fragt Juha. »Wir wollten nicht nur ein Museum bauen. Wir wollten einen Treffpunkt schaffen für die finnischen Biker. Nach englischem Vorbild. Wir veranstalten hier Rock-Konzerte und Biker-Treffen.«

Riku ist nicht zu stoppen in seiner Begeisterung: »Das erste Ace Cafe außerhalb von England! Kennst du das? Das legendäre Motorradfahrer-Café in London? Sie haben mir erlaubt, den Namen zu benutzen! Nun haben wir hier ein Restaurant mit gutem Essen und gutem Service und mit den Konzerten.«

Riku ist ein wandelndes Lexikon der Motorradkultur. Das »Ace Cafe«, Kreuz-Ass-Café, ist der bekannteste Treffpunkt für Motorradfahrer und Rock 'n' Roller in London. Neben dem Seebad Brighton, neben Sturges und Daytona ist es der legendärste Treffpunkt für Zweiradfahrer weltweit.

»Viele Teds wurden Biker und kamen auf den legendären Coffee Racern, den einzylindrigen Maschinen, auf Norton und Triumph. Sie trugen Eierschalenhelme mit Calimero-Pilotenbrillen. Mods kamen auf ihren Rollern und Rocker auf ihren Motorrädern. So ein Ort für alle wollen wir auch sein. Egal ob du einen Roller fährst, eine kleine Suzuki, eine dicke BMW oder eine Harley oder eine Enduro. Alle sollen sich bei uns treffen und wohl fühlen.«

Riku erzählt, wie fast 100 Freunde und Firmen aus Lahti ihn beim Bau des Museums unterstützten. Eine Betonfirma spendete den Beton. Ein Ausbildungsbetrieb führte mit Jugendlichen und jungen Erwachsenen viele Arbeiten kostenlos durch. »Acht Jahre lang habe ich an der Idee gearbeitet. Am Ende hat sogar die Stadt Lahti verstanden, was ich hier aufbaue, und sie haben mir dieses Grundstück im Hafen verkauft.«

»Riku, du bist ein bisschen verrückt, oder?«

Sein Freund Juha ruft lachend dazwischen »Riku muss man bremsen!«

Der strahlt: »Ich bin Finne!« Dann sagt er grinsend: »Ich bin ein großer Junge. Und wir sind ein armes Land. Aber wir haben die Russen geschlagen! Wir können alles, was wir wollen!«

Ich erzähle den beiden Finnen die Geschichte meines Motorradführerscheins. Riku legt meiner Mutter den Arm um die Schultern und sagt: »*Äiti kulta!*« Goldene Mama!

Quentin Tarantino tanzt

Es ist schrecklich! Es ist grausam! Ein Mückenangriff in Lappland könnte nicht schlimmer sein. Es ist Donnerstag. Axel hat mich, hat uns tatsächlich verdonnert zum *tanssi*. Meine Eltern sind glücklich. Ich leide.

Immer donnerstags und samstags ist Tanz im Jenkkapirtti in Asikkala. Das ist irgendwo bei Vääksy. Das Jenkkapirtti ist eine hölzerne Tanzhalle mitten in der Provinz. Eher eine Tanzscheune. 700 Quadratmeter Tanzfläche. Groß wie die Wüste Kalahari, aber bevölkert wie New York oder Hongkong. Man sieht den Tanzboden vor lauter Finnen nicht. Der »Tanzbus« hat uns hergebracht. Und bringt uns auch wieder weg. Später. Dazwischen liegt das Tanzdrama. Ich habe seit zehn Jahren nicht mehr so unter Stress gestanden. Früher, in Ostwestfalen, da war das eine Kleinigkeit, da bin ich sogar eine Art Eintänzer gewesen. Aber das ist 25 Jahre her. Minimum.

Seit ewigen Jahren habe ich nicht mehr getanzt. Zuletzt auf der goldenen Hochzeit unserer Eltern. Aber das zählt nicht. Jedenfalls nicht jetzt. Dort hatte ich mit meiner Mutter getanzt. Sie hatte geführt. Wir tanzten den ostwestfälischen Schieber. Ich glaube, das ist die Variante dessen, was M. A. Numminen mit Geh-Tango beschreibt. Auch Tante Hildegard und Roswitha (angeheiratet) hatten mich aufgefordert. Schieber. Da kommt man rein. Locker. Zwei, drei Bier, und die Sache läuft. Aber das hier, das ist etwas ganz anderes. Das ist der Ernstfall. Und die Finnen nehmen den Tanz ernst, als ginge es ein drittes Mal gegen Russland. Der Sommertanz ist etwas typisch Finnisches. Irgendwo in der Walachei stehen Tanzhallen, und Hunderte von Finnen kommen aus der jeweiligen Region herangefahren.

Wir sind in Lahti am Marktplatz in den Tanzbus eingestiegen. Der Bus fährt zweimal in der Woche, immer donnerstags und samstags. 19 Uhr 30 hin und um 1 Uhr 30 zurück.

»Bisschen lang«, sagt Hermann.

Da bin ich noch obenauf. »Lässt du nach?«, frage ich.

Er grinst. »Warte mal ab!«

25 Euro für jeden. »So teuer? Denn bliewe ick to huse.« Hermann schüttelt den Kopf.

»Mit dem kannst du nirgendwohin«, sagt Ilse.

»Das ist quasi Taxi für zwei Strecken und der Eintritt«, sage ich.

»Und lohnt sich«, sagt der Busfahrer, überraschend auf Deutsch.

»Dann hat der genau verstanden, dass du zu geizig bist, um mit mir tanzen zu gehen«, sagt Ilse.

Hermann bezahlt. »Dreimal.«

»Oh, vielen Dank«, sagen Ilse und ich im Chor.

Der Busfahrer nimmt erst das Geld, dann gibt er uns die Hand. »Ich bin Johanni.«

Johanni erstaunt uns mit erstklassigen Deutschkenntnissen. Er erzählt, dass er 1962 fast ein Jahr lang in Hamburg gewohnt habe, er arbeitete für eine Reifenfirma. Er sei damals auch häufig im Starclub gewesen. Sogar die Beatles habe er dort gesehen. Woher wir kämen?

»Aus Minden.«

»Da bin ich auch schon mal gewesen.«

240

»Kann nicht sein!«

»Doch, wirklich.«

Ungläubig starren wir ihn an.

Er lacht und sucht nach Worten. »Da ist ein Kanal. Er geht über eine Brücke über einen Fluss.«

Wir sind perplex über diese exakte Beschreibung. Jemand, der unsere Heimat kennt, nebst Schachtschleuse und Mittelland-kanal, der über die Weser führt! »*Kanaali*«, sagt er. Klar, wenn der Finne einfinnischt, dann setzt er ein »i« hinten dran! Johanni war 20 Jahre lang Taxifahrer und steuert nun seit 20 Jahren den Bus.

Mittlerweile fahren wir. Johanni dreht sich zu uns um: »Ihr habt nur Polka in Deutschland, oder?«

»Von wegen«, sagt Hermann, »Foxtrott, Samba, Rumba, Tango, Walzer …«

»Tango ist bei uns ganz groß«, schwärmt Johanni. Jetzt sei Sommer, sein Bus sei sonst viel voller.

An den Haltestellen steigen immer wieder Menschen zu. Über-wiegend Frauen sind auf dem Weg zum *tanssi*. Bis zum Ziel der Reise befinden sich außer uns sieben Frauen und zwei Herren an Bord. Bei den Herren senke ich das Durchschnittsalter er-heblich. Bei den Damen erkenne ich jede Menge Leggins und Turnschuhe, dazu trägt jede lässig eine Tasche geschultert. Ich bin irritiert. Turnschuhe zum Tanzen? Bis ich eine halbe Stunde später die gleichen Damen sehe, jetzt in Röcken und Tanzschu-hen. Frauen und die Geheimnisse ihrer Umhängetaschen! Ich selber sehe aus wie frisch vom Motorrad gestiegen.

»So wutt du dor hän goan?« So willst du da hingehen, hatte Ilse vor Abfahrt kritisch angemerkt.

Ich habe aber nur Jeans, Motorradstiefel und T-Shirts dabei. »Soll ich in Clogs tanzen gehen?«, frage ich meine Mutter.

»Nee, aber die Stiefel hättest du ruhig mal saubermachen können.«

Ich schaue nach unten. »Jau. Stimmt!« Da sitzt noch der Staub
vom Rockabilly-Festival. Aber wer nimmt schon Stiefelputzzeug
mit auf die Reise?

»Mit dir kann man genauso wenig losgehen wie mit deinem Vater!«

Plötzlich biegt Johanni irgendwann inmitten der Kiefern und
grünen Hügel nach links auf einen riesigen Parkplatz ab. Der
erstreckt sich krakig und weiträumig zwischen den Bäumen.
Hunderte Autos stehen bereits da, ein paar Wohnmobile. Dazwischen lugt grün ein Gebäude hervor: das Jenkkapirtti. Auf den
Plakaten sind die Bands für heute und die kommenden Tanzveranstaltungen des Monats angekündigt: Viivitaivas, Eija Kantola
und Anneli Mattila & VIP.

Nun erleben wir die Finnen in ihrem Element. Sie strömen aus
allen Himmelsrichtungen herbei. Der Parkplatz läuft bald über.
Und drin wird getanzt. Zwei Live-Bands wechseln sich ab.
Es gibt keine Tanzpausen, nicht das berühmte ostwestfälische
Zwischenspiel der Kapelle: »Der schönste Platz ist immer an der
Theke« – das war für die Männer immer der Moment, ein Bier
zu trinken, und für die Frauen, »Schluck« zu schütten, also
einen Korn, der ihnen aber nicht schmeckte, weshalb sie mit
Florida-Boy nachspülten und damit das Schnapsglas noch ein-
mal vollgossen. Eine Flasche Florida-Boy hielt fünf Schnäpse
lang. Damals hießen Bands noch Kapellen, und Rock 'n' Roll war
Hottentottenmusik, und ein Bett im Kornfeld war immer frei.
Hier in Finnland wird durchgetanzt. Die Bands spielen jeweils
eine Stunde, dann wird abgewechselt. Stargast heute ist Anneli
Mattila, die von einigen belagert wird wie ein Schlagerstar. Und –
sie ist ein Schlagerstar, wie wir am nächsten Tag von Viivi und

242

Axel erfahren. »Süste, wenn ütt so berühmt is, denn was datt gor nich so dürr«, wird Ilse den Ausflug im Nachhinein rechtfertigen, wenn die so berühmt ist, dann war das gar nicht so teuer!

Und jedes Mal gibt es diese Verwandlung bei den Damen: Wer den Saal noch mit Flip-Flops betrat, dreht sich wenig später hochbehackt auf dem Parkettboden. Die meisten tanzen wirklich ununterbrochen. Normalerweise wechselt man die Partner nach jedem Tanz. Es gibt allerdings deutlich mehr Frauen als Männer. Ich gehe nach oben auf die Galerie und schaue zu, wie die Tanzpartnerinnen zurückgeführt werden, wie alle, die keinen Tanzpartner haben, darauf warten, nun in der nächsten Runde dabei zu sein. Manche Männer schwitzen gewaltig. Ich gehe zur Toilette und sehe Dinge, die ich noch nie gesehen habe: Vor dem Herrenklo hängt ein Föhn. Davor! Hier trocknen sich die durchgeschwitzten Herren die Haare und den Rücken. Ein seltsamer Anblick bei einem Volk, das sonst alles tut, um in die Sauna zu kommen und aus allen Poren schwitzen zu können.

Ich stelle mich wieder mit einem Bier an die Balustrade und sehe zu, wie meine Eltern sich elegant über die Tanzfläche schieben. Feurig regelrecht. Fast südeuropäisch. Perfekt integriert in diesem tanzenden Pulk ekstatischer Finnen. Manche ziehen hier unweigerlich meine Aufmerksamkeit auf sich. Da. Der lange Hagere dort. Er sieht aus wie eine exakte Kopie von Quentin Tarantino. Er tanzt mit staksigen Beinen, die er bei jedem Schritt extrem anhebt, was seiner ganzen Bewegung etwas hochgradig Storchiges gibt. Eine Tänzerin sieht aus wie meine Tante Hildegard, nur leichter, luftiger gekleidet, als ich Hildegard je sah. Tante Hildegard hier ist rothaarig und tanzt hingebungsvoll, dynamisch, und ich habe das Gefühl, sie dreht ihren Finnen und nicht er sie.

Es gibt zwei Räume, jeder mit einer Tanzfläche, dazwischen ein

Durchgang, eher ein Durch-Tanz. Dann gibt es noch eine Außentanzfläche, auch die ist den Finnen sehr wichtig. Sie wird in der Werbung extra benannt. Scheint ein Qualitätsmerkmal zu sein. Lautsprecher sind draußen montiert, und auch hier drehen einige Paare stoisch ihre Figuren.

Axel hat uns erzählt, laut Internet sei von 21 Uhr bis 21 Uhr 30 Damenwahl. Es ist 20 Uhr 50. Ich suche einen Ort, an den ich in dieser Zeit flüchten kann. Wo ich ungesehen bin. Vielleicht sollte ich schnell so viel trinken, dass es mir egal ist, wie ich tanze. Ich bin nervös! Gut, dass hier keine Blutdruckmessgeräte herumliegen. An der Längsseite der Haupttanzfläche führen drei Stufen empor. Auf diesen Stufen stehen Hunderte tanzwillige Finninnen. Und alle warten auf freie Männer. Vampire saugen Blut, Finninnen tanzen!

Eine junge Frau, etwa Mitte 30, ist meine heimliche Ballkönigin. Sie ist die Prinzessin. Ich hätte gern ein weißes Pferd, habe aber nur ein vor Angst durchgeschwitztes T-Shirt in Beige. Ich bin komplett durchnässt, ohne auch nur einen Schritt getan zu haben. Sie trägt ein weißes Kleid, und ich fühle mich in meinen staubigen Stiefeln wie der Schweinehirt im Märchen, und natürlich werde ich den ganzen Abend meine Prinzessin nicht anzusprechen wagen. Ich werde einen Tanzkurs machen, verspreche ich mir selber. Schließlich will ich Finnland nicht nur einmal besucht haben. Das ist mir jetzt schon klar. Trotz der bedrohlichen Situation.

Erst mal weiter Fühlung aufnehmen mit allem. Ich hole Ilse einen Wein, Hermann Wasser und mir noch ein Bier. Vernünftige Eltern. Und immerhin über 70. Ich trinke. Ich muss ja heute nicht fahren. Wir haben ja einen ganzen Bus.

Sobald ein Finne oder eine Finnin den Raum betritt, tanzt er. Es gibt keine Aufwärmphase: ein schneller Blick, fragen – tanzen!

Der Finne ist ab jetzt den Rest des Abends kaum zu halten. Über der Band hängen zwei Schilder. Eines leuchtet, das andere nicht. *Naisten haku* leuchtet, *miesten haku* nicht. Ich frage und erfahre eine grausame Wahrheit: Das ist die befürchtete Damenwahl. Die Schilder bedeuten Damenwahl und Herrenwahl. Grad also sind die Damen an der Reihe. Dianen auf Jagd. Auf den Stufen warten noch mindestens 50 bis 70 Frauen auf einen Partner, fast alle verfügbaren Männer werden bewegt. Ich fühle mich wie auf einem Treck im Wilden Westen, der von Indianern umzingelt ist. Ich bin der Eindringling, dies ist ihr Gebiet, dies ist ihr Land. Seit Jahrtausenden wohnen sie hier. Sie haben alles Recht, mit mir tanzen zu wollen. Ich flüchte erneut auf die Empore. Mein Puls beruhigt sich leicht. Hier oben bin ich allein. Über den Wolken. Ich beobachte. Ich interessiere mich für die Finnen.

Da! Quentin, die Sau! Er tanzt mit meiner Prinzessin! Na, der traut sich was. Ihr gegenüber und mir gegenüber. Moment. Immer noch *naisten haku*. Das bedeutet: Sie hat *ihn* aufgefordert. Was findet meine Prinzessin an Quentin Tarantino? Da tanze ich dreimal besser! Ich würde dreimal besser tanzen, wenn ich mich trauen würde. Es ist wie auf dem Fünf-Meter-Brett. Je länger man steht, desto geringer wird die Chance, dass man überhaupt noch den Mut findet und springt.

»Wutt du nich moal danzen?« Ilse steht neben mir. Willst du nicht mal tanzen? Ich schüttele den Kopf. Lieber inkognito bleiben. Eine Tarnkappe wäre jetzt ideal.

Mein Vater grinst. »Was ist denn, Großer, traust du dich nicht?«

»Reicht doch, wenn ein Sohn in Finnland verbandelt ist, oder?« Beide nicken schnell. Uff! Das war knapp! Ich tanze mit Ilse. Die Band wechselt. Die Schilder auch. Nun leuchtet *miesten haku*. Der Star des Abends tritt auf. Einige Herren belagern die Bühne wie beim Stones-Konzert. Anneli ist charmant. Die Moderationen werden kurz gehalten, dem Finnen geht es um die Musik. Der Abend schreitet fort. Aber langsam. Die Lichter flackern. *Miesten Haku* erlischt. *Naisten Haku* leuchtet. Damenwahl. Schon wieder? Ich müsste zur Toilette. Das ist jetzt doppelt schlecht. Die Toiletten sind unten, und unten wird getanzt. Dazu dieses ameisenhaufenartige Durcheinander. Ich gehöre hier nicht hin. Ich bin kein Tänzer, und ich bin kein Finne. Ich greife an meine Stirn. Schweiß. Angst. Damenwahl. Die Familie bietet hoffentlich Schutz. Bei den Moschusochsen stellt sich auch die Herde im Kreis gegen die Feinde und nimmt das Jungtier schützend in die Mitte. Na ja, Jungtier. Und die Angreifer sind lediglich tanzbegeisterte Finninnen, aber ich bin auf so was einfach nicht vorbereitet als Ostwestfale. Außerdem drückt meine Blase immer noch. Eilig schreite ich zur Toilette. Ich gehe so schnell, dass niemand mich aufzuhalten wagt.

Was dann kommt, schreibe ich nicht gerne: Ich übe Tanzschritte in der WC-Kabine! Wirklich wahr. Ich habe eine sehr gute Freundin, Gerlis, die ist eine meisterhafte Tänzerin, sie tanzt Salsa. Warum habe ich nicht wenigstens eine halbe Stunde mit ihr trainiert? So unvorbereitet in tanzwütiges Ausland zu fahren! Ich schleiche zurück. Am Tisch sitzt – niemand! Ich bin eine Waise. Eine Tanz-Waise. Die Band spielt Tango. Meine Eltern tanzen. Ich starre in das Meer der Füße. Ich beobachte die Beinarbeit. Der Finne schiebt seine Partnerin hauptsächlich mit dem und über den rechten Oberschenkel. Wo bleibt da die angebliche Melancholie des Tango? Dann sehe ich Quentin. Und seine Partnerin sieht aus wie – Tante Hildegard! Ich bin sprachlos! Tanzt Tante Hildegard in Finnland? Obwohl, Hildegard trug noch nie rückenfreie Kleider. Ich sehe auf. Eine Frau lächelt mich an. Ich denke. Ich denke unendlich viel und schnell. Ich könte Mathematik studieren in solchen Momenten. Ich denke, dass mich hier keiner kennt und niemand weiß, dass ich ein nervöser deutscher Nichttänzer bin. Die Frau kann mich immer noch für einen stieseligen Finnen halten. Oder? Ich suche nach Worten in einer fremden Sprache. *Terve.* Ich spreche, aber nur zu mir selbst: »I would like to dance with you.« Aber was soll ich dann mit ihr machen? Hier gibt es keinen Freistil, kein Nebeneinander, Voreinander ohne anfassen. Also vom rechten Bein aufs linke und zurück. Hier gibt es nur Paartanz und jetzt auch noch Boogie-Woogie. Der wechselt mit Rumba, mit Walzer und Tango. Ich kann nur noch Freistil zu Rockmusik mit Stromgitarre. Für mehr reicht das Selbstvertrauen nicht. Die mich angelächelt hat, tanzt jetzt mit Quentin, der sich bewegt wie ein kanadischer Holzfäller. *Humppa* heißt der Tanz. Irgendwas stimmt zwischen den beiden. Da stimmt doch was nicht! Sie wechseln auch die nächsten zwei Tänze nicht mehr den Partner. Mist!

Meine Eltern kommen wieder von einem eleganten Tango zurück. »Und?« Hermann ist gnadenlos.

»Eher nicht«, quäle ich hervor. Ich probiere mich mit den nächsten Bieren bis zur Tanzfähigkeit zu dopen. Weiter schwierig. Ich wechsele meine Taktik und versuche mich als Ethnologe zu definieren, der hier einer fremden Völkerschaft begegnet und in »teilnehmender Beobachtung« nach Erkenntnissen sucht. Nach Charakteristika.

Quentin bewegt jetzt die Beine, als würde er schuhplatteln, hat dabei aber schon wieder eine andere Partnerin im Arm. Er tanzt eindeutig mit den schönsten Frauen des Abends. Oder *ist* er am Ende Quentin Tarantino? Ich glaube, das Bier wirkt. Wieder Toilette. Die Männer greifen nach Servietten und Klopapier, um die Schweißströme einzudämmen. Tupfer wären hier zu wenig.

Der Föhnmann föhnt sich wieder Haare und Rücken. Es ist Donnerstag. Sehr gut! Samstag wäre der Bus eine Stunde später gefahren. Noch eine Stunde in diesem Land voller Minen. Ich tanze mit Ilse. Das zählt nicht. Ich weiß. Ich bringe sie zurück zu Hermann. Da, ich erkenne das Lied, ein Song von Elvis. Ja, jetzt, jetzt hätte ich Mut. Das richtige Lied läuft. *Naisten Haku*. Damenwahl. Pech. Da brauche ich gar nicht erst loszugehen. Beim nächsten *miesten haku* halte ich es kaum noch aus. Ich stürze zur Toilette. Der Weg ist frei, keine weiblichen Hinterhalte sind möglich. Der Föhnmann ist auch wieder da. Er föhnt jetzt auch unter den Armen. Allein wie er sich unter der heißen Luft bewegt, würde in mancher Kleinstadt schon als moderner Tanz durchgehen. Er erinnert mich in seiner stummen Ernsthaftigkeit an Oliver Hardy. Ich selber fühle mich wie Stan Laurel. Die Band spielt eine Rumba. Quentin, du Sau! Er macht voll die Sache mit dem rechten Oberschenkel. Wo ist eigentlich Tante Hildegard geblieben? Ich schwitze. Die Band stoppt. Die Finnen applaudieren und rufen überraschend auf Englisch »We want more«. Wir wollen mehr. Das bedeutet Zugabe! Manchmal hält sich der Finne also nicht mal selber mit seiner eigenen Sprache auf. Sie spielen jetzt ein langsames Lied, alle Paare schwofen. Das hätte ich auch gekonnt! Stirn an Kopf, Wange an Kinn, Brille in Auge bewegen sie sich nur von einem Bein auf das andere und genießen Nähe und Berührung und Schweiß, denn nicht alle waren vorher am Föhn vor der Herrentoilette.

Irgendwann ist es Viertel nach eins. Wir gehen zum Bus. Die meisten Männer stehen jetzt draußen am Grill und essen *makkara* oder auch *bratwursti*. Wer eine echte Finnin ist, auch. Im Bus komme ich mit Hilkka und Eija ins Gespräch. Sie schwärmen vom Samstag, da ist nur zweimal kurz Herrenwahl, ansonsten den ganzen Abend *naisten haku*. Da wird getanzt! Und freitags, sagen sie, ist immer Tanz in Lahti, auf dem Tanzplatz am Wasser, unterhalb vom Hotel in Mukkula.

Am nächsten Tag spaziere ich am Nachmittag genau dorthin, zum *tanssi* in Lahti. Die Tanzfläche ist unmittelbar neben dem See, nur ein Holzgeländer trennt Tänzer und den Vesijärvi. Ich sehe Hilkka und Eija wieder. Sie tanzen. Sie sehen mich und winken. Ich winke zurück. Nach dem Tanz kommt Hilkka auf mich zu. »Tanzt du?«, fragt sie.
»Sicher!«, sage ich.
»Jetzt?«
»Klar. Äh. Kannst du führen?«
Hilkka lacht und zieht mich zu sich. Sie drückt mich an sich und betanzt mich so, als schöbe ich sie über mein rechtes Bein über die Tanzfläche. Bitte, geht doch! Und das ist fast wie der ostwestfälische »Schieber«!

Am Abend stehe ich am Vesijärvi und schreibe eine SMS. An Isabel: »War Tango tanzen mit Hilkka.«
»Seit Tagen schreibst du keine Zeile und dann tanzt du mit fremden Frauen Tango! Ich hasse dich!«
Ich antworte nicht. Zehn Minuten später schreibt Isabel erneut: »Von mir aus kannst du gleich dableiben. Werd doch mit deiner Hilkka glücklich. Over and out!«
Ich schaue auf das Wasser und finde die Vorstellung gar nicht so abwegig. Schade, dass Hilkka heute Abend schon anderweitig verabredet ist.

Unter Königsadlern

Der Winter gehört zu Finnland wie die Reifen zum Auto. In Lahti ist er aber auch im Sommer allgegenwärtig, schon allein durch die Skisprungschanzen. Was bei einigen Spezies die Schwimmhäute sind, das sind beim Finnen die Ski. Der Finne wird schon mit Langlaufskiern an den Füßen geboren, was übrigens besondere Anforderungen an die Mütter stellt. Die Kinder sitzen mit den Langlaufskiern am Tisch, sie liegen damit nachts im Bett, und in der Pubertät versteht es der Finne wie kein Österreicher, sich mit Skiern an den Füßen zu küssen, zu entkleiden und zu entjungfern bzw. sich entjungfern zu lassen. Lediglich mein Bruder war anfangs irritiert, vor dem Sex Langlaufskier anziehen zu müssen.

Fast genauso typisch wie Skilanglauf ist für den Finnen der Skisprung. Eine verrückte Sportart. Man rutscht eine steile Schanze hinunter und fliegt dann durch die Luft, aber ohne Fallschirm oder gepolsterte Landezone. Matten wie beim Hochsprung sucht man hier vergeblich, dabei fliegt man wesentlich weiter und landet sehr viel tiefer. Wahnsinn! Und Sportler wie Janne Ahonen und Matti Nykänen sind Superstars, egal wie skandalnudelig ihr Leben verläuft. Skisprung interessiert und fasziniert sehr viele. Auch zu unserem Mindener Familienleben gehörte im Winter immer die Vier-Schanzen-Tournee. Nun direkt an Schanzen zu stehen ist großartig. Geschichten über Janne zu hören von Menschen, die ihn kennen – und hier kennt ihn jeder, und fast jeder kennt ihn persönlich, denn er lebt ja in Lahti. Ahonen ist ein regelrechtes National-Idol. Seit fast 20 Jahren fliegt er von den Schanzen dieser Welt. Fünfmal hat er die Vier-Schanzen-Tournee gewonnen, er wurde fünfmal Weltmeister und gewann zweimal Silber bei Olympia. Dass in dieser Erfolgsreihe der fehlende Olympiasieg ein Manko sein soll, verstehe ich nicht. Ich bin nicht mal Kreismeister geworden, nicht mal in weit weniger spektakulären Sportarten.

Axel hatte gesagt: »Ich zeige euch mal Janne.«

Hermann war erstaunt. »Kennst du den?«

»Nee, aber der steht hier rum.«

»Wie? Der steht hier rum?«

Axel führt uns zu einer lebensgroßen Pappfigur. Die steht im Schaufenster der Buchhandlung und wirbt für Ahonens Biographie. Die deutsche Ausgabe war sogar auf der Bestsellerliste. Und die habe ich im Gepäck! »Königsadler – Mein Leben als Skispringer«, »*Kuningaskotka*« im Original. Kostet hier schlappe 35 Euro. Hardcover zwar, aber trotzdem eine Menge Geld. Bücher sind in Finnland ziemlich teuer. Ein seltsames Land: Meine Grundnahrungsmittel, Bücher und Alkohol, gehören hier zu den teuersten Konsumwaren. Bei PISA schneiden die Finnen top ab, aber die Kulturerzeugnisse sind extrem hochpreisig!

Vor einem kleinen Laden mit Nähmaschinen folgt unser nächster Stopp. Im Fenster ein Poster: Janne Ahonen mit einer Pfaff-Nähmaschine. Werbung für Nähmaschinen? Wieso das? Außerdem wirbt Janne für ein Möbelhaus und fläzt sich in Sessel und Sofas, liegt in Betten und sitzt an Tischen. Axel hat uns den Prospekt gezeigt. Ahonen lächelt selten auf diesen Fotos. Er sieht den Betrachter meist aus großen, neugierigen Augen an. Ein Model ist er nicht gerade. Er hockt auf dem Sofa wie wohl sonst auf dem Absprungbalken, als würde er dort nicht lange bleiben wollen. Die Mimik erinnert an Buster Keaton.

Ich diskutiere das mit Viivi. Was soll uns Janne als Werbeträger vermitteln? Ein bisschen Ernst, aber auch Zuverlässigkeit? »Diese Möbel halten mindestens so lange wie Jannes Schanzenrekorde.« Wir glauben, das ist die Botschaft der Werber. Ahonen ist eine Ikone und doch der Junge von nebenan. Der Boris Becker von Lahti. Er ist kein Unschuldslamm, wie er in seiner Autobiographie erzählt. Er lebte in seinem Sport wie in seinem Leben eher extrem, und seinen weitesten Sprung hat er nach durchzechter Nacht gemacht. Leider ist er gestürzt und weigerte sich dann, sich ins Krankenhaus fahren zu lassen, aus Angst vor einer Blutprobe. Nach seinem ersten Rücktritt fuhr er Dragster-Rennen und schnelle Motorräder. Ein harter Kerl. Die Finnen lieben das. Auch für die Frauen ist das eine Qualitätsangabe. Das fast höchste weibliche Lob lautet: »Der ist ein echter Finne!« Dann meinen sie einen echten Kerl, einen Naturburschen. Das heißt: immer etwas verrückt, Helden mit kleinen Macken, aber trotzdem diese liebenswerte Mischung aus Indiana Jones und Forrest Gump.

Es ist Freitag, in zwei Tagen werden wir wieder nach Hause fahren. Axel und ich gehen eine große Runde, unter Brüdern. Wir landen dabei wieder am Sportzentrum Lahti. Hier hat Axel im Rahmen seines ersten Sprachkurses gejobbt, während der Senioren-Olympiade. Wir schlendern zu den Schanzen hinüber. Martin Schmitt und Jens Weißflog haben auf diesen Schanzen schon Wettbewerbe gewonnen, natürlich immer wieder Matti Nykänen, Ole Bremseth, Masahiko Harada, Adam Malysz, Janne Ahonen, Gregor Schlierenzauer und Matti Hautamäki. Ich kenne keine

Sportart, in der die Akteure lustigere Namen haben. Und wir ziehen den Hauptgewinn: heute ist Training! Das erste Mal in meinem Leben sehe ich Skispringer live, im Sommer, bei strahlendem Sonnenschein. Schade, dass Hermann nicht mit ist. Wir schauen staunend in den Himmel. Na ja, ich schaue staunend, Axel hat das inzwischen mehrfach erleben dürfen. Wir gehen Richtung Auslauf. Mein Handy brummt. Isabel!

»Was machst du?«

»Skispringen!«

»Du?«

»Ja, was denn sonst?«

»Glaub ich nicht. Schick mir ein Foto!«

»Over and out!«

Axel sieht mich fragend an.

»Isabel.« Ich nicke zur Sprunganlage hinüber. »Sie glaubt nicht, dass ich hier springe.«

»Kluge Frau. Bei der solltest du bleiben.«

Neben uns steht ein Mann und sieht konzentriert zu den Schanzen hoch, in den Händen zwei Walkie-Talkies. Ob er dazugehöre, frage ich vorsichtig. Er nickt. Ob ich ihn stören und was fragen dürfe. Gerne.

»Wie funktioniert das überhaupt, Sommertraining?«

»Wir trainieren auf den beiden kleineren Schanzen. Jede Schanze hat zwei Anlaufspuren für die Ski, auf der höheren, der 97-Meter-Schanze, ist die Spur aus Keramik, auf der kleineren aus Metall. In ihnen läuft ständig Wasser. Auf dem Wasser gleitet der Springer quasi vom Turm herunter und springt dann auf die Grasmatten in der Landezone und im Auslauf, auch die werden ständig nass gehalten. Sonst würden die Laufflächen der Skier und die Matten verbrennen, aber so gleitet der Kunststoff auf dem feuchten Kunststoff.«

Wir wollen wenigstens höflich sein bei so viel Hilfsbereitschaft. Wir stellen uns vor: »Axel.«

»Bernd.«

»Kimmo.«

Wer Kimmo wirklich ist, erfahren wir erst nach und nach. Echt finnisch. Immer bescheiden. Kimmo Kykkänen ist Skisprungtrainer. Einer der wichtigsten Finnlands. Das ist so typisch für dieses Land. Alles ist so normal. Und nah. Irgendwie ist es unvorstellbar, dass sich ein Verbands- oder Vereinstrainer in Deutschland für den nächstbesten Touristen Zeit nimmt. Kimmo ist Trainer des Vereins *Lahden Hiihtoseura* und betreut im finnischen Skiverband die Frauen-Mannschaft. Heute hat er drei Männer im Training, außerdem springt auf der 70-Meter-Schanze das Jugend-Team von *Lahden Hiihtoseura*. Die werden von einem eigenen Trainer betreut, von Kalle. Wenn wir uns interessieren würden, sollten wir mitkommen.

»Einfach so?«

»Einfach so!«

»Na denn!«

Wir gehen mit Kimmo zu den Schanzen. Rechts ist die Sauna. Einige Finnen sitzen davor und fragen uns, Axel und mich – man sieht uns die Ehrfurcht vor den Sprungtürmen wohl an –, ob wir auch springen wollen. Das lässt ein Ostwestfale nicht ohne Witz auf sich sitzen. Ich sage: »Erst springen wir nackt von der Schanze, dann kommen wir zu euch in die Sauna.« Finnen und Deutsche lachen. Die Sonne strahlt. Dann höre ich ein »Wusch« schräg über mir. Ein Springer ist die Schanze heruntergekommen. Ich sehe noch die Landung.

»Ist das nicht gefährlich?«

»Die Ambulanz braucht zwei Minuten«, sagt Kimmo. Finnischer Humor.

Mehr aus Spaß frage ich, ob tatsächlich schon mal jemand nackt gesprungen ist.

Kimmo zögert keine Sekunde. »Finnen sind manchmal verrückt«, sagt er nur. Er öffnet eine Tür zu einem der Nebengebäude. Ein junger Athlet wärmt sich auf. »Das ist Harri.« Wenn ich ihn was fragen wolle, nur zu. Kimmo geht mit Axel weiter, und ich stehe überraschend einem der finnischen Topspringer gegenüber, der sich so benimmt, als sei es nicht ungewöhnlich, dass plötzlich ein interessierter Deutscher auftaucht, während er eine Langhantel stemmt. Harri Olli. Ich bin befangen. Nicht vorbereitet auf das hier. Beeindruckt. Fast sprachlos. Da hilft nur Vorwärtsverteidigung, schließlich habe ich tausend Fragen. Damit frage ich ihm in kürzester Zeit ein Loch in den Bauch. Zu Hause im Internet lese ich noch mal über seine ganzen Erfolge nach und auch die Skandale, die er schon hinter sich hat. Für manche war er ein zweiter Matti Nykänen: Bei allen Erfolgen gab es immer wieder zu viel Alkohol, immer wieder zu viel Lust auf Leben.

Ich suche meinen Bruder und finde eine SMS von ihm: »Bin mit Kimmo auf dem Turm für die Wertungsrichter, rechts neben der Schanze!« Ich steige über Gitterstufen auf den Wertungsturm. Ich schaue nach unten. Lange her, dass ich Zimmermann war und ohne mit der Wimper zu zucken in solche Höhen gestiegen bin. Oben stehen Kimmo, Axel und Kalle, der Jugendtrainer. Ich schaue seitlich auf den Sprunghügel. Da – wusch – höre ich von oben ein Rauschen. Ein Springer fährt die Anlaufspur hinab, tief in der Hocke, die Arme nach hinten, dann springt er ab und fliegt nur wenige Meter an uns vorbei, steuert mit den Armen, den Händen, man sieht, wie die Luft an seinem Anzug zieht. Er schiebt ein Bein vor, landet mit zur Seite gestreckten Armen und fährt dann einen eleganten Bogen auf grünen, feuchten Matten, als würde er über frischen Schnee gleiten. Unfassbar!

Kimmo erzählt, dass er die Skispringen in Klingenthal sehr mag. »Very good hill.« Und die in Oberstdorf. Überhaupt schätzt er Deutschland. Da interessiere man sich wenigstens für den Sport. Schon Jugendspringen hätten eine große Zuschauerzahl. Zum Ladies Cup kämen 5000 Zuschauer. Und es gebe immer interessante Gespräche mit interessierten Zuschauern, so wie jetzt auch mit uns. Zu den Springen in Finnland kämen gerade mal die Trainer und die Familienangehörigen. »Die Finnen sind nicht mehr neugierig auf Skispringen, es ist für sie schon zu normal, dabei ist es doch immer noch ungewöhnlich, sich bei Wind und Wetter vom Hügel zu stürzen!«

Zum Beweis rauscht wieder einer seiner Springer an uns vorbei. Wusch. Und dann die Landung. Schscht. Der Luftzug bei Abfahrt und Absprung ist ein faszinierendes Hörspiel. Kimmo ist nicht zufrieden mit Haltung und Weite und schüttelt den Kopf. Unten im Auslauf schnallt der Springer seine Ski ab und geht zu einem kleinen Lautsprecher, der dort montiert ist. Jetzt lauscht er Kimmos Kritik. Der spricht ruhig und konzentriert in sein Walkie-Talkie.

Die Springer ziehen sich die Anzüge von den Schultern und lassen sie lässig um die Hüften baumeln. Der Weg den Hügel hinauf ist schweißtreibend, es geht zwar erst ein Stück mit dem Sessellift Richtung Sprungturm, aber das letzte Stück müssen sie zu Fuß die Stufen emporsteigen. Das dauert und lässt uns immer wieder Zeit. Und Kimmo hat Spaß am Erzählen. 20 Frauen und junge Mädchen springen in ganz Finnland, sagt er. Er trainiert die Nationalmannschaft für den Ladies Continental Cup. Für den muss man mindestens 16 Jahre alt sein. Auch Kimmos Tochter Julia ist dabei und wird von ihm trainiert.

Sie ist die beste Finnin im Wettbewerb. Kimmo erzählt, sie habe dieses Jahr schon drei Motorräder zerlegt. Ob er keine Angst um seine Tochter habe, fragt Axel. Skispringer seien besondere Menschen. Das besondere Risiko auf der Schanze habe oft auch ein besonderes Leben im Privaten zur Folge. »Du musst es mögen. Du bist alleine, wenn du die Schanze runterkommst. Du musst dir vertrauen. Mach das Beste draus! Du kannst keinen Ball abspielen oder auf ein Zuspiel warten. Es gibt nur dich und die Schanze.«

Wusch. Wieder ein Springer. Kimmo schüttelt erneut unzufrieden den Kopf und gibt Korrekturen.

»Schlimm?«, frage ich.

»Nein, wenn im Training ein schlechter Tag kommt, ist es egal. Es kommt bestimmt auch wieder ein guter. Es liegt viel am Kopf.«

Dann zählt er Erfolge seiner Springer auf, ihre nationalen Siege, ihre internationalen Meisterschaften und Platzierungen. Kimmo erzählt von seiner Trainingsgruppe bei *Lahden Hiihtoseura*. Seine Augen leuchten, wenn er die Namen nennt, man spürt seine Leidenschaft: »Harri Olli, Kalle Keituri, Veli-Matti Lindström. Meine Tochter Julia, mein Sohn Jere, Janne Nordman, Sebastian Klinga, Niko Petjala.«

Wusch! Es ist Harri.

»*Hyvä*!« Gut! Ein guter Sprung in allen Phasen. Kimmo ist zufrieden. Harri Olli sei manchmal perfekt.

Oft kämen Springer zu ihm. »Kannst du mich trainieren?«, fragen sie. Springer, große Talente, die Alkohol- und Drogenproblemen haben, kommen immer wieder aus anderen Landesteilen. Kimmo holt sie zu sich nach Hause. Er sei kein Sozialarbeiter, aber er versuche zu helfen und sie zu trainieren. Wenn ein Sportler sich wieder festige, sei das wichtiger als Medaillen und Olympia. »Wenn so jemand sein Leben zurückbekommt, ist das für mich der größte Preis, den er gewinnen kann. Und ich auch.«

Er lächelt und schaut zur Schanze. »Ich mache mir nicht so viel aus Medaillen.« Das heißt aber nicht, dass er nicht gewinnen wolle. Wusch! »*Hyvä!*«

Wieso macht eigentlich Janne Ahonen Werbung für Nähmaschinen? Was hat der mit Nähen zu tun?

»Das ist doch klar! Weil Janne seinen Sprunganzug selber näht.«

»Das kann er?«

»Das kann eigentlich jeder Springer. Wir kaufen die Anzüge und nähen sie dann individuell um und ab«, erzählt Kimmo. Für seine eigenen Springer übernimmt er das Umnähen. Von einer deutschen Firma bekommt er quasi die »Rohlinge«. Alle Topspringer schneidern ihre Anzüge dann individuell zu.

Und er selber? Wie war das mit Kimmos Karriere?

»Ich wollte immer zu viel und zu schnell. Als Kind schon wollte ich von der großen Schanze springen.« Sein Vater kam, um ihn vom Training abzuholen. Da hatte er sich zur großen Schanze geschlichen. Und ist gesprungen. Und schwer gestürzt. Mit Wucht bei der Landung auf den Rücken gefallen. »Ich fühlte mich, als würde ich sterben. Dann lernst du schnell! Ich war noch zu leicht damals. Mein Vater nahm mich mit nach Hause. Danach habe ich gewartet, bis mir der Trainer den Sprung von der großen Schanze erlaubte.« Kimmo sagt, Finnland habe kein Sportförderprogramm. »Es gibt keine Sportförderkompanien bei der Armee. Anders als in Deutschland. Dadurch wird der Sport für die Athleten sehr teuer.« Kimmo hat drei Kinder, und sie alle sind auch Skispringer geworden. »Das ist viel billiger, wenn du gleich drei hast«, sagt er und lacht.

Axel und ich verabschieden uns, beeindruckt von Kimmo und beeindruckt von den Trainingserlebnissen. Eine verrückte Sportart! Einerseits bin ich Fan, anderseits würde ich im Leben nicht von einer solchen Schanze rauschen wollen. Es gibt für die Menschheit keinen wirklichen Grund für den Skisprung. Außer Übermut. In der Leichtathletik haben fast alle Disziplinen Anlass und Ursache. Der Speerwurf stammt noch aus Zeiten, als man Mammut oder Hirsch und Eber erlegen musste. Der 100-Meter-Lauf ist die konsequente Antwort auf den Fluchtreflex, und der Weitsprung kann vor Felsspalten und Gräben hilfreich sein. Skisprung aber ist in jeder Beziehung unnütz.

Wir gehen noch in das Ski-Museum direkt neben der Salpausselkä-Schanze. Dort kann man die Geschichte des finnischen Wintersports verfolgen, von Ski bis Eishockey, Ausrüstung, Sportgeräte, Kleidung, Medaillen. Man kann interaktiv an Simulatoren die Sportarten selber ausführen. Auch Skisprung ist dort möglich. Ich stehe keinen einzigen Sprung. Ich springe zweimal schon auf der Mitte der Anlaufspur ab, um dann wieder auf der Schanze zu landen. Mein Bruder lacht sich scheckig. Und schafft Sprung und Landung. Kein Wunder. Er ist schon ein halber Finne. Ich aber verknackse mir im Museum beim vierten Absprung den Fuß! Ich möchte jeden Ostwestfalen eindringlich vor dieser Sportart warnen – sogar schon vor dem Simulator!

Ich weiß nicht warum, aber ich erzähle unseren Eltern bei der Rückkehr: »Wir haben jetzt mit Skisprung begonnen!«

»Du? Dafür bist du doch viel zu schwer«, analysiert Ilse fachmännisch.

»Aber in dem engen Anzug würdest du mit deinem Bauch sicher ganz gut aussehen«, feixt Hermann.

»Mehr Fläche, mehr Auftrieb!«, versuche ich mich wenigstens rhetorisch weiterzubringen, als es mir virtuell gelang.

»Na ja, runter kommt man jedenfalls immer«, tröstet Hermann.

Satus Tattoos

Wir sind nun fast seit zwei Wochen in Finnland, Hermann, Ilse und ich. Wir fühlen uns zu Hause. Übermorgen beginnt unsere Rückreise. Ein bisschen wehmütig gehen wir mit Axel und Viivi den Weg zum Hafen. Die Finnin und die Deutschen schweigen. Aber dann werden wir aus unserer Melancholie geholt. Wir treffen Satu und Miguel im Hafen, enge Freunde von Axel und Viivi, die lange in Portugal gelebt haben. Satu erzählt, warum sie zurück nach Finnland wollte: »Portugal war so voller Licht, laut und farbenprächtig. Dann habe ich angefangen, meine Schwester zu vermissen. Der Nordwind hat mich zurückgetrieben. Und Miguel ist mitgekommen. Das Leben in Finnland ist gut. Ich liebe die Natur, das Wasser, die Menschen. Finnland ist schön, ruhig und friedlich.« Sie lächelt. »Finnland kann gleichzeitig auch unhöflich und grob sein, aber es ist immer echt und ehrlich.«

Miguel ist Graphiker, Satu ist Tätowiererin, die beiden sind verheiratet. Es ist Sommer, beide sind nur leicht bekleidet. Man sieht ihre zahlreichen Tätowierungen. Das ist hier nicht ungewöhnlich. In Lahti gibt es gefühlt auf je fünf Einwohner einen Tätowier-Laden. Viele Finnen tragen Tattoos, im Grunde fast jeder zwischen 20 und 50.

»Tätowiererin? Davon kann man leben?«, fragt Hermann.

Satu nickt. Axel erzählt, dass sie mindestens drei Monate im Voraus ausgebucht ist. »Ja, ich bin erfolgreich«, sagt sie und klingt dabei gar nicht angeberisch, sondern absolut geerdet. »Alle Guten haben lange Wartezeiten.«

Satu ist nicht nur in Lahti bekannt. Einmal in der Woche fährt sie in ein Studio in Tampere, um dort zu stechen. Wer sich tätowieren lässt, will oft die Arbeiten eines bestimmten Künstlers.

»Und wie wird man das?«, fragt Ilse.

Im Grunde sei es »learning by doing«, durch die Praxis lernen. Aber die ersten Erfahrungen kann man dadurch sammeln, dass man auf Kuhhaut tätowiert. Oder auf Bananen. »Es gibt für diesen Beruf kein klares Ausbildungsprofil, aber die Ansprüche und das Niveau sind immer weiter gestiegen. Vor allem musst du gut zeichnen können«, sagt sie. Satu hat Zeichnung, Malerei, Graphik und Bildhauerei studiert. »In Finnland ist es normal, tätowiert zu sein. Es ist nicht begrenzt auf irgendeine Gruppe von Menschen. Allerdings ist es für manche Berufsgruppen schwierig. Eine Krankenschwester zum Beispiel nimmt eher Stellen am Körper, wo man das Tattoo nicht sehen kann, oder sie nehmen etwas Feines, Schönes, Kleines, das dann mehr ›innen‹ ist. Wenn ein Arzt den Arm voller Tattoos hat, geht das. Der hat ja immer einen langärmeligen Kittel drüber.« Ilse fragt: »Aber warum macht man das? Versteh ich nicht. Obwohl ich manche ja ganz schön finde.«

»Das Tattoo bringt etwas nach außen, was unter deiner Oberfläche lag, was versteckt war. Es ist sehr intim. Wie ein Selbstporträt. Mit deinen Tattoos erzählst du auch deine Geschichte. Du schreibst damit das Tagebuch deines Lebens. Du enthüllst etwas, stellst es aus. Die Menschen müssen dir nah kommen, um es zu sehen, und normalerweise kommen sich Finnen nicht so nah. Du entscheidest, was du mit deinen Bildern erzählst.«

»Und was lassen sich die Finnen tätowieren?«, frage ich.

Satu antwortet: »Viele nehmen die Namen ihrer Kinder, andere nehmen Motive aus den Fünfzigern, den Sechzigern. Neo Classic. Die Tribals aus den Neunzigern werden endlich weniger. Ich danke Gott dafür. Viele sehen mit ihren Tribals schon wieder uniformiert aus. Meine Kunden haben mehr Mut. Ich möchte schöne Tattoos machen, Tattoos, die überraschen und erstaunen. Groß, schön, voller Farben. Mich interessiert alles, was schwierig ist, realistische Darstellungen. Ich mag Kombinationen, viel Farbe, viel Bewegung, ich mag transparente Aspekte und Effekte. Ich möchte mit meinem Talent an meine Grenzen gehen.«

Sie schaut zu Axel und Miguel und lächelt: »Rockabilly-Leute haben oft schlechte Tattoos.«

»Wieso?«

»Weil sie sich oft von ihren Freunden tätowieren lassen, und die können es dann nicht besser. Aber heutzutage sind die meisten bessere Künstler als früher.«

Ich frage: »Gibt es Grenzen für dich?«

»Klar, ich würde nie Nazi-Symbole stechen. Und nichts auf Hände und Gesichter, außer Augenbrauen und Leberflecken als kleine Schönheits-Tattoos. Und ich tätowiere keine Genitalien.«

»Warum?«

Satu sieht mich an: »Es ist nicht schön, den Penis eines fremden Mannes in der Hand zu halten.«

Ilse schüttelt den Kopf: »Du fragst Sachen!«

»Und die Haut ist dort als Fläche nicht interessant. Auch das Gesicht ist ein schwieriger Platz. Es gibt überhaupt große Unterschiede am Körper, die Haut betreffend. Dazu kommt, dass die Haut quasi deine Nationalität ist. Du kannst sie nicht abnehmen, nicht ablegen, nicht ausziehen. Und darum sollte man auch genau überlegen, was man sich tätowieren lässt, nichts Trashiges, sondern ein Bild mit Qualität.«

»Das klingt aber alles sehr fleißig«, sagt Ilse.

»Tätowieren ist kein Spaß, Mama«, sagt Axel grinsend.

Satu nickt: »Ich nehme meine Arbeit sehr ernst, ich arbeite hart, um gut zu sein. Mein Leben ist zeichnen und tätowieren.«

Hermann sagt: »Ich habe die Bilder lieber an der Wand, dann kann man die leichter umhängen!«

»Aber wie kommt man darauf, so was zu machen?«, fragt Ilse.

»Es ist wie ein innerer Ruf, du machst es, weil du es tun musst. Das ist kein Hobby wie bei manchen Malern, irgendwas treibt dich, das zu tun.«

Satu plant ein Buch über ihre Arbeiten. Axel und Viivi sind absolute Fans, und beide haben schon Motive von Satu am Körper.

Ilse fragt: »Erzählen deine Tattoos etwa auch was von dir, Axel?«

Er nickt.

»Und?«, fragt Ilse. »Was steckt dahinter?«

Axels erstes Tattoo war ein Büffelschädel. Er studierte damals Amerikanistik in Duisburg und bereiste Indianerreservate in den USA, er war in Montana, Nord- und Süd-Dakota, Nebraska und Wyoming, im Crow-Reservat und in den Black Hills. Axel erzählt begeistert von der Begegnung mit den Indianern, den Sioux, den Su, den Lakota. Von allen Reisen brachte er ein neues Tattoo mit zurück, eine tätowierte Wolfsklaue, dann einen Adler, einen Traumfänger: »End of the trail. Ein erschöpfter Indianer auf einem Pferd. Als Erinnerung an die verlorene Kultur.«

Von einer anderen Reise stammt ein Drache auf seiner Brust, und so, erklärt er uns, sind diese Tätowierungen auch für ihn immer Symbole für Lebensstationen und Orte, an denen er gewesen ist. Inzwischen hat Viivi ihm mehrere Motive gestochen.

Ilse sieht Axel skeptisch an: »Das tut doch weh.«

»Klar tut das weh. Tätowieren ist schmerzhaft. Mal mehr, mal weniger. Wer was anderes erzählt, der lügt!«

»Aber warum denn dann, Axel.«

»Mama, das sind quasi Andenken. Wie die kleinen Metallwappen von den Wanderhütten, die ihr euch auf den Wanderstock nagelt. Es sind Erinnerungen an Augenblicke in deinem Leben. Orte, an denen du gewesen bist. Ein Schriftsteller schreibt es vielleicht auf.«

Hermann grinst: »Bei dem ist es aber nicht so schlimm, wenn er sich mal verschreibt!«

Ich bin die ganze Zeit schon erstaunt: »Ilse, du interessierst dich aber sehr.«

»Vielleicht lasse ich mir ja auch mal so was machen. Von Viivi.«

»Von mir?«

»Klar«, sagt Ilse, »von wem denn sonst? Axel hast du doch auch schon tätowiert.«

Viivi flüstert mir zu: »Meint sie das ernst?«

»Weiß nicht!«

Erschrocken flüstert sie zurück: »Stell dir vor, ich verhaue das Bild …«

Mein Handy brummt. Wieder eine SMS. Natürlich Isabel: »Was machst du?«

»Sitze bei zwei Tätowiererinnen.«

»WAS? WARUM?«

»Lasse mir ein Herz tätowieren, in dem ›Mama‹ steht.«

»Du machst Witze, Bernd!«

»Rechter Oberarm, kann nicht weiterschreiben, muss stillhalten, sonst verschreiben die sich.«

»Wenn das stimmt, mach ich Schluss!«

»Dann lasse ich das Herz links mit deinem Namen gleich wieder durchstreichen!«

Holzwürmer

Es ist Samstag. Hermann und ich besuchen die Galerie *Pro Puu* am Hafen von Lahti, in einer ehemaligen Streichholzfabrik. *Pro Puu* bedeutet »pro – oder eben für – Holz«. Es ist ein Ort, der dieses Naturprodukt regelrecht feiert und ehrt. Neben der eigentlichen Galerie befindet sich ein Shop mit Holzdesign-Artikeln, etwas Schnickschnack und ganz viel Schönem: Bürsten, Bretter, Schilder, Spielzeug, Notenständer, Schalen, Schälchen und Schüsseln. Die Galerie ist lichtdurchflutet, die Wände sind aus rotem Klinker, fast alles andere ist weiß, wenn es nicht aus Holz ist, der Boden, die Regale, die Tische, auf denen die verschiedensten Objekte präsentiert sind. Es finden sich Möbel in eigenwilligen organischen Formen, eine Liege, Bänke, Teller und Haushaltswaren. Alles in diesem klaren, schnörkellosen, ästhetischen, umwerfend schönen finnischen Design. Ein Pfeil weist die Treppe hoch.

Hermann und ich steigen auf den Dachboden. Um uns herum – Schätze. Wir fühlen uns wie Prinzessinnen inmitten der Kronjuwelen. Wir Holzwürmer haben unser Paradies gefunden. Hier unter dem Dach ist eine Ausstellung von Tischler- und vor allem Zimmererhandwerk zu sehen. Gezeigt werden Modelle und Holzverbindungen, viele in Originalgrößen, aus Finnland und Europa, aus Japan und China. Geheimnisvolle Steckverbindungen, die ganz ohne Nagel halten. Hermann und ich kommen aus dem Staunen nicht mehr heraus. Er ist als wandernder Zimmermann wirklich exzellent ausgebildet, aber hier warten noch einige Höhepunkte der Handwerkskunst auf uns. Wir kannten schon viel, aber diese Fülle ist überwältigend und die Ausführung bestechend.

Heute werden Balken und Bohlen einfach stumpf aufeinandergesetzt und mit Stahlwinkeln verschraubt oder genagelt, ganz ohne Zapfen, ganz zu schweigen von weit aufwendigeren Verbindungen. Der Verlust an Können und Tradition ist enorm. Hier im fernen Lahti aber finden wir all die Schätze und Kostbarkeiten: komplizierte Dachdetails, filigrane Modelle von japanischen Konstruktionen, traditionelle asiatische Architektur, die jedes simple europäische Satteldach vor Neid erblassen lässt. Wir bewundern einfache Verblattungen genauso wie versteckte Schwalbenschwänze. Verschiedenste Eckverbindungen von Blockhäusern. Eine raffiniert verzapfte Holzbrücke, ohne Leim oder Nagel gefertigt.

»Gefällt es euch?«, fragt uns ein Mann.

»Wir sind beeindruckt«, sage ich.

»Aus Deutschland?«, fragt er weiter.

Wir nicken. Er erzählt, er habe einen deutschen Zimmermann auf Wanderschaft zu Gast gehabt, der ihm die Brücke gebaut habe. Ich berichte ihm, dass mein Vater auch gewandert sei und die Ausstellung hier ziemlich beeindruckend finde.

»Ja«, sagt er, »die Arbeiten sind etwas sehr Besonderes.«

Ich frage: »Bist du Markku?«

Er nickt.

»Dann machst du sehr guten Kuchen!«

Er lacht. »Ihr seid im Café bei meiner Frau gewesen?«

Ich nicke. Wir geben uns die Hand und stellen uns vor. Markku

Tonttila ist Gründer, Inhaber und Motor der Galerie *Pro Puu* und vieler anderer Aktivitäten rund um Holz, Skulptur und Kunst, in einem Haus, das inzwischen weit mehr ist als nur eine Galerie.

»Der Erfolg ist groß. Geplant war, das Haus nur im Sommer offen zu halten, aber Studentengruppen kommen inzwischen das ganze Jahr über, interessierte Menschen aus dem gesamten Holzbereich, Design, Industrie, Architektur. Es gibt nationale und internationale Kooperationen.«

Markku fragt, ob wir einen Kaffee wollen und Lust haben, die Werkstatt zu sehen? Klar, haben wir. Und schon begegnen wir neuen Holzwürmern. Tapio Anttila, Designer, und Merita Soini, ebenfalls Designerin. Sie haben sich zusammengeschlossen zur Gruppe Woodism, auf Deutsch in etwa mit »Holziges« zu übersetzen. Sie arbeiten, wie auch *Pro Puu*, mit Bruchholz, zum Beispiel aus Sturmschäden. Sie fällen keine neuen und gesunden Bäume für ihre Arbeiten. Ausschließlich gestürzte Stämme, abgebrochene Äste werden verarbeitet. Es gebe im Frühjahr, nach den Stürmen, immer das große »Säge-Happening«, erzählt Tapio.

»Ich weiß«, sagt Merita fröhlich, »das klingt irgendwie gar nicht nach Arbeit.«

Merita erklärt uns, dass sie hier für eine Ausstellung in Helsinki arbeiten. Sie zeigt uns ihre aktuellen Objekte: Hocker aus jeweils 150 bis 200 Holzstücken, dünnen Brennholzscheiten, die mit einem Gurt zusammengehalten werden. Drei Scheite sind länger als die anderen und ragen als Stuhlbeine heraus. Dieses Konstruktionsprinzip ist die bildhauerische Übersetzung eines der großen literarischen Werke Finnlands. Diese Figurinen werden die »Sieben Brüder« symbolisieren, nach dem berühmten Roman von Aleksis Kivi, von vielen auch als der finnische Nationalroman angesehen. Ob wir den Roman kennen? Wir schütteln die Köpfe. Das sei fast das wichtigste finnische Buch. Markku erzählt uns eine Kurzversion. Nachdem Vater und Mutter gestorben sind, lassen die sieben Brüder, allesamt schon gewaltige Kerle, den Hof verkommen. Sie wehren sich gegen die Auflage, lesen zu lernen und in die Kirche zu kommen. In der Schule, beim Geistlichen, bleiben sie nur zwei Tage, weil er sie quält und schlägt. Sie entkommen, verpachten den Hof und schlagen sich in die Wälder und leben dort zehn Jahre als Köhler und Jäger. Konflikte unter den Brüdern zeigen menschliche Schwächen und das Problem, Kompromisse zu finden. Dann kommen sie aus dem Wald zurück und bauen sogar eine Schule. Eine Bildungsgeschichte um Freiheit und Verantwortung, um Diskurs und Konflikt. Und mit Happy End. Der Roman war bei seinem Erscheinen 1870 sehr umstritten, er zeige ein zu negatives Bild der Finnen und Finnlands. Die Beschreibungen der Brüder im Roman dienen Merita und Tapio jetzt sozusagen als »Bauanleitung«.

»Kann man machen«, kommentiert Hermann knapp. Das ist für eine Arbeit zwischen Handwerk und Kunst das größte denkbare Lob eines ostwestfälischen Zimmermanns.

Wir trinken Kaffee, und Markku erzählt. Er hat eine eigene Philosophie entwickelt. Die Präsentation und die Rückbesinnung auf den Werkstoff Holz, gleichzeitig ein sensibler Umgang mit dem Wald, ein Bewusstsein für das Miteinander von Baum und Mensch. »Bäume und Wälder muss man verehren.« Er ist in seinem Element: »Holz ist das Grundgerüst des finnischen Lebens. Beinah konstitutiv. Das Trägermaterial der Gesellschaft, die darin und damit erst lebt, leben kann: Das Haus und vor allem die Sauna, die aus Holz gebaut werden und die man mit Holz heizt. Und die Grundlage, der Baum, muss gehegt und umsorgt werden.«

Markku selber konstruiert Möbel und Gebrauchsgegenstände. Auch er arbeitet alle Stücke aus Holz, das nicht extra geschlagen wird. »It's all left over!« Das ist alles abgebrochen, übrig geblieben, liegengelassen. Eigentlich Abfall, insofern Recycling. »Ich bin stark von China und Japan beeinflusst. Manche der Modelle sind extra an einer japanischen Hochschule für diese Ausstellung gebaut worden.« Die meisten Stücke aber hat er selbst gefertigt. »Das war eine echte Alternative zum Fernsehen. Mein Hobby!«, lacht er. »Im Winter war das eine schöne Arbeit. Ich saß am heißen Ofen und habe die Holzverbindungen gearbeitet.«

Das Ganze nennt er die »Arche der Verbindungen«, auf Finnisch *liitosten arkki*. Eine sehr poetische Beschreibung dieses Raumes. Heute kommen sogar Brautpaare, um hier zu heiraten. In den Holzverbindungen sehen manche das Zusammenfügen der Paare symbolisiert. Markku gefällt es sehr, dass seine Ausstellung jenseits aller Fachkompetenzen und Ernsthaftigkeit auch so symbolisch genutzt wird.

Wir treten nach draußen. Hier auf dem Vorplatz steht eine große Skulptur, die Markku uns noch zeigt: *troijan puuhevonen*, das Trojanische Pferd. Eine Auftragsarbeit von Mauno Hartmann, einem berühmten finnischen Bildhauer. Mauno benutzt Balken und Holz aus Abrisshäusern, arbeitet sehr rau mit dem Material und bearbeitet es mit Kettensäge und Äxten.

Wir betrachten noch einmal diesen auch von außen sehr schönen Klinkerbau. Das ganze Haus ist eine Liebeserklärung nicht nur an den Werkstoff Holz, sondern auch an den Baum an sich, an die endlosen finnischen Wälder und jeden Baum weltweit.

Ilse empfängt uns zu Hause ungeduldig mit einem: »Wo sin' gie denn de ganz tied e wäsen? Häbt gi jau verlopen?!« Wo seid ihr denn die ganze Zeit gewesen? Habt ihr euch verlaufen?

Nein, Ilse. Ganz im Gegenteil.

Dann marschieren wir gemeinsam mit Axel und Viivi noch mal zum Vesijärvi. Wieder will die Sonne nicht versinken. Dies ist unser letzter Abend. Wir sitzen im Hafen und schweigen.

Irgendwann bricht es aus Hermann raus: »Als ob einer gestorben wär!«

Ilse sieht ihn von der Seite an: »Im Gegenteil. Scheinbar kommst du doch ganz grade wieder mit nach Hause.«

»Das will ich doch hoffen!«

Schweigen. Fernes Möwengeschrei.

»War schön mit euch«, sagt Axel.

»So? Oder sagst du das jetzt nur so?«, fragt Ilse mehr rhetorisch.

Viivi übersetzt es uns: »Ihr sollt wiederkommen. Nächstes Jahr?«

Schweigen.

»Mal sehen.«

Ich lasse die vier vorgehen und trinke noch ein letztes Bier bei Aino. Dann schlendere ich am See entlang nach Hause. Und, wie war das jetzt mit dem Finnen an sich, frage ich mich selbst. Wie ist er tatsächlich? Genau wie in den Kaurismäki-Filmen? Was habe ich gedacht und was habe ich erlebt?

Mein Handy brummt, aber ich schaue nicht nach.

Der Finne an sich

Für mich sind die Finnen die letzten Cowboys Europas. Wilde Kerle, nicht ohne Tadel, mit einem starken Hang zum Saloon, aber immer auf der richtigen Seite kämpfend. Die Weiten der amerikanischen Prärie sind ihnen die endlosen Birken-, Kiefern- und Fichtenwälder. Dort reitet der Finne auf seinen unfassbar schönen amerikanischen Oldtimern dem Sonnenuntergang entgegen – und in manchen Monaten dauert das eben ein paar Wochen, bis sie untergegangen ist.

Nun schaue ich zurück auf zwei Wochen unter Finnen, auf Sauna, *mökki* und *makkara*. Der Sommer war alles andere als kalt, wir hatten keinen Regen, nur zwei Schauer, dafür Rekordtemperaturen. Wir haben kaum eine Mücke zu Gesicht bekommen, aber dafür auch keinen Elch. Was sich aber bestätigt hat: Der Alkohol ist teuer! Vielleicht auch deshalb habe ich sehr viele nüchterne Finnen gesehen. Sogar immer wieder.

Aber der Finne ist auch konsequent. Wenn er trinkt, trinkt er. Bis zum Ende. Dann kotzt er. In Finnland ist das kein leeres Wort. Der Finne geht so lange in die Kneipe, bis er bricht. Dann geht er nach Hause. Wenn nötig auf allen vieren. Der aufrechte Gang ist tatsächlich nicht zwingend typisch für den Finnen an sich. Wenn die Sommersonne den Asphalt aufheizt, kriegt der Trinker dabei heiße Hände und muss pusten. Abwechselnd. Das dauert, bis der zu Hause ist. Mein Bruder dachte anfangs, sein Nachbar habe eine Behinderung, weil er ihn öfter so sah. Aber nicht alles ist so, wie es scheint. Andererseits lebt der Finne gefährlich, besonders an Mittsommernacht. Axel erzählt von den Zeitungen, die am Tag danach von denen berichten, die jedes Jahr betrunken vom Steg fallen. »In diesem Jahr wieder acht Tote an Mitsommernacht!«

Wie ist er denn nun wirklich, der Finne? Was ist typisch? Zuerst: Der Finne ist absolut rücksichtsvoll. Zum Beispiel gibt es kein Skispringen während der Tour de France. Der Finne verfügt darüber hinaus über ein paar grundlegende zivilisatorische Fähigkeiten, die andere Völkerschaften in Europa entweder nie besaßen oder zugunsten von Zentralheizung und Thermostat längst aufgegeben haben: Jeder Finne kann in wenigen Sekunden ein Feuer zum Brennen bringen, im Notfall sogar schwimmend auf einem See. Dazu braucht er nicht mehr als sein Finnenmesser und die nächstgelegene Tanne. Auch im heißesten Sommer hat hier niemand diese griechische Angst vor Waldbränden. Es will auch niemand mit illegalen Brandrodungen Bauland schaffen. Das Finnenmesser übrigens ist der Jaguar unter den Schneidewerkzeugen. Ein Griff, eine Klinge, und das war's. Nicht der verspielte Überfluss des Schweizer Messers mit hundert unnützen Applikationen! Ein Telefon soll telefonieren, ein Messer soll schneiden. Sonst nichts.

Der Finne kann Fische mit zwei Fingern fangen. Elche kann er mit der bloßen Faust stoppen, und in der Zeit, in der Finnen einen Hasen schnappen, sein Fell abziehen und ihn aufs leckerste braten, schaffen es Polen und Portugiesen höchstens, sich die Schuhe zuzubinden.

Der Finne ist ein echter Naturbursche. Jeder kann Fährten suchen, und alle ringen sie regelmäßig mit Bären. Im Herbst sind alle auf Beerensuche, und jeder ist ein begnadeter Schwarzbrenner. Und die Finnen sind ein Wintervolk! Deshalb bewegen sie sich perfekt auf Langlaufskiern, im Synchronschneetreten sind sie führend, und niemand kann ihnen etwas vorbohren, was Eislochangeln betrifft. Zudem sind sie sangesstark und kälteresistent. Ihre Gastfreundschaft ist legendär, und wenn alle Betten belegt sind, übernachtet mancher auch gern in der Kühltruhe, wo neben dem selbstgeschossenen Braten und den eingefrorenen Moltebeeren immer noch eine Schlafkuhle frei ist. Da der Finne täglich sein Messer schleift, sind die meisten Ehen glücklich, und Ehebruch ist relativ gering verbreitet.

Allerdings teilt sich das finnische Leben ganz klar in zwei Hälften, in Sommer und Winter. Im Winter ist der Finne melancholisch, im Sommer überschäumend. Die Männer sind grundsätzlich eher melancholisch, die Frauen eher überschäumend. Wenn sich Finninnen treffen, unterscheidet sie oft nichts in Intensität und Geräuschpegel von impulsiven Spanierinnen oder ekstatischen Italienerinnen. Mamma mia! Allerdings: Wenn der Finne redet, hält er still. Er fuchtelt nicht mit den Armen. Seine Stimme erzählt, nicht sein Körper. Finnen reden ohne ihre Hände. Ich vermute, das liegt daran, dass das Land so kalt ist und man oft die Hände in den Taschen lässt. Anders als beim lärmenden Spanier, beim ausdrucksvollen Italiener. Wenn der Finne seinen Körper doch mal einsetzt, was äußerst selten vorkommt, dann ist seine Körpersprache extrem deutlich, Absicht und Wille sind dann in einer Klarheit zu sehen wie schnörkelloses finnisches Design.

Der Finne ist gern für sich und wohnt bevorzugt weit auseinander. Vielleicht auch darum leben Finnen so weit nördlich, fernab von den meisten anderen Europäern. Körperkontakt ist ihnen unangenehm. Menschen anderer Nationen gehen oft impulsiv auf sie zu, rücken immer näher, auch wenn der Finne immer weiter zurückweicht, was den anderen noch mehr vorwärtsdrängen lässt. Gespräche, die in Helsinki begannen, haben sich so schon bis Lappland gezogen. Der Finne hält Abstand. Allerdings nicht, wenn er betrunken ist. Wenn er wieder nüchtern ist, erinnert er sich nicht daran, dass er mal betrunken war, und hält wieder Abstand. Niemand wird hier grundlos gegrüßt.

Viivi sagt: »Finnland ist ein Land für Individualisten.«

Viivis Schwägerin Heidi sagt: »Für Leute mit schlechten Manieren ist es ein tolles Land!«

»Aber«, sagt Axel, »ich habe hier Sachen erlebt, die erlebst du woanders nicht. Ich war auf der Post, immerhin auf Lahtis Hauptpost. Beim Bezahlen habe ich erst gemerkt, dass ich zu wenig Geld dabeihatte. Da sagt die Post-Frau zu mir: ›Bezahl beim nächsten Mal.‹ Wo sonst gibt es das denn?«

Die Finnen sind freundlich und zugänglich. Hier hört man mehr zu und unterbricht weniger. Der Finne ist tolerant bis zur Selbstverleugnung. Obwohl er als verschlossen gilt, ist sein Haus offen. Um das Haus herum kennt er weder Zaun noch Hecke. Vor allem ist der Finne extrem reinlich. Nicht nur durch die ständigen Saunagänge. Finnland ist mindestens so sauber wie eine schwäbische Kleinstadt. Nichts liegt herum. Kein Parkplatz ist vermüllt. Allerdings gibt es nur wenig Parkplätze. Es ist auch so genug Platz vorhanden, um einfach mal anhalten zu können.

Der Finne führt ein Leben am und im Wasser, und bei manchen Finnen muss man Körperteile schon als »schwimmhäutig« werten. Vielleicht darum kann der Finne fischen wie kein Zweiter, zu jeder Jahreszeit, besonders gern im Winter, wenn der Fisch sich unterm Eis sehr sicher fühlt. Der Finne kann den Fisch in jeder Größe in Sekundenschnelle angeln, töten, ausnehmen, entgräten, räuchern und verspeisen. Eine Kette wie »Nordsee« ist in Finnland undenkbar. Leider gibt es trotzdem Remoulade.

Der Finne liebt Bäume. Und er liebt seine Frau. Darum macht es der Finne seiner Frau auch warm und gemütlich im Haus, und er teilt jeden Baum sauber auf in Teile, mit denen er das Haus baut, also die Stämme, und Teile, mit denen er das Haus heizt, wie Äste, Zweige und Scheite. Wenn das Haus fertig ist, werden auch die Stämme zum Heizen genommen. Mit den ganz dünnen Zweigen schlägt sich der Finne in der Sauna, dann ist auch das erledigt, und er muss nicht mehr seine Frau schlagen.

Die Frauen sind unabhängig und selbständig. Frauen sind in Finnland dermaßen emanzipiert, dass man sich bis zum Winter 2011 sogar eine Kanzlerin und eine Präsidentin leisten konnte. Das muss man sich erst einmal trauen. Finnland war das einzige Land mit weiblichem Doppel, mit zwei Frauen an der Staatsspitze! Finnland führte auch als erstes Land in Europa das Frauenwahlrecht ein, im Juni 1906. In der Schweiz dauerte das bis 1971 und im Schweizer Kanton Appenzell Innerrhoden trat dieses Recht sogar erst 1990 in Kraft. In Liechtenstein gibt es das Frauenwahlrecht seit 1984. Und in diese beiden Länder transferieren manche ihr Geld!

Jeder Finne kann mit verbundenen Augen mindestens vier Beerenarten erkennen, zwei Geschlechter und den Unterschied zwischen Rentier und Elch. Er kennt sich mit den Himmelsrichtungen aus und findet darum normalerweise in jedem Zustand nach Hause. Wenn er sich nicht sicher ist, geht er auf allen vieren. Wenn er eine Frau dabeihat, kann es auch sein, dass er nach Hause tanzt. Das ist schneller und sicherer, denn finnische Frauen stürzen nicht.

Wenn der Finne zu Fuß unterwegs ist, bleibt er tatsächlich an Fußgängerampeln stehen, sobald sie Rot zeigen. Die ganze

Straße kann frei sein, es kann tiefste Nacht sein, nirgends ein Kind zu sehen, das man verderblich beeinflussen könnte, der Finne bleibt bei Rot stehen. Wenn er sehr betrunken ist, bleibt er sogar stehen, wenn die Ampel Grün zeigt. Das kann Stunden dauern, ich habe das selber gesehen.

Wenn der Finne mit dem Auto unterwegs ist, verhält es sich umgekehrt. Nie bremst er an Zebrastreifen. Da können noch so viele Fußgänger stehen, der Finne fährt durch. Vielleicht ist das der Grund, dass er zu Fuß auch nachts an roten Fußgängerampeln stehen bleibt. Wahrscheinlich ist es reiner Überlebenswille!

Zusammengefasst: Finnen sind großartige Menschen, ganz oft rundheraus glücklich und doch manchmal von großer Traurigkeit. Bei der sprichwörtlichen finnischen Konsequenz führt das dazu, dass sie im Selbstmord europaweit führend sind, und um jeden Einzelnen von ihnen ist es schade. Mir war der Finne, als ich ihn kennenlernte, auf merkwürdige Art vertraut. Und dann verstand ich es. Der Finne ist zwar anders innerhalb der Völkerschaften Europas, anders als der quirlige Italiener, der oft rotbeschopfte und manchmal dumpfe Engländer. Aber innerhalb der Völkerschaften Deutschlands ist ja auch der Ostwestfale anders, anders als der nähmaschinenemsige Schwabe, der brauereipferdverhaltene Franke oder der bedächtige Nordhesse. Und dann wurde mir klar: Der Finne ist der Ostwestfale Europas. Und nun bin ich sicher: Darum hat sich mein ostwestfälischer Bruder Axel in die Finnin Viivi verliebt – es ist eine barrierefreie Verbindung. Es mussten keine großen kulturellen Hindernisse aus dem Weg geräumt werden. Die Zahl der möglichen und tatsächlichen Missverständnisse ist begrenzt, denn man ist verwandt in Wesen und Sein. Und darum muss ich sagen: Ja, der Finne ist anders, aber er ist eben anders, als man denkt!

Heim und Weg

Wir haben ein letztes Mal gemeinsam gefrühstückt, dann muss Viivi zur Arbeit. Wir bringen sie nach draußen zu ihrem hellblauen Käfer. Sie umarmt meine Eltern: »Härrrmann! Ilsssä!« Dann umarmt sie mich: »Berntti!«

»Wann kommt ihr das nächste Mal nach Deutschland?«, fragt Ilse.

»Im November, der Flug ist gebucht.«

»Na ja, wir hören ja bis dahin voneinander, und außerdem schreibt ihr bestimmt zwischendurch einen Emil an Bernd.«

Ilses Wortschöpfung »einen Emil« statt »eine E-Mail« gefällt ihr so gut und sie spricht es so gekonnt, dass mittlerweile fast schon die gesamte Kutenhauser Nachbarschaft diese Begrifflichkeit übernommen hat.

»Viivi, mach es gut«, sagt Ilse leise.

Wir winken ihr hinterher.

Wir packen den Wagen. Hermann und Axel reichen mir Taschen an, Ilse schmiert Brote. Dann ist es so weit. Abschied. Axel und ich geben uns die Hand und sehen uns an. Dann umarmen wir uns.

»Bring sie heil nach Hause.«

»Mach ich.«

»Alles Gute.«

»Für dich auch. Viel Glück mit der Band.«

Ich setze mich ins Auto. Im Rückspiegel sehe ich, wie Axel erst Hermann umarmt, dann Ilse. Ich höre nicht, was sie sagen. Sie steigen ein. Axel klopft aufs Autodach.

»Machs gut.«, sage ich aus dem geöffneten Fenster.

»Jau.«

»Bis dann!«, sagt Ilse noch einmal.

Sie sitzt neben mir, Hermann hinten. Ich schaue in den Rückspiegel. Er wischt sich die Augen. Wir schweigen. Ich fahre aus Lahti raus, ein kurzes Stück Autobahn. Ilse schaut nach rechts aus dem Fenster. Wir schweigen. Für mindestens 70 Kilometer. Wir sind auf dem Rückweg nach Deutschland. Ich hänge meinen Gedanken nach.

Wir fahren durch das Land, vorbei an Seen und Bäumen. Wir wollen in Turku auf die Fähre und dann durch Schweden und Dänemark nach Hause. Ich erfreue mich wieder an den Warnschildern, die auf fast jedem Kilometer vor Elchen warnen. Ilse sagt plötzlich: »Ich finde das nicht gut, dauernd werden Elche angekündigt, und dann kommt doch keiner!«

Wir übernachten in Turku. Am Abend spazieren wir am Fluss entlang und machen Pause auf einem der hier vertäuten Restaurantboote. Am nächsten Tag nehmen wir morgens die Fähre, um nun tagsüber die Fahrt durch Finnlands und Schwedens Schärenlandschaft zu genießen. Von der Reling aus sehen wir beeindruckende Panoramen. Wir gleiten zwischen Inseln und Felsen hindurch. Gegen Abend nähern wir uns der schwedischen Küste. Es wird kühl draußen. Wir gehen hinein. Ich hole Kaffee. Meine Eltern stehen noch unentschlossen im Gang. Die meisten Plätze am Panoramafenster der Fähre sind besetzt. Eine Frau sitzt allein an einem Tisch, vor sich einen Laptop, einen Zeichenblock, in der Hand ein Buch.

»Dürfen wir?«

»Gerne.«

Wir kommen ins Gespräch. Helena. Aus Schweden. Lange Haare, zum Zopf gebunden, ein paar Strähnen grau, etwa in meinem Alter. Und – barfuß. Ich stelle meine Eltern und mich vor. Sie ist auf dem Weg nach Hause. Helena ist Künstlerin und lebt in Stockholm. Sie arbeitet an einem Projekt für das Kulturhauptstadtjahr in Turku. Ilse reagiert pragmatisch: »Von Kunst verstehen wir nichts.«

»Das Leben ist die Kunst«, sagt Helena.

Wir schauen durch das Panoramafenster auf die Schären.

»Und ihr?«

Wir erzählen, dass wir Axel besucht haben, den Sohn und Bruder, nach Finnland ausgewandert wegen der Liebe. Der Bordlautsprecher ruft die Gäste in die Autos. Helena schaut auf ihre nackten Füße. Sie sinnt über Axel nach, seine, unsere und ihre Reise, und schenkt uns zum Abschied einen Satz: »Die Menschen haben keine Wurzeln, sie haben Füße. Damit gehen sie, damit die Welt sich dreht. Auch wenn ihnen das nicht bewusst ist.«

Wir fahren durch Schweden. Am Abend finde ich ein kleines Hotel für uns. Mit Blick auf einen See. Darunter machen wir es nicht mehr. Am nächsten Morgen geht es weiter, wir setzen mit einer Fähre über von Schweden nach Dänemark. Direkt hinter der Grenze, eine knappe Stunde von Kopenhagen entfernt, liegt Humlebæk. Hier ist das Louisiana, eines der schönsten Museen der Welt. Der ehemalige Gutshof liegt in einem sich weit verzweigenden Grundstück direkt am Meer.

»Ich wollte hier noch mal ins Museum.«

»Könnst du jo moaken«, sagt Hermann.

»Kommt ihr mit?«

»Ins Museum? Wir waren doch schon im Akkordeonmuseum.«

»Das hier ist ein Kunstmuseum.«

»Wi verstoaht over nix van Kunst.«

»Muss man doch auch gar nicht. Man schaut aufs Bild, und entweder es gefällt einem oder nicht. Ganz einfach. Mehr muss man doch erst mal gar nicht wissen.«

»So einfach funktioniert Kunst?«, grinst Ilse.

»Nix für mich«, grummelt Hermann.

Schweigen.

»Der Kerl geht mit mir nirgends hin.«

Schweigen.

»Ich war gerade mit dir in Finnland!«

Schweigen.

In der Zwischenzeit war ich von der Fähre zum Louisiana gefahren und hatte vor dem Eingang geparkt: »Los jetzt!«

Wir gehen durch das Foyer, erst mal hinaus in den Park. Ein bisschen besorgt bin ich schon. Überfordere ich meine Eltern? Muss man sich für Kunst interessieren? Sollte ich die jetzt wirklich noch zu Picasso und Bacon führen? Oft kann ich mir ja nicht mal selber erklären, was ich daran gut finde oder was die Kunst mir sagen will.

Der Garten ist voll von Menschen. Hunderte. Familien. Kinder spielen. Paare liegen auf dem Rasen. Frauen studieren Kunstführer. Vor dem Café wird ausgiebig gespeist, manche sonnen sich, andere liegen im Schatten, wieder andere umströmen die Skulpturen.

Hermann ist perplex: »Die haben aber nicht alle Eintritt bezahlt? Oder?« Fassungslos schaut er auf die Massen: »Und die verstehen alle, was sie hier sehen?«

»Na ja, einige wollen sicher auch nur sagen können, dass sie hier waren. Ob die mehr begreifen als wir, das bleibt noch die Frage.«

Wir haben erst einmal sehr viel Vergnügen an den anderen Besuchern. Manche geben sich schon äußerlich als ganz eigene Kunstwerke. Eine Dame flaniert vorbei, karottenrote Haare, giftgrünes Minikleid, grellgelbe Boa, hellblaue, hochhackige Pumps. Ilse kommentiert knapp: »No, ütt hätt sick over anne mustert.« Na, die hat sich aber angemustert! Übersetzt: »Das geht gar nicht!«

Rechts in den Büschen eine Figur. Ilse beugt sich zum Namensschild: »Kiek eis, Miró!«, sagt sie ganz selbstverständlich.

»Woher kennst du den denn?«, frage ich erstaunt.

»Bei Matti in der Wohnung hing doch ein Bild von Miró.«

Ich bin beeindruckt.

»Mi-Ro?«, meint Hermann listig. »Klingt wie ein Mindener Autokennzeichen.«

Dann führe ich sie zu meinem absoluten Favoriten. In den Giacometti-Raum. Man schaut von oben in einen großen Würfel. Die Rückwand ist komplett verglast. Die gesamte Front mit hohen Scheiben versehen, man blickt also nach draußen in den Park. In diesem Raum steht mächtig, schmal, ausgreifend die Figur »Der Schreitende«. Das Zusammenwirken von Kunstwerk, Raum und Natur als Hintergrund hat eine unwiderstehliche Wirkung auf mich. Hier steht die Figur nicht allein, sondern bekommt in der Rauminszenierung noch mal einen magischen Aspekt. Das Durchschreiten der Welt, der Lebensbahn.

Helenas Satz fällt mir wieder ein: »Die Menschen haben keine Wurzeln, sie haben Füße. Damit gehen sie, damit die Welt sich dreht.« Wir gehen um die Figur herum, schauen und schweigen.

Dann betreten wir die Sonderausstellung. Munch und Warhol. Der Pop-Artist trifft auf den Klassiker der skandinavischen Kunst. Die Räume, die Wände ganz in Schwarz, nur spärlich beleuchtet, ich muss unsere leicht schwindelnde Ilse an der Hand hindurchführen. Wir bleiben vor einem der berühmtesten Bilder der Welt stehen. Munchs Schrei.

»Kenn ick«, sagt Ilse. Und meint, inmitten der internationalen Besucherschar, in die meditative Stille der dunklen Räume hinein trocken zu Hermann: »Dor härn de mi ok fotografieren kürnt, wenn ick di manchmoal erlierwe. Denn könn ick ok schran!« Da hätten die auch mich fotografieren können, wenn ich dich manchmal erlebe. Dann könnte ich auch schreien!

Schweigend fahren wir durch Dänemark, nehmen die Fähre nach Deutschland und überqueren die Fehmarn-Sundbrücke. Meine Eltern sind früher bereits einige Male nach Fehmarn gefahren. Das Navigationsgerät zeigt noch 351 Kilometer an. Ilse sagt: »War Fehmarn damals eigentlich auch so weit weg von Minden?«

»Nee, das war früher näher«, kommt es hinten von Hermann.

Dann schweigen wir für die restlichen 351 Kilometer.

Das war früher näher – waren wir früher mal näher? Wie weit weg sind Eltern überhaupt? Meine Eltern sind mir auf dieser Reise viel näher gerückt. Eigentlich waren sie immer nah. Ich habe es nur nicht immer gewusst. Also hat die Entfernung gestimmt.

Kurze Rast. Eine SMS. Von Axel: »Wie läufts?«

»Alles gut. Schätze, sie werden auswandern, und dann hast du sie am Hals!«

»Dann kommen sie als Holzwarte ins Sauna-*mökki*.«

Schließlich sind wir zurück in Kutenhausen. 22 Uhr. Es ist bereits dunkel zu einer Zeit, wo es in Finnland gerade mal dämmert. Wir laden den Wagen aus. Als Hermann ins Haus geht, kommt meine Mutter zu mir und nimmt mich in die Arme. »Danke«, sagt sie. Ich bin überrascht. Ich schlucke.

Wir hören Hermanns Schritte im Hausflur, und sie lässt mich sofort los, schnappt sich eine Tasche und geht ins Haus. Zwei Gepäckstücke später kommt Hermann: »Hör mal, Großer«, sagt er und umarmt mich. »Danke. Hätten wir ohne dich gar nicht machen können, wie es aussieht.« Ich schlucke wieder.

Wir hören Ilse und greifen uns »dän Korff«. Ich gebe Ilse den Eimer. Der war unbenutzt geblieben. »Häst du gor nicht e brucket!« Hast du gar nicht gebraucht.

»Besser ist das!«, sagt Ilse.

»Dann war wohl nix zum Kotzen unterwegs«, flachst Hermann augenzwinkernd.

In diesem Moment brummt mein Handy. Isabel.

»Wann kommst du?«

»Ütt oll wier?«, fragt meine Mutter. Sie schon wieder?

Ich zucke mit den Schultern und tippe: »Bleibe noch hier.«

»Ich warte auf dich. Schon seit drei Wochen.«

Ich antworte nicht.

Zwei Minuten später die nächste Nachricht: »Bernd. Ich habe jemanden kennengelernt. Ich glaube, ich bin verliebt.«

»Ich auch. In ein ganzes Volk.«

»Dann war es das mit uns!«

Ich schaue verdutzt auf das Display meines Handys. Hermann sieht mich fragend an.

»Sie hat grad mit mir Schluss gemacht.«

»Dann kannst du jetzt wenigstens das viele Telefongeld sparen«, sagt Ilse pragmatisch.

Wir schauen hoch zum Mond. Wir schweigen.

Etliche Minuten später meint Hermann: »Und?«

»Muss!«

»Ja, denn!«

Wir schweigen weiter. Ein Igel raschelt im Gebüsch.

»Un? Schlöpst du hier vonnacht? Oder wutt du no noa Dortmund?«, fragt Ilse.

»Ich goa wier int Hotel.«

»Worümme? Is doch billiger hier to huse.«

Ich kann ihr das nicht erklären, aber ich brauche diesen Abstand. Damit die Distanz stimmt, um genügend Nähe haben zu können. Das Verhältnis zu meinen Eltern ist wunderbar – wenn der Abstand stimmt. Ich stehe auf und umarme meine Eltern. Beide. Erst Ilse, dann Hermann. Lange. Dann gehe ich zum Auto.

Hermann grinst und winkt mir nach: »Gute Fahrt und gute Nacht. Und – finne dich selbst!«

Die zehn Gebote für Finnlandreisende

1. Du sollst die Schuhe ausziehen, wenn du ein finnisches Haus betrittst.
2. Ein Haus ohne Wodka ist kein finnisches Haus.
3. Jedes Haus muss eine Sauna haben, aber nicht jede Sauna braucht ein Haus.
4. Eine Sauna gilt als Haus.
5. Du sollst nicht in der Sauna streiten.
6. Du sollst immer genug Holz hacken, damit du die Sauna heizen kannst.
7. Du sollst Lakritz wie Vater und Mutter ehren.
8. Du sollst immer ein Paar Skier haben, auch wenn du kein Skispringer bist.
9. Du sollst im Winter Eislochangeln, weil das im Sommer nicht geht.
10. Ein Elch hat immer Vorfahrt, auch wenn er von links kommt.

Epilog: Finnland – ein Wintermärchen

Nach dieser sommerlichen Reise bin ich finnlandsüchtig geworden. Ich war jetzt angefixt, und ich wollte die volle Packung. Eine Sommerreise allein ist da natürlich nur das halbe Vergnügen, denn die meiste Zeit des Jahres lebt der Finne im Winter. Im Juli kann jeder nach Finnland reisen. Ich wollte am 17. Dezember hin. Nur wenige Monate nach unserer Rückkehr aus dem Norden. Alle Freunde erklärten mich für verrückt.

»Urlaub? In Finnland? Jetzt? Flieg nach Gomera!«

Nur innerhalb meiner Familie gilt so was inzwischen als normal. Trotzdem kamen Hermann und Ilse dieses Mal nicht mit.

»Is mi to kolt«, sagte Hermann.

»Führ man ollene«, meinte Ilse.

Ich hatte arktische Länder im Sommer bereist, Kanada, Grönland, Spitzbergen. Ich kannte die Mitternachtssonne, wenn sie nicht mehr versinkt. Das ewige, irritierende Hell. Aber eines konnte ich mir nicht vorstellen – wie es ist, wenn die Sonne nicht mehr aufgeht. Wenn man sie tagelang, wochenlang nicht mehr am Horizont sieht. Nach einem kurzen Abstecher bei Axel und Viivi wollte ich weiter nach Ivalo in Lappland, hoch im Norden, unterhalb von Inari. Weit nördlich vom Polarkreis.

Ich flog nach Helsinki und bestieg dort den Bus nach Lahti. Es war 17 Uhr und stockduster. Axel und Viivi holten mich am Bus-

bahnhof ab. Sie umarmten mich, starrten auf meine bloßen
Hände. Ihre erste Frage war: »Hast du keine Handschuhe?«
»Im Koffer!«
»Zieh die besser an. Es ist Winter.«
»Die paar Meter.« In den letzten Jahren hatte ich Handschuhe
lediglich zum Ski- oder Motorradfahren gebraucht.
Viivi schüttelte nur stumm den Kopf, grinste und sagte: »Stupid
German!« Dummer Deutscher!
Lahti lag verschneit vor uns. Wir gingen die Wege, die ich vom
Sommer her kannte, vom Busbahnhof am Museum vorbei und
dann an der Sportanlage entlang. Nach 100 Metern hielt ich an
und durchwühlte mit klammen Fingern den Koffer. Ich suchte
Handschuhe und Wollmütze. Stupid German! Jau! Sie hatte
recht. Wir stapften durch den Schnee nach Hause, wo ein sen-
sationeller Auflauf im Ofen dampfte. Mir wurde warm. Den
Rest erledigte der Bisonwodka, den Axel sich aus dem Duty-free-
Shop gewünscht hatte.
Am nächsten Tag wollte ich auf meinem üblichen Weg durch
die Sportanlage zum See gehen. Aber alles war anders. Ich stand
plötzlich vor einer riesigen, durchgehenden Eisfläche. Alle
Plätze und die Wege zwischen den Sportanlagen waren vereist.
Schlittschuhläufer und Eishockeyspieler flitzten darauf hin und
her. Im Winter wird in Finnland überall Eishockey gespielt.
Sobald sich auch nur ein Quadratmeter Eisfläche bildet, kom-
men mindestens zehn Spieler und tragen darauf ein Match aus.
Der Puck wird gespielt, wo auch immer Platz und Eis ist. Das
emsige Durcheinander auf den Spielflächen funktionierte genauso geheimnisvoll wie der Moped- und Fußgängerverkehr auf
Straßenkreuzungen in Hanoi. Wer stehen bleibt, verliert! Alle
paar Meter gab es ein neues Spiel zwischen Kindern, zwischen
Schülern, Heranwachsenden, Erwachsenen. Mädchen wie

Jungs zischten auf dem Eis herum. Nicht jeder hatte Schlittschuhe dabei, aber jeder stürmte mit einem Schläger über das Eis. Einige übten Pässe, andere Tackling, andere spielten ein Match. Ihre Taschen und Jacken waren die Torstangen. Pucks sausten an mir vorbei. Ich folgte dem Krach kleiner Detonationen zu meiner Rechten und fand ein klassisches Eishockeyfeld, mit Bande, in die die Schüsse krachten. Hier wurden ausschließlich Torschüsse geübt. Konzentriert. Unerbittlich. Anlauf, den Puck führen – und Schuss! Aus allen Winkeln donnerte es in die Bande. Ich zog den Kopf ein. Treffer auf Treffer schlug ins Tornetz.

Man hörte nur das Krachen der Schüsse, das Atmen und Keuchen der Spieler, die Kufen der Schlittschuhe auf dem Eis. Aber keinen Ruf, auch drüben auf der großen Fläche keinen Schrei. Kein »Gib ab!« oder »Hier!« Kein Fluch bei Fehlversuch. In stoischer Ruhe und Stille, mit beinah religiöser Ernsthaftigkeit wurde hier der Torschuss zelebriert. Ich dachte an das Geschrei unserer Fußballer zwischen Kreisklasse und Bundesliga, egal ob im Training oder im Spiel. Der Finne redet eben nicht so viel, und schon gar nicht schreit er herum. Nirgends!

Ich wanderte weiter zum See. Mitten auf der Eisfläche des Vesijärvi zog ein Skilangläufer seine Spur. Die Restaurantschiffe waren geschlossen. Nur ein Café hatte geöffnet. Langsam schlenderte ich zurück. Im Hausflur traf ich Aapo. Der lachte, als er mich sah, den Deutschen, den *saksalainen*.

»Es ist sehr warm geworden in Finnland«, sagte er mir.

»Warm? Wieso warm?«, fragte ich.

»Ich hab gerade Fernsehen gesehen. Wetternachrichten. In Berlin sind es mittags minus zehn Grad gewesen, in Helsinki aber nur minus sieben. Du bist also wohl aus Deutschland geflüchtet, um mal ins Warme zu kommen?«

Ich sagte ihm, morgen würde es nach Lappland gehen. In die Kühltruhe Europas. Ich stieg deutlich in seiner Achtung.

Akseli und ich verabschiedeten uns am Morgen um 6 Uhr. Ich musste zum Bus. Wir tranken noch einen Kaffee. Dann stapfte ich los. »Guten Flug nach Lappi«, rief er mir hinterher. »Und fall nicht vom Schlitten!«

Im Flughafen Helsinki erwartete mich eine echte Überraschung. Auf den Flug in die Wärme, nach Teneriffa, warteten etwa 40 bis 50 Menschen. Nach Lappland, nach Ivalo, flogen mindestens 300. Nun ging es los. Richtung Dunkelheit und Kälte. Nach der Landung holte ich meinen Mietwagen ab und fuhr durch die dunkle, verschneite Landschaft. Es war 16 Uhr, tiefste Nacht hier im Norden. Am Kreisel überraschte mich ein Schild: Murmansk – 340 Kilometer. Alle Schilder waren zweisprachig, Finnisch und Samisch. Immer zwischen etwa elf und vierzehn Uhr herrscht hier in Lappland eine milchige Dämmerung, davor und danach ist eine etwa einstündige Übergangszeit. Ich versuche mir Lappland vorzustellen, bevor es Straßenbeleuchtung gab. Hier ist das Land der Sami mit ihren Rentierherden.

Ich fuhr direkt zu Lilja, bei der ich wohnen wollte. Lilja ist 79 Jahre alt, aber fit wie ein Turnschuh. Wir kennen uns aus Kanada, ich traf sie bei Montrealer Freunden, Ludger und Linna, die als Ethnologen wiederum sechs Jahre in Finnland gelebt hatten, in Lappland, bei den Sami.

Nun besuchte ich Lilja zu Hause in Ivalo, sie hatte mich eingeladen. Sie freute sich über meinen Besuch und wurde für mich zu einer exzellenten Fremden- und Kulturführerin. Lilja ist eine absolut sportliche Frau. Sie geht schwimmen. Exzessiv. Sowie es die Wetterverhältnisse erlauben. Wobei Wetter hier vielleicht nicht der richtige Ausdruck ist, denn das Wetter spielt für sie die geringere Rolle. Solange der Fluss noch nicht komplett vereist ist, geht sie schwimmen. Täglich steigt sie in den Ivalojoki, den Ivalo-Fluss. Wenn sich dann das erste Eis bildet, beendet das noch nicht unbedingt ihre Badesaison. Solange es nur dünn genug ist, schlägt sie die Oberfläche mit einem Birkenknüppel auf und steigt in dieses sprichwörtlich kühle Nass.

Mich fror allein schon beim Zuhören. Meine Bewunderung stieg. In schwachen Momenten hänge ich auch mal esoterischen Möglichkeiten nach, zum Beispiel der Wiedergeburt. Dann denke ich, wenn es das tatsächlich gibt, war ich in meinem ersten Leben Wikinger, im zweiten Inuit, im dritten Ostwestfale. Immer also in kühle Landschaften geboren. Aber bei Liljas Erzählungen vom Eisbaden und Flussschwimmen zwischen Eisschollen und Eisloch merkte ich nun, dass ich vielleicht doch eher der Mensch für Sonne, Ofen und Kamin bin, für Whirlpool und Badewanne.

Im Mietwagen fuhren wir durch das gedämpfte Weiß des verschneiten Lapplands zur russischen Grenze. Wir besuchten ein Weihnachtskonzert. In einer Kleinstkirche, nur unweit von Ivalo entfernt, in Keväjärvi. Schon die Auffahrt zur Kirche war nur mit Kerzen beleuchtet. Das Gebäude selbst aus Holz, auch innen gab es nur Kerzenlicht. Wir betraten den kleinen Kirchenraum, etwa fünf mal fünf Meter groß, nach oben spitz zulaufend. An drei Seiten saßen Menschen, die meisten waren Samen. Die vierte Seite war die Altarseite. Diese Kirche wird von allen Konfessionen »benutzt«, von der evangelisch-lutherischen genauso wie von der finnisch-orthodoxen. Jetzt gab es ein Konzert von Jouko, dem evangelischen Pfarrer. Sein Begleiter Matti spielte Keyboard. Ein Casio. Batteriebetrieben. Er hatte eine Stirnlampe und beleuchtete damit seine Noten. In der Mitte stand der Pastor und trug ebenfalls eine Stirnlampe, mit der er auf seine Liedtexte leuchtete. Bei den meisten Liedern sang die kleine Gemeinde mit. Sie hielten dazu Kerzen oder Taschenlampen in den Händen. Sofort wurde auch mir ein Liederheft in die Hand gedrückt. Freundliches Nicken. Alle schienen Lilja zu kennen. Nach dem Konzert wurden wir zu *glögi* und Keksen und *karjalanpiirakka*, karelischen Piroggen, eingeladen.

Dann betrat der finnisch-orthodoxe Priester die Kirche. Er war dick eingemummt und trug einen Hartschalenkoffer. Lilja flüsterte mir zu, er sei der *rovasti*, der Probst dieser Gemeinde, und bereite den Gottesdienst vor. Der Priester rückte den Holzaltar von der Wand ab und platzierte ihn zentral. Während wir noch *glögi* tranken, holte er seine »Amtskleidung«, Altartücher, Kreuze, Kandelaber und andere religiöse Insignien, Kerzen, Tücher, die Heilige Schrift aus dem Koffer und baute sie auf dem Altar auf. Kirche to go! Nachdem er alles angerichtet hatte, stellte er sich zu uns und nahm genussvoll vom *glögi*.

Am nächsten Tag besuchten wir das Museum *Siida*. Unterwegs kamen wir am Inari-See vorbei, und Lilja erzählte vom Ukonkivi, dem heiligen Ort der Sami auf Ukonsaari, einer Insel im Inari-See. Dann kamen wir zum Museum. Kultur und Geschichte des samischen Volkes und die Natur Lapplands. Pflanzen, Tiere und Jahreszeiten, sind aufwendig dokumentiert und faszinierend aufbereitet. Hier oben werden ungewöhnliche Ereignisse museal: 1925 wurde der erste Außenbordmotor auf dem Inari-See benutzt. 1962 fuhr der erste Motorschlitten in Nordlappland. Und 1987 erschien erstmals ein Comic von Donald Duck in samischer Sprache.

Wir fuhren zurück nach Hause. Die beweißten Tannen in der Landschaft sahen aus wie verwunschene Gestalten. Immer wieder kreuzten Rentiere die Straße. Die erlaubte Höchstgeschwindigkeit von 80 Stundenkilometern fuhr ich nie, denn die Straße war vereist, und der stete Rentierwechsel zwang zur Vorsicht. Ich war fasziniert von den Tieren. Jedes Mal hielt ich und schaute und staunte. Wir beschlossen spontan, eine Rentier-Schlittentour zu unternehmen. Das zählt zu den winterlichen Vergnügungen in Lappland und ist so romantisch wie archaisch, im Einzelfall aber auch einfach mal arktisch-saukalt. Heute: 24 Grad minus.

Am nächsten Tag wurden Lilja und ich um zehn Uhr vom Veranstalter in Saariselkä eingesammelt. Der Morgen hellgraute in milchigem Blau. Im Kleinbus warteten bereits vier Touristen aus Japan. Wir fuhren über verschneite Waldwege zu einer kleinen Farm. Es wurde ausschließlich englisch gesprochen. Mika, unser Busfahrer, und Anneli, unser Tourguide, waren Samen. Sie trugen die traditionelle Kleidung, blaue Gewänder, rot-gelb abgesetzte Bordüren. Einen reich verzierten Gürtel, in dem das Finnenmesser steckte. Schuhe aus Rentierleder mit hochgewölbter Schuhspitze.

Wir wurden eingekleidet und bekamen Wintereinteiler, Thermokleidung, die wir über unsere Garderobe zogen, dazu Überstrümpfe und gefütterte Stiefel und dicke Handschuhe. Ich fühlte mich wie das Michelin-Männchen. Anneli hatte mir den Anzug mit den Worten: »Ist an den Beinen etwas lang, aber dafür nicht so eng am Bauch!« überreicht. Danke schön! Gut, dass hier nirgends ein Spiegel hing. Dann wurden wir zu den Rentieren geführt. Sie blieben gelassen bei meinem Anblick. Ich hatte wegen des Thermoanzugs mit Fluchtreflexen gerechnet.

Ich hatte gehofft, wir dürften unsere Schlitten selber lenken, aber das war leider nicht möglich. Hier hatte zwar jeder Schlitten sein eigenes Rentier, aber es war an den jeweils vorangehenden gebunden. Wir wurden zu einer Reihe mit eingeschirrten

Rentieren gebracht. Die Asiaten waren top drauf. Rentier kennt man gar nicht in diesen Ländern, in denen Hund zu den traditionellen Nahrungsmitteln gehört. Meine mitreisenden Asiaten hatten Respekt vor Getier und Gehörn, ich hingegen war etwas enttäuscht. Speziell von meinem Schlittentier. Es hatte sein Gehörn bereits abgeworfen. Irgendwie überfiel mich ein Kastratengefühl. Die Rentiere vor den Schlitten sind zwar allesamt kastrierte Bullen, aber andere Schlittentiere protzten wenigstens männlich mit prächtig gewundenen Rentiergeweihen.

Mika brachte uns jetzt noch einen blauen Samenponcho. Damit sahen wir nur noch halb so bescheuert aus, denn der Poncho legte sich über uns wie der Schnee über die Landschaft und er bedeckte unsere Unförmigkeiten. Jedenfalls meine. Dann wurden wir in die Schlitten gebeten. Wir saßen auf Rentierfellen. Und los ging es über verschneite Hügel. Ich träumte von Tonttus. Schnee rieselte von den vereinzelt stehenden Fichten. Die Tiere trabten, leckten im Vorübergehen Schnee auf oder koteten. Erstaunlich, dass so große Tiere nur so kleine Köttel kacken.

Nach einer gefühlten Stunde waren wir von der Runde durch den Wald zurück. Die meiste Zeit war im Grunde mit dem Anlegen der Winterkleidung vergangen. Wir standen in einem Holzhaus. Feuer brannte. Zeit für Kaffee, für Informationen und Fragen. Mika erzählte von der Rentierhaltung. Bei den Rentieren tragen auch die Weibchen Geweihe. Die werfen ihre Geweihstangen später ab als die Männchen, denn sie brauchen sie, um die Jungtiere zu verteidigen. In der Rentierwirtschaft wird das ganze Tier genutzt. Aus dem Fell werden Handschuhe und Stiefel gefertigt. Ein großer Teil dieser Produktion geht mittlerweile an die Touristen.

Die Kalbungszeit der Rentiere liegt im Mai und Juni. Die Kälber folgen der Mutter sofort. Ein Jahr etwa wird das Junge gesäugt.

Bis dahin laufen die Tiere frei. Das ist natürlich super, man muss nicht füttern, man muss nicht nach der Weide schauen, kein Tier kann ausbrechen, sie sind ja schon draußen. Das einzige Problem ist, dass man sie wiederfinden muss. Das kann dauern. Inzwischen werden die Tiere mit Hilfe von Squads und Enduros zusammengetrieben, manchmal helfen sogar Hubschrauber bei der Suche.

Wenn der Finne ein Rentierhirte ist, weiß er sein Finnenmesser besser zu gebrauchen als der Gefäßchirurg das Skalpell. Er schneidet damit Ohrmarken, Schnitte und Einkerbungen in das Ohr der Kälber als Eigentumszeichen. Die Eigentumsverhältnisse ins Ohr zu schneiden ist eine jahrhundertealte Tradition. Das Markieren der Tiere ist eine Kunst. Mich erinnert das schon an Kalligraphie, an chinesische Schriftkunst. Nur dass hier der Finne eben mit dem Messer zu Werke geht und zum Beispiel Halbmonde und Keile herausschneidet. Ein Kalb wird mit derselben Markierung versehen, die auch die Mutter trägt. »Markieren kannst du nicht allein. Ein Mann setzt sich auf das Kalb und hebt dessen Vorderbeine an. Dann liegen sie ruhig, das ist wie bei den Katzen die Katzenstarre, wenn das Muttertier das Junge im Nacken packt, damit es sich tragen lässt.«

Rentierzüchter haben ein geübtes Auge. Es ist für mich kaum vorstellbar, die Schnittmarkierung zu erkennen, wenn die Rentiere in oft hohem Tempo vorbeirennen. Die Samen erkennen diese Ohrmarken schon von weitem. Eine unglaubliche Leistung. Wie lernt man, diese Zeichen zu lesen und zu schreiben? Wird das unterrichtet? Gibt es quasi die Orthographie für das Rentierohr? Man hat sich doch ganz schnell verschrieben! Wie soll man am Rentierohr noch was korrigieren? Ich frage Mika.

»Eigentlich lernt man es schnell. Schon als Kind. Wir üben manchmal. Mit Apfelsinenschalen.«

Ich habe später am Abend bei Lilja ein Oval aus einer Apfel-
sinenschale ausgeschnitten und versucht, sie mit einem Muster
meiner Wahl zu kennzeichnen. Das war schon schwer. Dieses
Muster identisch in eine zweite Schale zu schneiden, ist mir
auch im siebten Anlauf nicht gelungen! Aber auch hier halten
die Moderne und der Computer Einzug. Man verwendet vieler-
orts schon Plastikmarken. Heute ist praktisch jedes Rentier im
PC erfasst.

Es gibt immer weniger nomadisierende Rentierwirtschaft, in
Finnland ist sie immer mehr stationär. Der Berufszweig hat einen
immensen Wandel erlebt. Mit der Einführung des Motorschlit-
tens änderte sich die Rentierzucht extrem. Früher hatte man
Schlitten, die von zahmen Rentieren gezogen wurden. Heute
gibt es GPS, Handys und Lesegeräte für die Ohrmarken. Trotzdem wollen nur wenige weiter in der Rentierwirtschaft tätig sein.
Viele Rentierhirten finden keine Frauen, die dieses harte Leben
teilen wollen. Es ist sicher nur eine Frage der Zeit, bis im finnischen Fernsehen neben dem schon erfolgreichen »Finnlands
next Superstar« auch »Rentierzüchter sucht Frau« anläuft.

Wir bekommen nun, am Ende unserer Rentierschlittenfahrt, sogar einen Rentierführerschein ausgestellt. Ich bin nicht ganz zufrieden. Ich habe schließlich nicht einen Meter selbst gelenkt,
nicht einen Schneehaufen umfahren, ich kann weder Kufen
wechseln noch rückwärts einparken. Aber egal. Dieser Führerschein gilt international. Im letzten deutschen Winter, als mein
Auto nicht ansprang, fiel er mir wieder ein. Aber es fehlt in
Deutschland an Rentier- und Schlittenverleih. Das wäre eine
umweltfreundliche Alternative, zumindest für Nahverkehrsbe-
reiche.

Ob wir etwas abholen könnten, fragte mich Lilja. Sie müsse Fleisch für ihren Sohn vom »Rentiermann« holen. Er wohnte außerhalb von Ivalo. Rechts und links zwei größere Gebäude. Im linken die Zimmermannswerkstatt. Die meisten Männer haben hier zwei bis drei Berufe, denen sie je nach Jahreszeit nachgehen. Sie jagen, arbeiten im Winter manchmal im Tourismus, und im Sommer arbeitete dieser als Zimmermann und baute Saunen und Blockhäuser, ansonsten war er ganzjährig Rentierzüchter.

Wir wurden hereingebeten, und ich sah zum ersten Mal ein typisches, finnisches »Bauernhaus« von innen, erheblich kleiner als die Häuser im Westfälischen. Ein alter, holzbefeuerter Herd, auf dem noch die Eisenringe lagen, mit denen man das Feuerloch unter dem jeweiligen Topf in der Größe regulieren konnte, daneben aber der Elektroherd, tiptop blank gewienert. Heute prasselte das Feuer im großen Ofen, damit die Wohnung geheizt wurde.

Lilja stellte mich vor. Bewundernd sagte ich: »Du bist Jäger?«

Er nickte, winkte mir und nahm mich mit in den Vorraum. Ein Berg Mäntel hing an der Wand. Er nahm sie ab. Zum Vorschein kam ein gigantisches Elchgeweih. »Den habe ich geschossen!«, sagte er mit Stolz und Nachdruck.

An seiner Hüfte baumelte das Finnenmesser. Das trägt man hier so selbstverständlich wie wir unsere Handys. Draußen hatte ich zwei Huskys gesehen.

»Zum Schlittenfahren?«, fragte ich.

Er wehrte ab. Nein, die seien nur für die Jagd. Mutter und Tochter. Den Welpen werde er bald ausbilden für die Bärenjagd.

»Hier gibt es Bären?«

»Ja, draußen in der Natur.«

»Wo fängt die an?«

297

Er lachte: »Die Natur beginnt vor dem Haus. Aber das Bären-gebiet ist so 15 bis 20 Kilometer entfernt.«

Dann zeigte er mir eine Fellmütze und setzte sie auf.

»Ein Wolf!«, sagte er stolz. »Habe ich auch geschossen.«

Und er erklärte mir, dass er den Husky nie mitnimmt, wenn er auf Wolfsjagd geht, denn der Wolf sei zu gefährlich für den Hund. Ich fragte vorsichtig, ob der Wolf nicht auch gefährlich für ihn sei. Der Rentiermann, ein echter Kerl, eine »Kante«, wie wir in Ostwestfalen sagen, fast 1,90 Meter, eine Art Raimund Harmstorf oder Dolf Lundgren, schaute von oben auf mich her-ab und sagte, leicht bedrohlich: »Ich bin zu gefährlich für den Wolf!« Dann grinste er. Okay, die Mütze bewies das.

Er drückte mir eine Geweihstange in die Hand, eine »Elch-schaufel«. Uff! Und das hält der Elch oben? Den ganzen Tag? Und ich hatte hier ja nur eine Geweihhälfte in den Händen.

Dann standen wir draußen und schauten in die verschneite Nacht, obwohl erst früher Nachmittag war.

»Alles so friedlich hier«, sagte ich.

»Das täuscht manchmal. Auch unter den Rentierzüchtern, auch unter den Samen hat es Geschichten gegeben, regelrechte Weidekriege, aus denen man finnische Western hätte machen können.«

»Immer noch?«

»Das hat sich gebessert«, lachte er.

Lilja kam heraus und hatte eine große Portion Rentierfleisch be-kommen. Wir fuhren nach Hause.

Der nächste Morgen. Heute würde ich abreisen. Ich schaute aus dem Fenster. Auf dem Ivalojoki fuhren schon erste Schnee-Scooter. Ihre Motoren dröhnten durch den frühen Morgen. Zum Abschied stieg mir ein interessanter Geruch in die Nase.

»Na, was kochst du?«, fragte ich.

»Ich brate dir etwas«, sagte sie.

»Mir? Um 7 Uhr 30?«, lachte ich.

»Ja, ich finde, du kannst nicht nach Hause gehen, ohne Bär gegessen zu haben.«

»Wie bitte?«

»Bär. Ich hatte noch was in der Kühltruhe. Ein paar Stücke. Vom Rentiermann.«

Nun brutzelte Bärenfleisch in der Pfanne. Es war noch keine acht Uhr. Seit ich nicht mehr als Zimmermann auf dem Bau arbeite, sind meine Frühstücksportionen erheblich geschmolzen. Nun gab es plötzlich Bärenfleisch zum Frühstück. Mir war nicht ganz wohl. Ich schnitt ein kleines Stück ab. Ich kaute. Der Geschmack erinnerte mich an etwas zu trockenes Rindfleisch. Sonst war das sehr lecker. Lilja sagte, der Bär sei ein fauler Bär gewesen, nicht aktiv genug, das Fleisch daher etwas zäh. Aber wer so etwas isst, muss sich so fühlen, wie der Rentiermann auftrat. Ich erinnerte mich an seinen Satz: »Ich bin zu gefährlich für den Wolf!« Gleich würde ich zum Flughafen von Ivalo fahren und den Flieger nach Helsinki nehmen, von dort direkt weiterreisen nach Deutschland. Mit Bär im Magen und Resten von Bärensehnen zwischen den Zähnen!

»Lilja, wann werdet ihr die Sonne wieder sehen?«

Lilja lachte ihr schönstes Mädchenlachen, tat, als würde sie die Hände auf einen imaginären Zaun legen und nur ganz kurz darüber schauen, um dann sofort wieder zu verschwinden: »Am 15. Januar wird die Sonne ganz kurz reinschauen – und schon ist sie wieder weg!«

Dann flogen wir zusammen nach Helsinki. Lilja wollte ihren Sohn besuchen. Niemand wollte am Flughafen meinen Ausweis sehen. Das hatte ich bislang nur in der kanadischen Arktis erlebt. So weit nördlich rechnet offensichtlich niemand mit Attentaten und Flugzeugentführungen. Terrorismus ist wahrscheinlich auch eine Frage der Breitengrade. Liljas Rentierfleisch durfte mit ins Bordgepäck. Explodiert wahrscheinlich nicht. Lilja plauderte mit dem Servicemann von Finnair. Er erzählte uns, dass in der letzten Nacht in Frankfurt Tausende wegen Schneefall auf dem Flughafen festgesessen hätten und dort übernachten mussten. Hier in Lappland, bei minus 24 Grad, flogen alle Flieger pünktlich. Schnee ist auf finnischen Flughäfen kein Problem, sondern Alltag. Das Flugzeug, das landete, war bis auf den letzten Platz besetzt gewesen. Nun stiegen wir ein. Es füllte sich nicht einmal zu einem Drittel. Nach Lappland will man hin, nicht weg!

Ich flog der Sonne entgegen. 600 Kilometer weiter südlich sah ich aus dem Flugzeugfenster das erste Mal seit Tagen eine leichte Rotfärbung am Horizont. Langsam verschwand das ewige Blau. Wolken wurden weiß. Die Horizontlinie schimmerte rötlich-gelb, dann in Regenbogenfarben. Ich hatte plötzlich ein altes Kampflied, ein Lied, von Hannes Wader gesungen, in den Ohren: Dem Morgenrot entgegen. Meine zweite Finnlandreise, meine erste Winterreise, war fast zu Ende. From dusk till dawn. Minuten später sah ich nach fast einer Woche wieder die Sonne knapp über dem Horizont aufgehen. Ein erster Lichtblitz zerriss das trübe Graublau. Ein unglaubliches Glücksgefühl durchströmte mich. Wie muss es den Finnen gehen, wenn sie das nach Monaten wieder erleben? Die Sonne! Grell blendend schaute sie über die Wolken und grinste mich an, zwinkerte mir und meinem Kameraobjektiv zu. Das Bild ist nichts geworden. Überbelichtet!

Mein Sitznachbar zur Linken fragte mich, was ich in Lappland gemacht hätte.

»Ich wollte Dunkelheit und Kälte erfahren.«

»Stupid German!«, lachte er. Verrückter Deutscher! Aber das hatte Viivi auch schon gesagt.

Wir trafen Liljas Sohn am Gepäckband. Sie war erschöpft. Die Reise ging ihr zu schnell. Sie warte noch auf ihre Seele, sagte sie. Die sei noch unterwegs. Es würde ein wenig dauern, bis auch die angekommen sei. Solange sei sie kein ganzer Mensch. Und nun die große Stadt. Die vielen Menschen. Drei Wochen würde sie bleiben. Sie hatte schon jetzt Heimweh nach Lappland. Wir umarmten uns. Dann ging sie.

Ich wartete auf meinen Weiterflug nach Düsseldorf. Ich aß ein Brötchen mit Rentierfleisch. Ich trank *Lapin Kulta*. Finnisches Gold. »Renntier-Pisse«. Ich dachte an Matti. Draußen wehte der Schnee über die Landebahnen. Ich erinnerte mich wieder an unsere Sommerreise, an unsere Wochen in Finnland, mit Eltern beim Bruder. Damals war sengende Hitze. Ich fragte mich, wo meine Seele sei. Ich glaube, sie bleibt manchmal ganz zu Hause und lässt mich allein reisen. Sie wartet dort in Ruhe, bis ich wieder heimkomme. Meine Seele hätte hier nicht wieder fortgewollt.

Dank

Verschiedene Menschen haben Unterschiedliches beigetragen zu diesem Buch. Die einen haben mir ihre Geschichten anvertraut, andere haben mich ermutigt, ermuntert und begleitet, inspiriert und Korrekturen angeregt. Ich möchte mich besonders bedanken bei meinen Eltern Hermann und Ilse in Minden, die diese Reise machen wollten und derentwegen ich anfangs überhaupt nur losgefahren bin. Ohne meinen Bruder Axel und seine Freundin Viivi hätte es gar keinen Grund gegeben, nach Finnland zu reisen. Sie waren wunderbare Gastgeber und Reiseführer und auch danach für mich unverzichtbare Helfer und Informationsquellen, genau wie Viivis Eltern Kati und Matti, in deren *mökki* ich inzwischen sogar ein eigenes Saunasitzkissen habe, mit meinem Namen!

Ich bedanke mich für Unterstützung, Hilfe und Gespräche, für Inspirationen und Informationen, Offenheit und Freundschaft bei Marja-Riitta und Paula in Tampere, besonders auch für die »finnischen Korrekturen«, Telle aus Neuruppin, Hajo und Anna Maj in Kokkola, Samuel und Maija in Lahti, Titta, wo auch immer sie grad sein mag, Satu und Miguel in Lahti, Pentti vom *Arktinen Museo Nanoq*, Tauno und Pauli vom *Suomen Harmonikka Museo*, Riku und Juha vom *Suomen Motoottoripyörämuseo,* Kimmo von *Lahden Hiihtoseura*, Mathias von *Teerenpeli* und

Markku von *Pro Puu* in Lahti, Susanne aus München, Helena aus Stockholm, Gunnel und Myrthel in Strömsnäsbruk, Lilja in Ivalo, Ludger, Linna und Ragnar in Montreal, Toni und Heidi in Lahti, Jutta in Minden, Fips, Suse, Jacob und Judith aus Dortmund, Reinhard in Göttingen, Bernhard in Friedewalde, Martina und Andreas in Kassel, Bernd und Karin vom Holiday Inn Minden, Gerlis in Köln, Hans in Oberursel, Ibbi in Berlin, Claudia in Köln, Jochen vom Hiller Reisebüro, Bernhard und Fanny in Kassel, Petra in Elmshagen, Uwe in Ludwigshafen, Uli und Ute, Britta und Uli aus Todtenhausen, Hans in Köln, Sabine in Hille, Martina in Minden, Claus in Kassel, Axel und Chrissie in Staufenberg, beim Heimatverein Kutenhausen, Jürgen und Uschi in Minden, Martin in Kassel und Achim in Frankfurt und ihren Caricatura-Teams, Martin, Marion, Annette und Nicole von der »Reisegruppe«, bei Ulla und Wim, Fritz und Gabi, Ganter und Sylvia, Vera, Beate, Svantje und Hermann in Dortmund und sehr viel bei Rita in Trier, nicht nur für Tipps, Trips und Riesling.

Außerdem bei Michael von der Wahrheit-Seite der ›taz‹ in Berlin, der einen Finnlandtext von mir druckte, und besonders bei meiner Lektorin Karin aus Frankfurt, die diesen Finnlandtext von mir dort gefunden und dann dieses Buch angestoßen und inspirierend begleitet hat.

Für Surfer:

kutenhausen.de
lahti.fi
youtube.com/watch?v=fn7wsxGZltM
youtube.com/watch?v=N57sGlyoyHc
markohaavisto.com
skisprungschanzen.com/DE/Schanzen/FIN-Finnland/
    ES-Südfinnland/Lahti/0251
lahdenhiihtoseura.fi
garagepunk.ning.com/profile/theRawCuts
myspace.com/theerawcuts
satanichillbilly.blogspot.com
tanssi.net/fi
airguitarworldchampionships.com
luftgitarrenkurs.com
sysma.fi/index.php?PAGE=679&NODE_ID=409&LANG=3
propuu.fi
woodism.fi/pages/fi/info.php
tapioanttila.com/pages/company/profile.php
maunohartman.com/uk/galleria.htm
aki-kaurismaeki.de
orimattila.fi/kirjasto/index.php?option=com_content&task=
    view&id=103&Itemid=86
moottoripyoramuseo.fi
nanoq.fi/index.php/en
teerenpeli.com
bernd-gieseking.de
satirischer-jahresrueckblick.de